KB116025

한자로 풀어보는
우리 문화유산

한자로 풀어보는 우리 문화유산

1판 1쇄 발행 2007년 7월 15일
1판 3쇄 발행 2012년 8월 10일

지은이 송병렬 · 이병주
펴낸이 양지현
펴낸곳 한문교육

출판등록 2000년 1월 14일 제13-1021호
주소 서울 마포구 합정동 413-16 영광빌딩 3층
전화 (02) 303-3491
팩스 (02) 303-3492
e-mail jngame@hanmail.net

ISBN 978-89-92746-00-7 03910
값 9,800원

* 한문교육의 책은 도서출판 문자향에서 공급합니다.
Tel. (02)303-3491 Fax. (02)303-3492

한자로 풀어보는 우리 문화유산

송병렬 · 이병주 편저

| 서문 | 이병주

다음은 예전에 서울 경문고등학교 한문 시험에 출제되었던 문제 가운데 하나입니다.

[1] 다음 글을 읽고 물음에 답하시오.

> 미국의 유명한 골퍼 타이거 우즈의 성은 '우즈(Woods)' 이고, 이름은 '타이거(Tiger)' 이다. (본래는 Woods, Eldrick Tiger) 그런데 우즈가 이름을 간략하게 줄여서 'T' 라고만 쓰거나 '티' 라고 부르며 생활하다가, 나중에 'Tiger' 라 쓸 줄도 모르고, 그 이름의 뜻이 '호랑이' 라는 것조차 잊게 된다고 가정해보자. 이는 참 안타까운 일이다. 한국 사람들은 오래 전부터 ( )로 이름을 지어왔다. 만약 자신의 이름도 ( )로 지어졌는데, 한글로만 쓰다가 어떻게 쓰는지를 잊거나 그 이름의 의미가 무엇인지를 모른다면 이 역시 매우 가슴 아픈 일이다. 사람의 이름은 사물의 이름과 달리 구별의 용도뿐만 아니라, 그 이름에 담긴 의미대로 살아가길 바라는 지어준 사람의 애정이 담겨 있다. 이름의 의미를 모른다는 것이 자신에게도 부끄러운 일이지만, 그 이름을 지어준 사람과의 관계를 단절시키는 죄일 수 있음을 깨달아야 한다.

1. 이 글의 ( ) 안에 들어갈 말로 적절한 것은?

① 한글 ② 한자(漢字) ③ 외래어(外來語) ④ 외국어(外國語) ⑤ 고유어(固有語)

이 문항의 정답은 물론 2번입니다. 이렇게 변별력이 떨어지더라도 쉽게 출제한 이유는, 우리나라에 남아 있는 漢字 문화의 뿌리가 매우 깊고, 漢字를 공부하지 않으면 전통과 단절된다는 것을 느끼게 하기 위해서입니다.

내 이름의 의미를 모르는 것은 분명 부끄러운 일입니다. 그렇다면 자기 나라의 자랑스러운 문화유산에 나타난 명칭의 의미를 모르는 것은 어떨까요? 여러분은 부끄럽게 생각하십니까? 다음은 한 포털사이트의 백과사전에 소개된 '창덕궁 돈화문' 에 대한 설명입니다. 이를 보면 명칭의 의미를 모르는 것이 개인의 책임만은 아니라는 것을 알 수 있습니다.

> 보물 제383호. 돈화문으로 통칭된다. 조선 선조宣祖 때 건립한 정면 5칸, 측면 2칸의 중층重層 우진각지붕집이다. 중앙의 3칸은 가운데 주열柱列에 각각 2짝씩 문짝을 달았으나 좌우 맨 끝의 칸과 측면 앞의 절반은 모두 벽을 쳐서 막았다. (후반부 생략) –

외형에 대한 설명이 주를 이루고 있으며, 왜 '돈화문'이라 불리는지에 대한 설명은 없습니다. 가장 잘 설명이 되어야 할 백과사전마저 이렇다는 것은, 개인의 노력만으로 명칭의 의미를 이해하는 데에는 한계가 있다는 반증입니다. 개인보다는 전체적인 풍토에 더 문제가 있다는 것을 보여줍니다.

풍토의 문제를 보여주는 또 다른 예를 소개하겠습니다. 충남 금산군에 있는 '칠백의총'이란 곳입니다. 사적 제105호로, 임진왜란 때 조헌 선생과 영규 대사가 이끄는 의병이 왜군과의 싸움에서 순절한 700의사의 묘입니다. 이곳에서 종용사從容祠, 취의문取義門 등의 현판을 볼 수 있었는데, 모두 한글로 쓰여져 있었습니다. '칠백의총'이라는 장소의 성격을 통해 대체적인 의미만 예측했고, 나중에 인터넷 검색을 통해 정확한 의미를 알 수 있었습니다. '從容'은 '조용하고 편안하게 마음을 자연에 맡김'이라는 의미이고, '取義'는 '삶도 내가 원하는 바요, 의義도 내가 원하는 바이지만, 이 두 가지를 모두 얻을 수 없으면 삶을[生] 버리고[捨] 의를[義] 취하겠다[取]'는 『맹자』에서 유래한 말이었습니다. 모두 '칠백의총'을 참배하는 현장에서 되새겼어야 할 훌륭한 의미이지만, 한글로 쓰여진 현판이 명칭의 의미에 관심을 가진 사람마저 난감하게 만드는 사례였습니다.

아직도 漢字 표현을 명칭 따위에 많이 쓰는 이유는 간단합니다. 漢字를 이용하면 긴 의미를 짧게 표현할 수 있기 때문입니다. 앞서 '칠백의총'의 '취의取義'를 떠올리면 쉽게 이해할 수 있을 겁니다. 언어를 간략하게 표현하려는 현상은 어느 시대 어느 나라에나 나타나는 공통적인 흐름입니다. 이는 우리나라에서 漢字 명칭을 사용하는 전통이 쉽게 바뀌지 않는 근본적인 이유이기도 합니다. 순우리말로 이름을 짓는 것은 우리말 사랑의 큰 실천이기도 합니다. 하지만 漢字 전통을 지키는 것도 또한 아름다운 일입니다. 그렇기 때문에 漢字 명칭은 漢字로 쓸 줄 알고 쓰여져 있어야 하며, 漢字의 의미까지 아는 것은 기본이고 당연하다는 주장을 하고 싶은 것입니다.

서두가 매우 길었는데, 『한자로 풀어보는 우리 문화유산』은 이런 잘못된 풍토를 극복해 보기 위한 첫걸음이라는 심정으로 간행한 책입니다. 가족과 나들이로, 수학여행이나 체험활동으로, 혹은 외국인 관광객과 함께 문화유산을 관람할 기회가 종종 있을 겁니다. 현판에 쓰여진 명칭의 의미가 무엇인지, 유물의 명칭은 왜 그렇게 붙여졌는지 등등, 안내문이나 관광해설서로 해결되지 않는 궁금증이 이 책을 통해 해소되기를 바랍니다.

이 책은 크게 3부로 나뉘어 있는데, 핵심은 2부의 세계문화유산입니다. 문화유산의 종류나 수량은 매우 많지만, 우리나라의 세계문화유산은 세계의 자랑거리로, 창덕궁이나 불국사 등은 생전에 꼭 한 번쯤은 들러야 할 곳입니다. 물론 이곳에서 건축미만 감상해서는 안 되겠죠. 현판의 의미를 되새기면서, 과거에 그곳에서 어떤 생각을 한 사람들이 건물을 지었고, 왜 그런 이름을 지었는지 느꼈으면 합니다. 1부는 2부를 보완하는 내용입니다. 세계문화유산이나 박물관 등에 가서 알아두어야 할 기본적인 내용들을 주제별로 정리해놓았습니다. 우리나라는 불교 역사와 전통이 유구하여 불교에 관련된 내용이 많을 수밖에 없습니다. 그래서 불교문화유산부터 설명을 시작하였습니다. 다음 차례는 유교문화나 그 밖의 것으로 배치했습니다. 유물의 선정은 현 고등학교 국사 교과서에 소개된 것을 중심으로 하였습니다. 교과서에는 유물 가운데 가장 대표적인 것이 실리기 때문입니다. 유물에 대한 직접적인 설명뿐만 아니라 유물의 명칭을 이해하는 요령도 실어서, 소개되지 않은 유물의 명칭도 쉽게 이해할 수 있도록 도왔습니다.

이 한권으로 풍토를 바꾸는 것은 어려운 일입니다. 그렇다고 漢字로 표현해야 할 것을 한글로 적어 이해를 더 어렵게 만들어서는 안 되겠죠. 바꿀 수 있는 것은 쉬운 순우리말 표현으로 바꿔가야 합니다. 하지만 바꿀 수 없는, 바꾸기 어려운 것은 그냥 두고 漢字 · 漢文 학습과 병행하여 이해하는 분위기를 만들어주어야 합니다. 漢字 학습은 우리말 학습보다 훨씬 어려운 과정입니다. 생활 주변에서 漢字를 접하기도 어렵고, 지금의 공교육에서 漢文 교육은 찬밥 신세입니다. 초등학교에서는 아예 배우지 않고, 중 · 고등학교에서는 안 배워도 되는 과목으로 전락했습니다. 그나마 다행인 점은 많은 어린이들이 한자검정시험을 준비한다는 사실입니다. 부모의 권유가 대부분이겠지만, 그만큼 어른들이 漢字의 필요성을 느끼며 살아왔기 때문입니다. 앞으로 한자검정시험에서 문화유산의 명칭도 시험문항으로 이용되고, 공교육에서 漢文 교육이 부활하고, 이런 책들이 많이 만들어져 문화유산을 통해서도 漢字가 친숙하게 다가가면, 앞서 말한 문제점들이 자연스럽게 극복될 것입니다. 백과사전이나 관광 안내의 설명에 漢字 풀이를 통해 명칭의 의미를 소개하는 풍토가 만들어지는 그날이 오기를 고대합니다. 또한 이 책이 그 역할의 밑거름이 되었으면 합니다.

마지막으로 경문고등학교에서 출제된 적이 있던 시험문제를 하나 더 소개하면서 서론을 마무리하겠습니다. 정답은 3번(정저지와 : 우물 안 개구리)입니다.

[2] 다음 글 (A)와 (B)를 읽고 물음에 답하시오.

(A)
기본적인 語文(어문) 정책은 한글 專用(전용)을 해야 한다. 하지만 漢字를 이용하여 의미를 縮約(축약)한 오랜 漢字 쓰기 전통 때문에 풀이가 필요한 漢字 용어들은 漢字를 倂記(병기)해줘야 한다. 그러나 한글 專用을 주장하는 많은 사람들은 한글만으로 문자 생활을 해야 한다며 倂記조차 허용하려 하지 않는다. 이는 國粹主義(국수주의)의 典型(전형)이다. 한글만 쓰자는 것은 한복만으로 의상 생활을 하고, 고춧가루가 섞인 김치는 먹지 말라는 주장과 다르지 않다. 우리 것을 지키는 것은 소중하다. 그러나 과거를 무시하면서 우리 것의 범주를 지나치게 제한하거나, 남의 것이라고 무작정 배척하는 자세는 바람직하지 못하다.

* 國粹 : 자기 나라 것만[國] 순수함[粹].

(B)
글 (A)에서처럼 지나친 한글 전용을 주장하는 사람은 (　　)라 빗대어 말할 수 있다.

2. 이 글 (B)의 ( )에 들어갈 말로 적절한 것은?

① 杞憂(기우)　② 斷機之敎(단기지교)　③ 井底之蛙(정저지와)
④ 尾生之信(미생지신)　⑤ 五十步百步(오십보백보)

※ 추신 : 일천한 지식으로 이번 작업에 임하다 보니 많은 분들의 도움을 받을 수밖에 없었습니다. 저자 못지않게 내용을 많이 보완해주신 문자향의 남현희 부장님, 출산의 어려움 속에서도 무사히 편집을 마쳐준 조윤숙 사장님께 다시 한번 감사의 뜻을 전합니다. 이밖에 사진자료를 제공해주시고 검토를 도와준, 한국문화유산정책연구소 황평우 소장님과 전국한문교사모임 선생님들을 비롯한 여러 지인들께도 고맙다는 인사 올립니다.

서설

근대 언어 생활 한자어와 문화유산의 한자어

송병렬

1.

일반인들이 문화유산을 둘러보기 위해 경복궁에 가지만, 근정전勤政殿, 사정전思政殿 등의 현판을 보고도 무슨 말인지 잘 모른다. 창경궁의 숭문당崇文堂, 함인정涵仁亭, 통명전通明殿 등도 설명이 없으면 어떤 건물인지 알기 힘들다. 설명이 붙어 있다 하더라도 건물 이름에 대한 내용은 없고, 심지어 기초 지식 없이는 이해하기 힘든 건축학적인 설명을 보면 더욱 답답해진다. 근정전은 '勤[**근** 부지런히 하다]', '政[**정** 정치]', '殿[**전** 집]'으로 구성된 말로, '임금이 정치를 부지런히 하는 집(건물)'이라는 뜻이다. 이를테면 '왕의 집무실'이란 뜻이다. 실제로 근정전은 조선시대 정궁인 경복궁의 중심 건물이다. 임금에게 새해 인사를 드리거나 국가 의식을 거행하고 외국 사신을 맞이하던 곳이다. 정종을 비롯한 조선 전기의 여러 왕들이 이곳에서 즉위식을 하였다. 이렇게 이름의 한자 풀이만으로도 건물의 용도는 쉽게 파악된다.

우리 선인들은 오랜 세월 동안 한문 문화를 영위하며 살았다. 한문 문화는 한자를 중심으로 한 문자 생활이었다. 근대에 들어서면서 동아시아 국가들은 한문 중심의 문자 생활에서 벗어나 구어口語와 일치하는 어문일치의 문자 생활을 시작한다. 이에 1음절 어휘 중심인 한문으로는 언어 전달에 불편을 겪게 되며, 자연스럽게 다음절 어휘인 한자어를 사용하게 된다. 따라서 오늘날 우리가 사용하는 수많은 어휘들은 대부분 한자말에서 유래하였고, 다음절 조어造語 방식을 많이 따르고 있다.

한문에서도 근대 언어 생활의 한자어와 같은 다음절 어휘는 존재했었다. 한문에서의 다음절 어휘는 대체로 4가지 형태로 존재한다. 고사성어, 전고, 가차식 어휘, 구조식 어휘 등이 그것이다.

고사성어故事成語는 고사에서 유래한다. 고사는 사건과 이야기가 있는 긴 글이다. 따라서 고사는 서사적인 구조를 갖춘 문학적 소재는 되지만, 언어적으로 사용되기에는 너무 길다. 따라서 이를 언어적인 소재로 바꾼 것이 고사성어이다. 즉 고사의 긴 이야기 속에서 꼭 필요한 핵심 어구나 어휘를 찾아서 새로운 어휘를 만든 것이다. 고사성어는 긴 이야기를 줄이기 위한 방편이다.

> 백아는 거문고를 연주하고, 종자기는 그의 연주를 들었다. 백아가 태산에 뜻을 두고 연주를 하면, 종자기는 "높고도 높구나!" 하고 평을 해주고, 강물을 생각하며 연주를 하면, "넘실넘실 대는구나!" 하고 평을 하였다. 어느 날 종자기가 죽자, 백아는 거문고 줄을 끊어버리고 세상에 자신의 음악을 알아주는 이가 없다는 것을 애통해했다.(伯牙鼓琴, 鍾子期聽之. 志在泰山, 則曰"巍巍", 志在流水, 則曰"湯湯". 子期死, 伯牙絕絃, 痛世無知音者.) -『열자列子』「탕문편湯問篇」

위의 이야기는 '백아절현伯牙絕絃' 또는 '지음知音' 이란 고사성어의 배경 이야기이다. 이때 '백아절현' 이나 '지음' 은 이야기 속에서 사용된 말 가운데 핵심적인 표현을 찾아서 만든 말이다.

이때 고사성어의 뜻은 고사의 이야기에서 유래하기 때문에 성어의 겉뜻만으로는 그 속뜻을 파악할 수 없다. '백아절현' 의 겉뜻은 '백아가 거문고 줄을 끊어버리다' 이지만 속뜻은 '자신을 알아주는 사람이 없음' 또는 '참다운 벗의 죽음을 슬퍼함' 이란 속뜻으로 변용되어 쓰이고, '지음' 의 겉뜻은 '소리를 알아주다' 이지만 속뜻은 '나를 알아주는 사람' 이란 뜻으로 쓰이는 것처럼, 고사성어는 반드시 그 이야기를 알아야만 속뜻을 이해할 수 있다.

전고典故는 일반적으로 고사성어라는 범주에 포함시키기도 하지만 그 유래는 조금 다르다. 전고는 고사성어처럼 배경 고사가 존재하지 않는다. 다만 옛 고전이나 시문詩文 등의 유명한 구절 또는 어구의 의미를 바꾸어서 사용하는 것이다.

> ㈎ 공자께서 말씀하셨다. "나는 열다섯 살에 학문에 뜻을 두었다. 서른 살이 되

어서 나를 확립했다. 마흔 살 때는 다른 일에 미혹되지 않았으며, 쉰 살이 되어서 천명을 알았다. 예순 살에는 귀로 듣는 모든 일이 순조롭게 들렸으며, 일흔 살에는 내 마음이 하고 싶은 대로 해도 법도를 넘지 않았다.(子曰, "吾十有五而志于學, 三十而立, 四十而不惑, 五十而知天命, 六十而耳順, 七十而從心所欲不踰矩.") -『논어論語』「위정爲政」

㈏ 사람이 태어나서 열 살이 되면 '어린애(幼)'이다. 이때는 공부를 해야 한다. 스무 살은 '젊은이'이다. 이때는 성인으로서 관례를 해야 한다. 서른 살은 장년이니 아내를 두어야 한다.(人生十年曰幼, 學. 二十曰弱, 冠. 三十曰壯, 有室.) -『예기禮記』「곡례曲禮」

위에서 ㈎와 ㈏의 출전은 각각 『논어』와 『예기』이다. 이들 글에서 '지학志學, 이립而立, 불혹不惑, 지천명知天命, 이순耳順, 종심從心, 유학幼學, 약관弱冠, 장유실壯有室'이란 말이 쓰였다. 본문의 글로 보면, 지학은 '학문에 뜻을 두다', 이립은 '확립하다', 불혹은 '미혹되지 않다', 지천명은 '천명을 알다', 이순은 '귀로 듣는 모든 일이 순조롭게 들리다', 종심은 '마음이 하고픈 대로 따르다', 유학은 '어린이는 공부를 해야 한다', 약관은 '젊은이로 관례를 치러야 한다', 장유실은 '장년이니 아내를 두어야 한다' 등으로 풀이된다. 그러나 지학은 '15세', 이립은 '30세', 불혹은 '40세', 지천명은 '50세', 이순은 '60세', 종심은 '70세', 유학은 '10세', 약관은 '20세', 장유실은 '30세' 등으로 변용되어 쓰인다. 이것이 전고에서 유래한 어휘들이다.

가차식假借式 어휘는 한문의 어휘 가운데 형용적인 어휘들에서 주로 나타난다. 형용적인 어휘들은 주로 구어에서 유래한 것이 많다. 관관關關(새 울음소리), 참치參差(들쭉날쭉), 요조窈窕(얌전한 모습), 막막莫莫(빽빽한 모습), 유예猶豫(=由豫=由與=優與, 머뭇머뭇), 망양望洋(멍한 모습. '바다를 바라보며 탄식하는 모습'이라고 하나 잘못된 것임), 수서首鼠(=首施, 우물우물. '쥐가 머리를 낼까 말까 주저하는 모습'이라고 하나 잘못된 것임), 수유須臾(잠깐 사이) 등과 같이 의태어나 의성어를 나타내는 동성운同聲韻의 2음절어가 그것이다. 이들은 사물의 소리나 모습 등을 표현하는 말이 먼저 구어로 존재하는 것에다가 같은 성운聲韻의 한자를 빌어다 만든 어휘이다.

구조식構造式(짜임식) 어휘는 한문의 문장 속에서 자연스럽게 발생한 것으로 문맥 속에서 구조적인 관계를 통해서 형성되었으며, 근대에 생성된 다음절 어휘들이 이 방법으로 새로운 한자어를 만들어내었다.

초나라 양왕이 송옥과 함께 운몽대에 노닐러 갔다. 그곳에서 고당의 경관을 구경하였는데, 대 위에 구름의 기운이 뾰족이 곧게 위로 솟아 있었다. 그러더니 갑자기 모양이 바뀌었다. 순식간에 끊임없이 변화하였다. 왕이 송옥에게 물었다. "이것은 무슨 기운인가?" 송옥이 대답했다. "아침구름이라고 부르는 것인데, 옛날에 선왕께서 고당에 노닐러 오셨다가, 피곤해져서 낮잠을 주무셨습니다. 그때 꿈속에서 한 부인이 나타나서 말했습니다. '저는 무산의 딸로 고당의 객입니다. 임금께서 고당에 노닐러 오셨다는 말을 듣고, 하룻밤 잠자리를 모시고자 왔습니다.' 선왕께서 그 말을 듣고 그녀와 잠자리를 하셨답니다. 그녀가 작별인사를 하고 떠나면서 '저는 무산의 북쪽 높은 언덕에 있을 것입니다. 아침에는 아침구름으로, 저녁에는 지나는 비가 될 것입니다. 아침저녁으로 대 아래에 있을 것입니다' 하였습니다. 아침에 가서 보니 그녀가 말한 대로였습니다. 그래서 그곳에 사당을 세우고 '조운'이라고 하였습니다."(楚襄王與宋玉遊於雲夢之臺, 望高唐之觀, 其上獨有雲氣, 崪兮直上. 忽兮改容. 須臾之間, 變化無窮. 王問玉曰, "此何氣也?" 玉對曰, "所謂朝雲者也, 昔者先王嘗遊高唐, 怠而晝寢. 夢見一婦人曰, '妾巫山之女也, 爲高唐之客. 聞君遊高唐, 願薦枕席.' 王因幸之. 去而辭曰, '妾在巫山之陽, 高丘之阻. 旦爲朝雲. 暮爲行雨. 朝朝暮暮. 陽臺之下.' 旦朝, 視之如言. 故爲立廟, 號曰, '朝雲'.")

위의 글은 『문선文選』에 실린 글이다. 그 내용 중에는 한문의 구조와 함께 자연스럽게 형성된 어휘들이 존재한다. '운기雲氣, 개용改容, 수유須臾, 변화變化, 무궁無窮, 소위所謂, 선왕先王, 주침晝寢, 부인婦人, 행우行雨, 침석枕席, 단조旦朝' 등이 그것이다. 이들 문장 속에서 구조적으로 형성된 어휘 중 일부는 오늘날에도 이어져 사용된다. 이러한 어휘들은 문장 속에서 구조적으로 형성된 말이므로 기본적인 짜임이 있다. 주술(주어+서술어)관계, 술목(서술어+목적어)관계, 술보(서술어+보어)관계, 수식관계, 병렬관계 등이 있다.

이러한 4가지(고사성어, 전고, 가차식 어휘, 구조식 어휘) 방식의 다음절 어휘 조어 방식은 근대에 들어오게 되면 구조식 어휘를 제외하고는 사용되지 않는다.

2.

근대에 들어서 동아시아의 나라들은 한문의 글쓰기를 버리고 자국의 언어를 가지고 구어와 일치하는 어문일치를 실현하였다. 구어 중심으로 이루어지는 근대 이후의 언어 생활에서는, 한문의 1음절 어휘로는 효과적으로 의미가 구분되지 않기 때문이다. 따라서 근대 어휘의 새로운 조어 방식이 필요하였다. 이에 과거에 1음절 조어 방식에서 다음절 조어 방식으로 완전한 전환을 이룬다. 그래서 근대 이후의 한자어는 기본적으로 다음절을 위주로 하고 있다. 우리나라의 경우 '위爲하다'의 '爲', '고故로'의 '故', '주主로'의 '主', '단但' 등의 일부 1음절 한자 어휘를 제외하고는 대부분이 2음절 이상이다.

이때 2음절 이상의 한자어는 대부분 구조식 조어 방식으로 만들어졌고, 현대에 와서는 구조식 조어 방식에 접두사와 접미사를 활용한 파생어 만들기라는 방식이 등장한다. 파생어는 기본 어휘를 두고 계속 새로운 어휘를 만들어가는 방식을 말한다. 크게 보면 구조식이지만 대체로 파생어는 3음절 이상의 것에서 많이 발견된다.

新(새로운) : 新式(신식), 新家庭(신가정), 新世代(신세대), 新世界(신세계), 新文明(신문명), 新社會(신사회), 新技術(신기술)

舊('전날의' '묵은' '낡은' 따위의 뜻) : 舊式(구식), 舊世代(구세대)

不(~하지 않는) : 不可能(불가능), 不健全(불건전), 不安全(불안전 : 不安)

無(없는) : 無氣力(무기력), 無所信(무소신), 無資格(무자격)

化(~ 되어가는) : 民主化(민주화), 自由化(자유화), 人間化(인간화)

的(~의, ~하는, ~스런) : 民主的(민주적), 人間的(인간적), 學問的(학문적)

위에서 新, 不 등은 접두사이고, 化, 的은 접미사이다. 이들은 독립적으로 쓰이지 못한다. 그리고 다음에서처럼 독립적 어휘가 일대일로 결합해서 새로운 어휘를 만들어내기도 한다.

限界效用(한계효용) : 限界 + 效用, 機關投資(기관투자) : 機關 + 投資
外交使節(외교사절) : 外交 + 使節 人造人間(인조인간) : 人造 + 人間,
誘導審問(유도심문) : 誘導 + 審問

이렇게 현대 언어 생활의 한자어는 1음절 조어 방식이 주류인 한문과는 전혀 다른 조어 방식을 띠고 있다. 대부분 다음절을 위주로 한다. 일부 한자어는 한문의 어휘를 가져다 그대로 쓰고 있기는 하지만 그것은 일부에 불과할 뿐이며, 대부분 근대 서구 문명의 유입과 함께 근대적인 생활을 반영한 다음절 어휘를 한자어로 사용하였다. 한문의 어휘와 언어 생활의 한자어는 그 성격이 명백히 다르다.

3.

우리 생활 주변에는 전통의 문화유산이 수없이 많이 남아 있다. 그리고 이 유산들의 이름은 대체로 한자어의 조어 방식으로 지어졌다. 어떤 유산들은 그것이 만들어짐과 거의 동시에 명칭을 만들어 붙여 사용하기도 하고, 어떤 유산들은 오늘날 후손들에 의해서 작명되기도 한다. 작명의 과정에는 자연스럽게 한자어 조어 방식이 사용되는데, 이때 주로 사용되는 방법은 합성어식 파생어 조어 방법이다.

불교와 관련된 용어에는 '범梵' 이라는 자가 주로 사용된다. 이때, 범梵은 인도어 범마를 음차音借해서 붙인 명칭이다. 인도말을 범어梵語, 인도의 글을 범문梵文 등이라고 붙여서 사용한 이후로, 중국의 입장에서 인도에서 들어온 모든 것에 범이라는 말을 붙였다. 그 예를 들어보자.

梵宇(범우) : 사찰, 절

梵服(범복) : 가사

梵門(범문) : 불문佛門, 불교

梵香(범향) : 절에서 사용하는 향

梵鐘(범종) : 절에 있는 큰 종

범이라는 말을 두고 많은 어휘들을 파생하는 형식으로 조어하였다. 사찰에는 많은 그림이 있다. 탱화幀畵 등이 그렇다. 이런 경우에 '화畵'를 접미사로 두고 여러 가지 불교와 관련된 용어들을 앞에 쓴다. 때로는 도圖를 접미사로 쓰기도 한다.

佛畵(불화) : 부처를 그린 그림이나 불교와 관계된 제재를 표현한 그림

幀畵(탱화) : 족자[幀] 형태로 불교의 신앙 내용을 표현한 그림

變相圖(변상도) : 부처가 여럿으로 변한 모습을 나타낸 그림

十王圖(시왕도) : 열 명의 왕을 그린 그림

이들 용어는 화畵, 도圖를 접미사로 두고 어휘를 사용하였다. 그런데 이들 어휘를 기본으로 또다시 파생을 시도한다. 탱화幀畵는 주로 불상 뒤에 걸어두게 되는데, 이에 후불後佛이란 수식어를 써서 '후불탱화後佛幀畵'라고 부른다. 탱화 속에 여러 부처들을 그린 그림이 있는데, 이를 '여러 신이 많다'는 신중神衆을 수식어로 써서 '신중탱화神衆幀畵'라고 부른다. 이 외에도 관음보살을 그린 관음도觀音圖가 있는데, 그 관음보살이 버들가지를 들고 있는 그림은 '양류관음도楊柳觀音圖'라 부른다.

파생식 조어 방법은 다양하게 활용이 되는데, 어느 중심 어휘가 있으면 그 어휘를 중심으로 다른 어휘를 파생시킨다. 예를 들면, 성곽과 관련한 용어에서 성城은 중심 어휘가 되고 거기에 수식적인 어휘를 붙여서 명칭을 파생시킨다. 성은 외적의 침입을 막기 위해서 세운 것이다. 이는 용도나 모양에 따라서 그 이름이 매우 다양하다. 성이란 말을 접미사로 두고 앞에 그 용도나 모양과 관련된 말을 붙인다. 길이가 매우 긴 모양을 했다고 해서 '장성長城', 항아리 모양이라고 해서 '옹성甕城', 그 길이가 만 리

나 된다고 해서 '만리장성萬里長城' 이라고 붙였다. 지방 군현의 읍에 있다고 해서 '읍성邑城', 도읍지에 있다고 해서 '도성都城', 흙을 재료로 해서 쌓은 것을 '토성土城', 돌을 다듬어서 쌓은 것을 '석성石城' 이라고 붙였다.

궁궐에 가면 수많은 건물들이 있다. 그 건물들은 사는 사람의 신분에 의해서 또는 그 용도에 의해서 명칭이 달라진다. 대체로 전殿, 당堂, 합閤, 각閣, 재齋, 헌軒, 정亭 등이 그것이다. 전殿과 당堂은 왕이나 왕비, 또는 왕의 어머니나 할머니 등이 거처하거나 집무를 보는 것에 붙여진다. 근정전勤政殿, 사정전思政殿, 희정당熙政堂 등이 그것이다. 각閣, 합閤 등은 전殿과 당堂보다는 다소 격이 떨어지는 건물이다. 경훈각景薰閣, 공묵합恭默閤 등이 그것이다.

위의 경우들은 모두가 합성어식 파생어이다. 따라서 합성시키는 원리를 조금만 알면 금세 명칭의 의미를 파악할 수 있는 것들이다.

문화유산 관련 용어들은 대체로 이름이 길고 어려운 경우가 종종 있다. 이런 것들은 이름 지은 방법이나 내용을 알면 그 의미를 이해하기 쉽다. 이들은 대체로 여러 용어가 합성된다. 그러나 단순히 합성되는 것이 아니라, 마치 한문의 문장처럼 하나의 문장으로 해석이 가능하다. 예를 들어보자. '백제 금동 용봉 봉래산 향로百濟金銅龍鳳蓬萊山香爐' 는 '백제', '금동', '용봉', '봉래산', '향로' 를 따로 이해해야 한다. 백제百濟란 삼국시대의 나라이름으로 당연히 백제 지역, 백제 시대, 백제의 것이라는 말이다. 금동金銅은 그 만들어진 재료를 의미하는데, 일반적으로 동銅으로 조형물을 만들고 금박을 입힌 것을 뜻한다. 용봉龍鳳과 봉래산蓬萊山은 조형물에 새겨지거나 그려진 제재를 말하는 것으로 용과 봉황, 봉래산이 새겨져 있다는 뜻이다. 향로香爐는 향을 피우는 화로로 어느 용도에 쓰이는 물건인가를 나타내는 말이다. 따라서 '백제 금동 용봉 봉래산 향로' 는 '백제 때의 것으로 재료는 금동이며, 용과 봉황, 봉래산이 새겨져 있는 향로' 라고 이해를 해야 한다. 제목에 만들어진 시대, 재료, 작품에 새겨지거나 그려진 그림의 내용, 물건의 용도가 다 들어 있다.

한문식 작명을 한 문화유산의 명칭도 꽤 된다. 그림이나 도자기에는 작품에 그려진 내용이나 새겨진 사물의 명칭이 들어 있다. 천산대렵도天山大獵圖는 그림 속에 '천산

天山에서 많은 사람들이 사냥하는 모습'이 그려져 있다는 말이다. 몽유도원도夢遊桃源圖는 '꿈속에 무릉도원武陵桃源에서 노닌 것을 소재로 그렸다'는 것을 알 수 있다. 몽유도원도는 안평대군이 무릉도원에서 노니는 꿈을 꾸고 나서, 안견에게 그 내용을 소재로 그림을 그리라고 해서 남겨진 것이다. 고사관수도高士觀水圖는 '고매한 선비가 흘러가는 물을 바라보고 있는 그림'이라는 뜻이다.

더욱 복잡한 것은 주로 불상이나 공예품의 명칭에서 나타나는데, 이는 불상이나 공예품의 이름을 짓는 방식 때문에 그렇다. 대체로 불상이나 공예품과 같은 유물은 그 유물의 출토지나 특징, 묘사된 대상 등을 모두 이름에 넣어서 부른다. 따라서 이름만 들어도 대략 그 불상이나 공예품의 개관을 알 수 있을 정도이다. 예를 들면 '연가 7년명 금동 여래 입상延嘉七年銘金銅如來立像'이다. 매우 길고 복잡해서 무슨 말인지 모를 듯하나 하나하나 살펴보면, '연가 7년이라는[延嘉七年] 글귀가 새겨져 있으며[銘] 금동을[金銅] 재료로 한 여래부처가[如來] 서 있는[立] 형상의 불상[像]'이란 뜻이다. 연가 7년은 고구려의 연호로 539년 또는 599년으로 추정된다. 금동이란 동으로[銅] 불상을 만들고 겉면에 금박을[金] 입힌 것을 말한다. 명칭만 보더라도 언제, 어떤 재료로, 무엇을 만들었는지 쉽게 알 수 있다.

삼산관 금동 미륵보살 반가 사유상三山冠金銅彌勒菩薩半跏思惟像이라는 명칭의 불상이 있다. 머리는 삼산 모양의 관을[三山冠] 쓰고 있고, 금동을[金銅] 소재로 만든 미륵보살이[彌勒菩薩] 반가부좌[半跏] 자세로 무언가를 생각하는[思惟] 형상의 불상[像]이라고 해서 붙여진 것이다. 삼산관은 세 개의[三] 산[山] 모양의 관[冠]이다. 따라서 어떤 특징이 있는지, 무엇을 대상으로 삼았는지, 어떤 자세로 있는지를 알 수 있다.

청동 은입사 포류 수금문 정병青銅銀入絲蒲柳水禽文淨瓶은 '청동으로[青銅] 재료를 삼고 갯버들[蒲柳]과 물새의[水禽] 무늬를[文] 은실로 박아[銀入絲] 새긴 깨끗한[淨] 물을 담는 병[瓶]'이라는 뜻이다. 은입사는 상감 기법의 하나이다. 청동 그릇의 표면에 미세한 홈을 새기고 그 안에 은실을 두드려 넣어서 만드는 것이다. 포류나 수금은 각기 갯버들과 물새로, 공예품에 흔히 등장하는 소재이다. 정병은 사찰에서 불교 의식 때 쓰는 것으로 목이 긴 형태의 물병이다.

이와 같은 긴 제목의 명칭이라도 그 풀이를 통해 우리 문화유산의 많은 정보를 알 수 있다. 조금의 한문 지식만 있으면 쉽게 알 수 있는 것을 어렵다는 핑계로 외면하는 것은 우리 문화유산에 대한 도리가 아니다.

4.

우리 민족에 대한 자긍심은 '대~한민국'을 외칠 때만 존재하는 것이 아니다. 일상 속에서 전통의 문화를 접하고 그것을 이해하려는 마음을 가질 때 가능한 것이다. 오랜 역사를 통해서 형성된 전통 문화는 쉽게 사라지지 않는 법이다. 그러나 이것이 그냥 유지되는 것은 아니다. 잘 알고 계승 발전시킬 때에만 가능하다. 우리 문화는 곧 우리의 과거이며 미래의 전망이다. 우리 스스로 문화에 대한 가치와 자존 의식을 가질 필요가 있다. 새로운 것과 경쟁에 밀려서 전통 문화의 가치가 올바르게 평가되지 못하고 아무렇게나 취급되다가 외국에 반출되어 나간다. 그러면서도 한편으로는 외국으로 반출된 문화유산을 되찾아 오지 못한다고 정부를 비난하기도 한다. 이는 스스로 전통 문화를 알아보지 못한 잘못은 인정하지 않는 태도인 것이다. 문화유산과 관련된 한자어는 단순히 한자어를 풀이하자는 것이 아니다. 우리 문화유산에 대한 참된 애정을 갖기 위한 기본 요건과도 같은 것이다.

| 차례 |

4. 건축의 이해

5. 무덤과 비석

6. 박물관 유물 및 기타 유물

제2부 세계문화유산

제3부 세계기록유산과 세계무형유산

1. 세계기록유산

제1부 문화유산의 이해

1. 불교 문화유산

| 사찰 寺刹 |

寺 사 절
刹 찰 절

불교는 삼국 시대 때 우리나라에 전래된 이후 전통 문화의 중요한 부분으로 자리잡고 있으며, 매우 많은 문화유산이 남아 있습니다.

가. 사찰의 기본 구조

가람 배치 伽藍配置

사찰의 건축물을[伽藍] 일정한 자리에 알맞게 나누어[配] 두는 것[置]

伽藍 범어
〈伽 가 절 藍 람 쪽〉
配 배 짝, 나누다
置 치 두다

'伽藍' 이란 범어梵語 Saṃghārāma의 음역音譯인 승가람마僧伽藍摩의 준말입니다. 여기서 승가僧伽는 중[衆 중 무리], 람마藍摩란 동산[園 원 동산]의 뜻으로, '여러 승려들이[衆] 한데 모여 불도를 닦는 곳[園]' 을 가리킵니다. 이것을 뒷날 절[寺 사 절] 또는 가람이라 부르게 되었습니다.

우리나라의 가람 배치는 시대별로 차이가 있는데, 일반적으로 고대에는 탑이나 금당을 비롯한 주요 건물들이 평지에 정형화되어 배치되다가, 신라 말기 선종이 유행하면서 입지 조건에 따라 가람 배치가 변화하였습니다. 고려와 조선을 거치면서 민간신앙을 흡수하고 새로운 불교 사상이 유입되면서 다양한 건축물이 새롭게 추가되었습니다.

사찰에는 문門, 종각鐘閣, 탑塔, 법당法堂 등을 비롯한 여러 건축물들이 있습니다.

당간 지주 幢竿支柱

당간을[幢竿] 지탱해주는[支] 기둥[柱]

幢 **당** 깃발
竿 **간** 장대
支 **지** 갈라져 나오다, 떠받치다
柱 **주** 기둥

〈해인사 당간지주〉

당간지주는 절로 가는 길목에서 제일 먼저 만나는 구조물입니다. 곧 부처의 세계로 진입함을 알려주는 깃발을 당간에 달아놓을 때, 그 당간을 받치는 한 쌍의 돌기둥입니다. 보통 돌로 되어 있으며 위아래에 구멍을 뚫어 당간을 고정시킬 수 있도록 했습니다. 일부 오래된 사찰에서 볼 수 있습니다.

당간 幢竿 | 깃발을[幢] 매다는 막대[竿]

당간은 절의 입구에 세우는 깃대와 같은 것입니다. 절에 큰 행사가 있을 경우 긴 깃발을 높이 달 때 사용했던 것으로, 쇠나 돌을 조립식으로 10m 이상 길게 연결하여 올렸습니다. 깃발에는 불경의 중요 구절이나 그때마다의 휘호를 적어 휘날리게 하였습니다. 현재 남아 있는 것은 소수이며, 충남 공주 갑사의 철당간과 전남 나주시 성북동의 돌당간 등이 유명합니다.

〈용두사지 철당간(국보 제41호, 충북 청주)〉

일주문 一柱門

일렬로[一] 기둥을[柱] 세운 문[門]

一 **일** 하나
柱 **주** 기둥
門 **문** 문

일주문은 인간의 세계에서 부처의 세계(불국정토)로 들어가는 입구의 문입니다. 글자대로 풀이하면 기둥이 일렬로 서 있다는 뜻이지만, 부처의 세계로 들어오는 불제자는 불법과 부처님을 믿는 한 마음(일심一心)이 꼭 필요하다는 의미가 담겨져 있습니다. 사찰에

들어서면 제일 먼저 볼 수 있는 구조물이며, 2개나 4개의 기둥을 일렬로 나란히 세워 위에 지붕을 올립니다. 명칭은 문이지만 여닫을 수 있는 문을 설치하지 않으며, 일부 사찰에서만 볼 수 있습니다.

◁〈천은사 일주문〉
△〈범어사 일주문〉

금강문 金剛門

금강역사가[金剛] 지키고 있는 문[門]

金 금 쇠
剛 강 굳세다
門 문 문

'金剛'은 '다이아몬드'와 같은 말입니다. 본래 동방을 지키는 수호신이 가지고 있는 무기의 이름입니다. 모든 것을 깨뜨릴 수 있으며, 반대로 그 어떤 것도 금강을 깨뜨릴 수 없습니다. 그래서 '모든 번뇌를 깨뜨리는 깨달음'이라는 의미를 담고 있기도 합니다.

〈금산사 금강문〉

금강문은 사찰 입구의 일주문 다음에 있는 문으로, 두 명의 금강역사가 지키고 있어 금강문이라 불립니다. '금강역사상'을 '인왕상仁王像'이라고도 부르기 때문에 인왕문仁王門이라고도 합니다. 금강역사상은 사찰로 들어오는 모든 잡신과 악귀를 물리치고, 불법을 훼방하려는 세상의 사악한 세력을 경계하는 역할을 합니다. 대부분 사찰엔 금강문이 없는데, 천왕문이 그 역할을 대신하는 것으로 여기기 때문입니다.

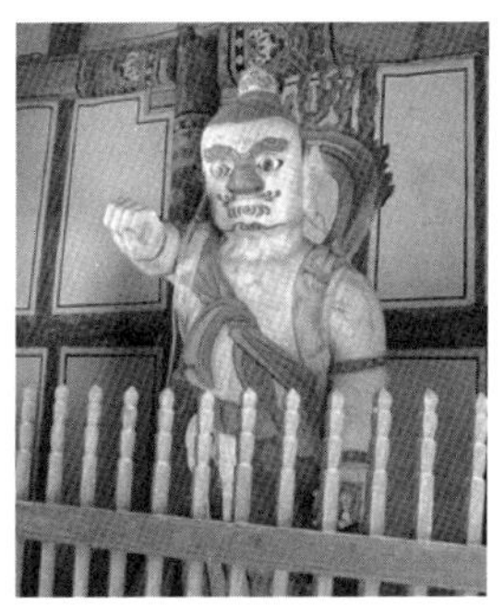

〈쌍계사 금강문의 금강역사상〉

천왕문 天王門

불법을 수호하는 하늘의[天] 왕이[王] 있는 문[門]

天 **천** 하늘
王 **왕** 임금
門 **문** 문

〈불국사 천왕문〉

천왕문은 무서운 형상을 한 4명의 천왕이 지키는 문으로, 중생의 탐욕과 분노와 어리석음을 꾸짖는 표정을 지어, 절에 들어가는 사람들이 이를 보고 엄숙한 마음을 갖도록 하는 곳입니다.

〈내소사 천왕문〉

| **사천왕 四天王** | 손에 들고 있는 물품이나 방향은 절에 따라 다를 수 있음.

□ 동방지국천왕 東方持國天王

| 持 **지** 가지다, 지키다 國 **국** 나라 |

부처님이 지국천왕으로 하여금 동방에서 불법佛法을 지키라 명령하였고, 이를 지킬 것을 지국천왕이 맹세한 데서 붙여진 이름. 손에는 주로 비파를 들고 있음. 동방에서 참된 도리를 파괴하고 선한 백성을 괴롭히는 자들을 물리치는 역할을 함.

□ 서방광목천왕 西方廣目天王

| 廣 **광** 넓다 目 **목** 눈 |

이상한 눈, 추한 눈을 가져서 붙여진 이름. 손에는 주로 용과 여의주를 들고 있으며, 악한 사람에게 고통을 줌으로써 그를 통해 불심佛心을 일으키게 하는 역할을 함.

□ 남방증장천왕 南方增長天王

| 增 **증** 늘다 長 **장** 길다, 자라다 |

'자꾸 늘어난다'는 뜻을 담고 있음. 손에는 칼을 들고 있고, 만물을 소생시키는 역할을 함.

□ 북방다문천왕 北方多聞天王

| 多 **다** 많다 聞 **문** 듣다 |

부처님의 설법을 가장 많이 들었다고 하여 붙여진 이름. 손에는 탑과 깃대를 들고 있으며, 어리석은 가운데 방황하는 중생을 인도하는 역할을 함.

불이문 不二門

중생과 부처가 둘이[二] 아닌[不] 경지로 들어서는 문[門]

不 불 ~하지 않다, 아니다
二 이 둘
門 문 문

〈통도사 불이문〉

〈대흥사 해탈문〉

불이문은 중생과 부처, 생生과 사死, 번뇌와 깨달음이 둘이 아닌 경지로 들어선다는 뜻을 가진 문으로, 해탈문解脫門 · 극락문極樂門이라고도 합니다. 즉 불이문을 통과한다는 것은 불국토佛國土로 들어간다는 뜻입니다. 금강문과 마찬가지로 일부 사찰에서만 볼 수 있습니다.

범종각 梵鐘閣

범종을[梵鐘] 달아두는 집[閣]

梵 범 범어, 불교에 관련된 것
鐘 종 종
閣 각 집

〈금산사 범종각〉

범종각은 범종을 달아두는 집으로, 불이문(혹은 금강문)을 지나 불국토佛國土에 들어온 구도자를 환영하여 하늘의 주악을 들려주는 곳입니다. 불교에서는 하늘을 28개로 구분하는데, 이를 상징하여 하루에 28번씩 세 차례 칩니다. 범종이 1층 건물이면 범종각이라 부르지만, 2층 건물의 2층에 달려 있다면 범종루梵鐘樓라 부릅니다.

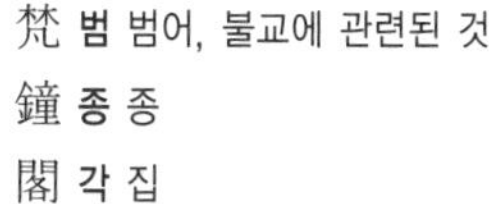

〈내소사 범종각〉

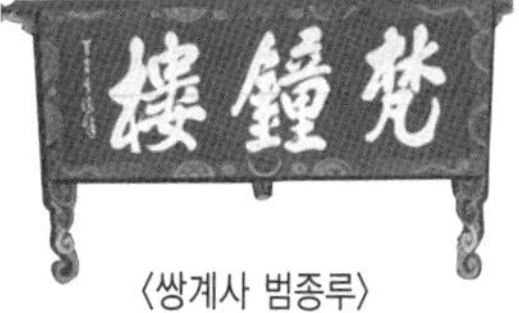

〈쌍계사 범종루〉

탑 塔

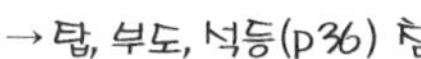

법당 法堂 = 금당 金堂

부처를[法, 金] 모신 집[堂]

法 법 법, 부처의 가르침
金 금 쇠, 금
堂 당 집

'法' 은 범어 '달마達磨(Dharma)' 의 의역으로, 달마는 '진리 · 본체' 등의 뜻을 갖고 있습니다.

법당은 우리나라에서는 통상적으로 불상을 모신 건물을 가리킵니다. 절의 중심이 되는 곳으로 부처님의 세계를 축소하여 표현한 장소입니다. 부처님의 몸에서 금빛이 난다고 하여 금당金堂이라고도 합니다.

절 안에 모셔진 본존불의 성격에 따라 현판의 이름이 다른데, 석가모니불을 본존불로 모신 대웅전大雄殿이 가장 보편적인 이름입니다.

나. 법당의 종류

사찰마다 중심이 되는 부처가 다르기 때문에 법당(=금당)의 명칭도 다릅니다.

대웅전 大雄殿

위대한[大] 영웅을[雄] 모신 전각[殿]

大 대 크다, 존경 · 찬미하는 말
雄 웅 웅장하다
殿 전 큰 집

〈불국사 대웅전〉

'大雄' 이란 '부처(석가모니)' 를 가리키는 말로, 큰 힘이 있어서 도력道力과 법력法力으로 세상을 밝히는 '위대한 영웅' 이란 뜻입니다.

대웅전은 석가모니불을 모신 전각으로 항상 절의 중심에 위치합니다. 대웅전의 안을 보면 보통 세 부처가 나란히 봉안되어 있는데, 가운데에 석가모니불을 모시고 좌우

〈쌍계사 대웅전〉

〈내소사 대웅보전〉

에 지혜의 신인 문수보살文殊菩薩과 덕행의 신인 보현보살普賢菩薩을 모시는 것을 기본으로 합니다.

석가모니불 좌우에 아미타불과 약사여래상을 모시는 경우에는 대웅전의 격을 높여 대웅보전大雄寶殿이라 부릅니다.

〈선운사 대웅보전〉

대적광전 大寂光殿

대적정大寂靜(=연화장蓮花藏)의[大寂] 세계에서 빛을[光] 발하는 부처인 비로자나불을 모시는 전각[殿]

大 **대** 크다, 존경 · 찬미하는 말
寂 **적** 고요하다
光 **광** 빛
殿 **전** 큰 집

〈해인사 대적광전〉

대적광전은 비로자나불毘盧遮那佛, 일명 대일여래大日如來를 모시는 전각입니다. 비로자나불이 있는 연화장蓮華藏 세계는 장엄하고 진리의 빛이 가득한 대적정大寂靜의 세계라 하여 대적광전이라 부릅니다. 즉 '寂'은 '선정禪定(참선)'이며, '光'은 '지혜의 빛'이니 '선정과 지혜로 가득 찬 빛의 궁전'이란 의미입니다.

비로자나불의 좌우에는 문수보살과 보현보살을 **협시불**脇侍佛로 모시는데, 경우에 따라서는 삼존불 좌우에 아미타불과 약사여래를 모시어 모두 5불을 모시기도 합니다. 화엄종의 사찰에서는 주불전이 아닐 경우에 비로전毘盧殿, 혹은 화엄전華嚴殿이라고도 합니다.

〈연곡사 대적광전〉

〈불국사 비로전〉

· 脇侍佛 [脇(=脅) **협** 옆구리, 곁 侍 **시** 모시다 佛 **불** 부처] 본존불을 옆에서 모시고 있는 불상.

극락전 極樂殿

더없이[極] 즐거운[樂] 세계를 상징하는 전각[殿]

極 극 끝
樂 락 즐겁다
殿 전 큰 집

〈부석사 무량수전〉

극락전은 아미타불을 주불로 모시는 전각이며, 극락세계를 상징합니다. 달리 아미타전, **무량수전**無量壽殿이라고도 부르는데, 아미타전이라고 했을 때는 아미타여래를 주불로 모신 불전임을 뜻하고, 무량수전이라고 했을 때는 무량수불을 주불로 모셨다는 뜻입니다. 아미타와 무량수는 본래 같은 말입니다. 양옆에는 관세음보살, 대세지보살을 모십니다.

〈불국사 극락전〉

· **無量壽** [無 **무** 없다 量 **량** 헤아리다 壽 **수** 목숨] 본래 '끝없는 수명'이란 뜻이며, 여기서는 '아미타불과 그 땅 백성의 수명이 끝이 없다'는 뜻.

관음전 觀音殿

관세음보살을[觀音] 모신 전각[殿]

觀 관 보다
音 음 소리
殿 전 큰 집

관음전은 관세음보살觀世音菩薩을 모신 전각으로, 관음전이 그 사찰의 주불전主佛殿일 때에는 **원통전**圓通殿이라 합니다.

· **圓通** [圓 **원** 둥글다 通 **통** 통하다] '두루 통달하다'는 뜻. 불교에서는 '부처나 보살의 깊은 깨달음'이란 의미로, 관세음보살을 원통대사圓通大士라고도 부름.

〈불국사 관음전〉

〈금산사 원통전〉

약사전 藥師殿

약사여래를[藥師] 모신 전각[殿]

藥 약 약
師 사 스승, 사람
殿 전 큰 집

약사전은 약사여래를 모신 전각입니다. 약사여래는 질병과 재난에서 벗어나게 해주는 부처로 항상 왼손에 약병을 들고 있습니다. 왼쪽에 일광보살, 오른쪽에는 월광보살을 모십니다.

〈실상사 약사전〉

미륵전 彌勒殿

미륵불을[彌勒] 모신 전각[殿]

彌勒 부처 명칭
〈彌 미 길다 勒 륵 억지로 하다〉 범어
殿 전 큰 집

〈금산사 미륵전〉 금산사 미륵전은 3층 편액이 미륵전, 2층 편액이 용화지회龍華之會, 1층 편액이 대자보전입니다.

미륵전은 미래불인 미륵불을 모신 전각입니다. 미륵불에 의해 펼쳐지는 새로운 용화세계(=불국토) 를 상징한다고 하여 용화전龍華殿이라고도 하고, 자씨전慈氏殿 · 대자보전大慈寶殿이라고도 합니다.

〈통도사 용화전〉

나한전 羅漢殿

나한을[羅漢] 모신 전각[殿]

羅漢 범어
〈羅 라 벌이다 漢 한 나라 이름〉
殿 전 큰 집

〈불국사 나한전〉

나한전은 부처님의 제자인 16나한羅漢을 모신 전각입니다. 나한은 아라한阿羅漢의 약칭으로 '성자聖者' 란 뜻입니다. 아라한은 공양을 받을 자격[응공應供]을 갖추고 진리로 사람들을 충분히 이끌 수 있는 능력[응진應眞]을 갖춘 사람들이

〈통도사 응진전〉

므로, 나한전을 응진전應眞殿이라고도 합니다.

팔상전 八相殿

부처 일생의 여덟[八] 장면을[相] 그린 그림을 모신 전각[殿]

八 팔 여덟
相 상 서로, 모습
殿 전 큰 집

'八'을 '捌[팔 깨뜨리다, 여덟]'과 바꿔 쓰기도 합니다.

팔상전은 부처의 일생을 여덟 장면으로 나누어 그린 팔상도를 모신 전각입니다. 후불탱화로 **영산회상도**靈山會上圖가 걸려 있어 영산전靈山殿이라고도 합니다. 불상을 두기도 하나 벽에 있는 팔상도와 불상 뒷면의 영산회상도가 주된 경배 대상입니다.

〈해인사 영산회상도〉

〈선운사 팔상전〉

〈범어사 팔상전〉

· 靈山會上圖 [靈 **령** 신령하다 山 **산** 산 會 **회** 모이다 上 **상** 위 圖 **도** 그림] 석가모니가 영취산靈鷲山에서 제자들에게 『법화경法華經』을 설법하고 있는 모습을 그린 그림.

명부전 冥府殿

저승의[冥府] 시련에서 중생을 구해주는 지장보살을 모신 전각[殿]

冥 명 어둡다, 저승
府 부 관청
殿 전 큰 집

'冥府'는 '저승'을 가리키는 말입니다.

명부전은 지장보살地藏

〈해인사 명부전〉

菩薩을 모시고 죽은 이의 넋을 인도하여 극락왕생하도록 기원하는 곳입니다. 지장보살을 주불로 모신 곳이므로 지장전地藏殿이라고도 하고, 지옥의 심판관 시왕을 모신 곳이므로 시왕전[十王殿], 저승과 이승을 연결하는 전각이므로 쌍세전雙世殿이라고도 합니다.

〈부석사 지장전〉

삼성각 三聖閣

세[三] 신을[聖] 모신 전각[閣]

三 **삼** 셋
聖 **성** 성스럽다, 성인
閣 **각** 집

삼성각은 법당 뒤쪽에 우리 민족 고유의 세 토속 신을 모셔놓은 조그마한 전각입니다. 첫번째 신은 산신령으로 호랑이와 함께 그림으로 모셔집니다. 두번째 칠성七星은 북두칠성北斗七星으로, 옛날부터 민간에서는 재물과 재능을 주고 아이들의 수명을 늘려주며 비를 내려 풍년이 들게 해주는 신으로 믿어왔습니다. 칠성삼존불七星三尊佛과 칠여래七如來 등을 한데 그려 넣은 칠성탱화七星幀畵로 모셔집니다. 마지막 독성獨聖은 스승 없이 혼자 깨달음을 얻은 성자를 일컫는 말로, 우리나라에서는 나반존자那畔尊者라 합니다. 대부분 나반존자가 지팡이를 짚고 앉아 있는 모습이 그려져 있는 탱화로 모셔집니다. 만약 이 셋을 따로 모시면 산신각山神閣, 칠성각七星閣 , 독성각獨聖閣으로 불립니다.

〈통도사 삼성각〉

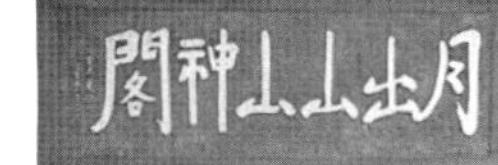

〈무위사 산신각〉

〈실상사 칠성각〉

조사당 祖師堂

조사들의[祖師] 영정을 모신 집[堂]

祖 **조** 조상
師 **사** 스승
堂 **당** 집

'祖師'는 '한 종파를 세운 사람'을 뜻합니다.

조사당은 역대 조사들의 영정을 모신 전각입니다. 국사國師를 배출한 절에서는 대신 국사전國師殿을 짓기도 합니다.

· 國師 [國 **국** 나라 師 **사** 스승] 국가로부터 받는 승려의 최고 직책으로 왕실의 고문 역할을 함.

〈부석사 조사당〉

〈도갑사 국사전〉

다. 탑塔, 부도浮屠, 석등石燈

현재 미얀마에서는 탑을 '파고다' 라고 부르며, 유럽 등에서도 그렇게 부릅니다. 지금 종로의 '탑골 공원' 도 예전에는 '파고다 공원' 이라 불렀습니다.

탑 塔

塔 **탑** 탑

탑은 인도에서 '무덤' 을 뜻하는 '스투파Stūpa' 라는 말이 불교가 전파되는 과정에서 '탑파' 로 되었다가, 다시 줄어든 말입니다. 석가모니가 세상을 떠나자 그의 제자들은 당시 풍속에 따라 화장을 했습니다. 그런데 이때 생긴 사리를 두고 당시 인도의 여덟 나라가 서로 차지하려는 싸움을 벌였습니다. 그러나 제자의 한 사람인 도로나徒盧那의 중재로 여덟 나라가 똑같이 나누어 가졌습니다. 그 뒤 각 나라에서는 탑을 만들어 귀중한 석가모니의 사리를 보관하고 이를 경배하였습니다. 하지만 절의 숫자가 늘어나면서부터는 석가모니의 사리가 없어도 탑을 만들어 경배하게 되었습니다.

〈불국사 석가탑〉

탑의 층수 세는 법

탑은 크게 위에서부터 **탑두부塔頭部**, **탑신부塔身部**, **기단부基壇部**가 있습니다. 이 가운데 탑신부의 전각殿閣 모양처럼 생긴 **옥개석屋蓋石**과 옥신屋身이 몇 개가 있는지를 보면 탑의 층수를 알 수 있습니다. 그림의 탑은 옥개석이 3개 있으니 3층 석탑입니다. 우리나라의 석탑을 조사하면 거의 홀수 층으로 이루어졌다는 것을 알 수 있습니다. 탑의 층수가 주로 홀수인 이유는 불교의 본래 사상보다는 음양오행 사상에 의해서라는 설이 있습니다. 즉 홀수 층수 탑은 음양오행의 사상을 받아들인 한국 · 중국 · 일본 등의 나라에서 주로 볼 수 있다는 말입니다. 이 설에 의하면 홀수는 양의 숫자이고, 탑의 평면은 모두 4각 · 6각 · 8각 같은 짝수(음의 숫자)이므로, 이런 방식으로 음양의 조화를 맞추었다는 것입니다.

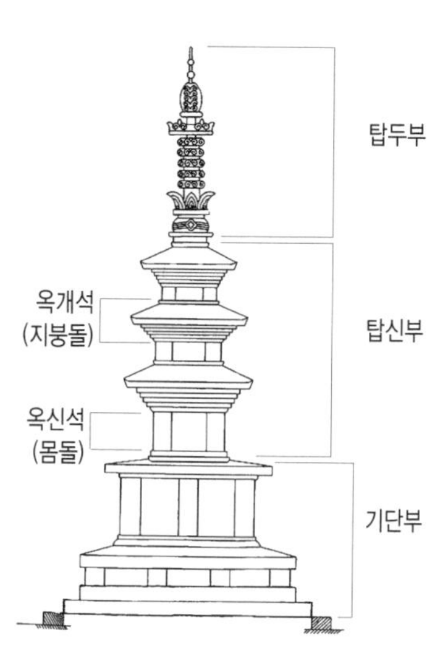

· 塔頭部 [塔 **탑** 탑 頭 **두** 머리 部 **부** 떼, 갈래] 탑의 윗 부분.
· 塔身部 [塔 **탑** 탑 身 **신** 몸 部 **부** 떼, 갈래] 탑의 몸체.
· 基壇部 [基 **기** 터 壇 **단** 높고 평평한 곳 部 **부** 떼, 갈래] 기초가 되는 부분.
· 屋蓋石 [屋 **옥** 집, 지붕 蓋 **개** 덮다 石 **석** 돌] 옥신석을 덮는 덮개.

부도 浮屠(= 浮圖)

浮屠 · 浮圖 범어
〈浮 **부** 뜨다 屠 **도** 죽이다 · 圖 **도** 그림〉

〈연곡사 북부도〉

'浮屠'는 범어 '붓다Buddha'('깨달은 사람'이라는 뜻)의 음이 잘못 전해진 것으로, 스님들의 사리를 모시는 탑을 가리킵니다. 탑에 석가모니의 사리를 모신다면, 부도엔 스님의 사리를 모십니다. 탑을 법당 바로 앞에 두고 부도를 절에서 약간 떨어진 곳에 두는 이유는 이러한 위상 차이 때문입니다.

석등 石燈

石 석 돌
燈 등 등불

석등은 절이나 능陵·정원 등에서 불을 밝히기 위해 두는, 돌로 만든 사물입니다. 절에서 예불을 드릴 때 주로 사용했습니다.

〈부석사 석등〉

라. 우리나라의 탑

미륵사지 석탑 彌勒寺址石塔

미륵사가[彌勒寺] 있었던 자리에[址] 남아 있는 돌탑[石塔]

彌勒 부처 명칭
〈彌 미 길다 勒 륵 억지로 하다〉 범어
寺 사 절
址 지 터
石 석 돌
塔 탑 탑

미륵사지 석탑은 미륵사(전라북도 익산시 금마면)가 있던 자리에 남아 있는 백제 말기의 화강석 돌탑입니다.

미륵사에는 원래 동쪽과 서쪽에 같은 모양의 석탑이 하나씩 있었는데, 동탑(1993년 복원)은 조선새대에 없어지고 현재 서탑만 남아 있습니다. 이 서탑도 원래는 사각형의 9층 석탑이었

〈미륵사지 서탑(좌)과 복원된 동탑(우)〉

으나, 서남 부분은 무너지고 북동쪽 6층까지만 남아 있습니다. 이 석탑은 목탑木塔 양식을 모방한 것으로, 우리나라 석탑 양식의 기원을 알게 해줍니다. 높이는 14.24m이고, 국보 제11호입니다.

정림사지 5층 석탑 定林寺址五層石塔

정림사가[定林寺] 있던 자리에[址] 남아 있는 5층[五層] 돌탑[石塔]

定林 명칭
〈定 **정** 정하다 林 **림** 숲〉
寺 **사** 절
址 **지** 터
五 **오** 다섯
層 **층** 층
石 **석** 돌
塔 **탑** 탑

〈정림사지 오층 석탑〉

정림사지 5층 석탑은 정림사(충청남도 부여군 부여읍)가 있던 자리에 남아 있는 돌탑입니다. 높이는 8.33m이고, 국보 제9호입니다.

 **~사지**寺址 | 寺 **사** 절 址 **지** 터 |

오래 전에 세워졌던 절이 불에 타거나 오래되어 건물은 없어지고 터만 남는 경우 '~지址' 또는 '~터'라는 표현을 씁니다. 오랜 세월이 지나면 건물이 보존되는 경우가 드물어 예전에 절이 있던 자리라는 것을 알기 어려운데, 간혹 당간지주幢竿支柱나 주춧돌의 배치를 보고 과거에 사찰이 있던 자리임을 밝힙니다.

황룡사 9층 목탑 皇龍寺九層木塔

황룡사에[皇龍寺] 있었던 9층[九層] 목탑[木塔]

皇龍 명칭
〈皇 **황** 임금 龍 **룡** 용〉
寺 **사** 절
九 **구** 아홉
層 **층** 층
木 **목** 나무
塔 **탑** 탑

황룡사 9층 목탑은 황룡사지(경상북도 경주시 구황동)에 있었던 목탑으로, 1238년 몽고의 침입 때 불타 없어졌습니다. 9층 가운데 1층은 일본, 2층은 중국, 3층은 오월,

〈황룡사 구층 목탑 복원 모형〉

4층은 탁라, 5층은 응유, 6층은 말갈, 7층은 단국, 8층은 여적, 9층은 예맥을 가리키며, 이들 이웃 나라의 침략을 막기 위해 세웠다고 전해집니다.

『삼국사기三國史記』엔 "경북 월성 동쪽에 새 대궐을 지었는데, 거기에서 누런 용이 나타나자 이를 이상히 여겨, 대궐 대신 절을 지어 이름을 황룡사라 하였다"는 절 명칭의 유래가 기록되어 있습니다.

분황사 석탑 芬皇寺石塔 = 분황사 모전 석탑 芬皇寺模塼石塔

분황사에[芬皇寺] 있으며 돌을 벽돌[塼] 모양으로 본떠[模] 쌓은 돌탑[石塔]

芬皇 명칭
〈芬 **분** 향기롭다 皇 **황** 임금〉
寺 **사** 절
模 **모** 본뜨다
塼 **전** 벽돌
石 **석** 돌
塔 **탑** 탑

〈분황사 석탑〉

분황사 석탑(분황사 모전 석탑)은 분황사(경상북도 경주시 구황동)에 있는 탑으로, 돌을 벽돌 모양으로 깎아 탑을 세웠기 때문에 모전 석탑이라 합니다. 신라 시대 선덕여왕이 세웠으며, 높이는 9.3m이고, 국보 제30호입니다.

법천사 지광국사 현묘탑 法泉寺智光國師玄妙塔

법천사에[法泉寺] 있으며, 이름이 현묘인[玄妙] 지광국사의[智光國師] 부도[塔]

法泉 명칭
〈法 **법** 법, 부처의 가르침 泉 **천** 샘〉
寺 **사** 절

'國師'는 국가에서 내려주는 승려의 최고 직책이고, '玄

〈법천사 지광국사 현묘탑〉

妙'는 '깊고 미묘하다'는 뜻입니다.

법천사 지광국사 현묘탑은 강원도 원주 법천사터에 있던 것이 일본으로 반출되었다가, 서울 경복궁으로 옮긴 고려 시대의 부도로, 지광국사 해린海麟(984～1067)이 입적한 뒤인 1085년경에 만들어졌습니다. 높이는 6.1m이고 국보 제101호입니다.

智光 승려 이름
〈智 지 지혜 光 광 빛〉
國 국 나라
師 사 스승
玄 현 검다, 신묘하다
妙 묘 묘하다
塔 탑 탑

정토사 홍법국사 실상탑 淨土寺弘法國師實相塔

> 정토사에[淨土寺] 있으며, 이름이 실상인[實相] 홍법국사의[弘法國師] 부도[塔]

〈정토사 홍법국사 실상탑〉

'弘法國師'는 신라 말 · 고려 초의 승려입니다. '實相'은 '참된 모습'이란 뜻으로, '이 세상의 자연계', 혹은 '불변의 진리'를 뜻하는 말입니다.

정토사 홍법국사 실상탑은 서울 용산의 국립중앙박물관(수장고에 보관중)에 있는 고려 시대의 부도로 높이는 2.55m이고, 국보 제102호입니다. 이것은 본래 충청북도 중원군 동량면 정토사의 옛터에 있던 것입니다.

淨土 명칭
〈淨 정 깨끗하다 土 토 흙, 땅〉
寺 사 절
弘法 승려 이름
〈弘 홍 넓다 法 법 법〉
國 국 나라
師 사 스승
實 실 열매, 실제
相 상 서로, 모습
塔 탑 탑

마. 불전사물 佛殿四物

佛 불 부처
殿 전 큰 집
四 사 넷
物 물 사물

불전사물은 부처의 소리를 전하는 4가지 물건입니다.

■ 범종 梵鐘 [梵 범 범어, 불교에 관련된 것 鐘 종 종] 종소리가 땅속으로 가라앉기 때문에, 땅속에 있는 동물과 지옥의 중생들에게 부처님의 가르침을 전함.

■ 법고 法鼓 [法 법 법, 부처의 가르침 鼓 고 북] 숲과 들판의 짐승들에게 부처님의 가르침을 전함.

■ 운판 雲版 [雲 운 구름 版 판 널빤지] 뭉게구름 모양의 얇은 판으로, 허공을 날아다니는 새나 벌레 그리고 허공을 헤매는 영혼들에게 부처님의 가르침을 전함.

■ 목어 木魚 / 목탁 木鐸 [木 목 나무 魚 어 물고기 / 鐸 탁 방울] 나무를 깎아 잉어 모양으로 만들고 속을 파서 텅 비게 한 것으로, 나중에 둥근 모양의 목탁으로 바뀜. 우리나라에서는 둥근 것을 목탁, 긴 것은 목어라 하여 구분하고 있음. 물속에 사는 물고기에게 부처님의 가르침을 전함.

〈범종〉

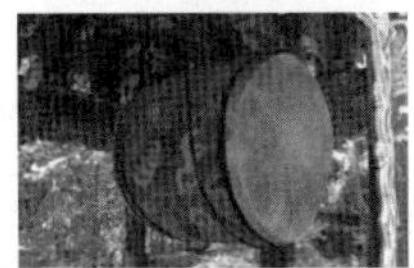

〈법고〉

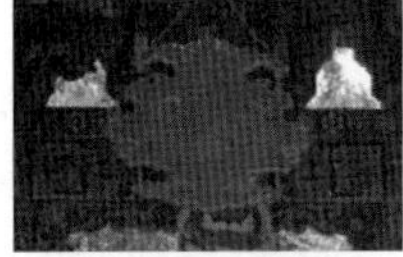

〈운판〉

〈목어〉

목탁木鐸의 유래

옛날, 스승의 말을 잘 듣지 않던 어느 스님이 죽은 뒤 물고기로 환생하였습니다. 그런데 그 물고기는 전생의 업이 많아 등에 나무가 났습니다. 등에 나무를 달고 다니는 물고기는 누군가가 업을 벗겨주어 나무가 없어지기를 바랬습니다. 어느 날 한 스님이 외국으로 공부를 하러 가기 위해 배를 타고 바다를 건너다가 그 물고기를 보았습니다. 사연을 알게 된 스님은 물고기를 위해 재를 올리고 나무를 제거해 주었습니다. 그리고 그 나무로 물고기의 모양을 만들어서 대중에게 보이며, 업을 만들지 않는 경계로 삼도록 하였습니다.

종의 구조

■ 용뉴 龍鈕 [龍 **룡** 용 鈕 **뉴** 도장의 손으로 잡는 부분] 종과 고리를 연결하는 부분으로, 고리를 용의 모양으로 만듦. 우리나라는 주로 한 마리인데, 중국이나 일본은 2마리임.

■ 음통 音筒 [音 **음** 소리 筒 **통** 통] 종의 음향 조절기관으로, 중국이나 일본의 범종과 구별되는 신라 시대 범종에서만 볼 수 있는 특징임.

■ 유두 乳頭 [乳 **유** 젖 頭 **두** 머리] 유곽乳廓 안에 있는 젖꼭지 모양의 9개 돌기. 유두는 총 36개로 불교 경전에 나타나는 36선신善神을 나타낸다는 설이 있음.

· 乳廓 [乳 **유** 젖 廓 **곽** 둘레] 유두의 테두리.

■ 당좌 撞座 [撞 **당** 치다 座 **좌** 자리] 종을 때릴 때 나무 봉이 맞는 자리로, 2개가 서로 반대편에 나뉘어 있음.

■ 비천상 飛天像 [飛 **비** 날다 天 **천** 하늘 像 **상** 모양, (사람의) 형상] 천계에 사는 신. 보통 사람에게는 그 모습이 보이지 않지만 초인적인 힘을 가지고 있기 때문에 자유로우면서도 빨리 날 수 있다는 신. 주로 부처가 설법하는 곳이나 보살이 머무는 곳에 나타나 허공을 날면서 꽃을 뿌리고 악기를 연주하며 공양함.

〈용뉴와 음통〉

〈유두〉

〈당좌〉

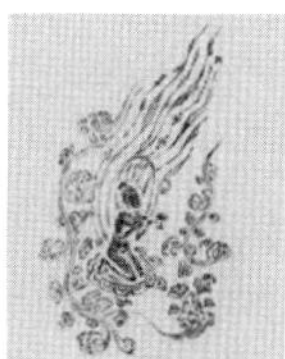
〈비천상(탁본)〉

바. 우리나라의 범종

상원사 동종 上院寺銅鐘

상원사에[上院寺] 있는, 구리로 만든[銅] 종[鐘]

上院 명칭
〈上 상 위 院 원 집〉
寺 사 절
銅 동 구리
鐘 종 종

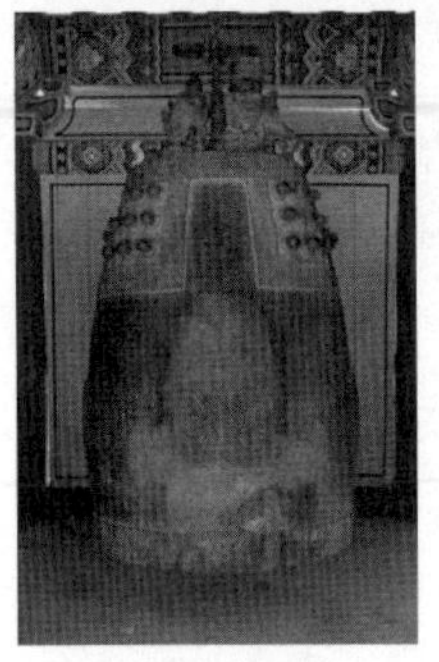
〈상원사 동종〉

상원사 동종은 강원도 평창군 진부면 상원사에 있는 신라 시대의 동종으로, 높이는 167㎝, 입지름은 91㎝이며 국보 제36호입니다. 현존하는 우리나라 동종 가운데 가장 오래되고 아름다운 범종입니다. 음향이 맑고 깨끗한 것으로 유명합니다.

성덕대왕 신종 聖德大王神鐘

성덕대왕을[聖德大王] 기리는 신령스러운[神] 종[鐘]

聖德 시호
〈聖 성 성스럽다 德 덕 덕〉
大 대 크다, 존경 · 찬미하는 말
王 왕 임금
神 신 귀신, 묘하다
鐘 종 종

성덕대왕 신종은 신라 제35대 경덕왕景德王이 그의 아버지 제33대 성덕대왕聖德大王의 명복을 빌기 위해 주조하고 아들 혜공왕惠恭王이 완성한 동종으로, 경상북도 경주시 국립경주박물관에 있습니다. 맑고 장중한 소리, 그리고 천상의 세계를 나타내 보이는 듯한 경쾌하고 아름다운 비천상으로

〈성덕대왕 신종〉

유명합니다. 높이는 333㎝, 입지름은 227㎝이며 국보 제 29호입니다. 종의 '좋은 소리'를 만들지 못해 고심하던 끝에 어떤 스님의 권고로 한 여자의 무남독녀를 쇳물의 가마속에 넣고 나서야 성공할 수 있었다는 설화가 전해 내려오기 때문에 '에밀레종'이라고도 하고, 봉덕사奉德寺에 달았었기 때문에 '봉덕사종'이라고도 합니다.

에밀레의 전설

봉덕사에서 종을 만들기 위해 스님들이 쇳덩이를 시주받으러 다녔다. 그러던 중 어떤 집의 여자가 시주할 쇳덩이가 없으니 업고 있던 아이라도 시주하겠다고 농담을 하였다. 그러나 이것이 원인이 되어 종이 완성된 뒤에 소리가 제대로 나지 않자, 그 아이를 찾아 쇳물에 넣어 주조하였다. 그 뒤로 종을 치면 에미 때문에 죽었다 하여 종소리가 끝날 무렵 '에밀레' 하고 울린다 한다.

| 불교 유물 |

가. 우리나라의 불상

불상의 이름을 짓는 방식은 대체로 다음과 같은 규칙을 따릅니다.

① 출토지, 특징 ② 재료, 방식 ③ 주인공 ④ 자세

	연가 7년명	금동	여래	입상
예1)	특징	재료	주인공	자세

	서산	마애	삼존불상
예2)	출토지	방식	주인공

연가 7년명 금동여래입상 延嘉七年銘金銅如來立像 = 연가 7년 부처

'延嘉七年~' 이라[延嘉七年] 새겨져[銘] 있으며, 재질은 금동이고[金銅], 석가여래가[如來] 서 있는[立] 형상의 불상[像]

延嘉 연호
〈延 연 끌다 嘉 가 경사〉
七 칠 일곱
年 년 해
銘 명 새기다
金 금 쇠, 금
銅 동 구리
如來 부처 명칭
〈如 여 같다 來 래 오다〉
立 립 서다
像 상 모양, (사람의) 형상

〈연가 7년명 금동여래입상(앞/뒤)〉

'延嘉'는 고구려의 연호年號이며, '연가 7년'은 539년 또는 599년으로 추정되는 연도 표기입니다.

연가 7년명 금동여래입상은 고구려 시대의 것으

로, 불상에 '延嘉七年~' 으로 시작하는 47자가 새겨져 있으며, 재질은 금동이고 서 있는 형상입니다. 두꺼운 법의를 입은 모습이고, 신비하면서도 은은한 미소를 띠고 있습니다. 국보 제119호로 전체 높이는 16.2㎝이고, 1963년 경상남도 의령에서 출토되었으며, 현재 국립중앙박물관에 보관되어 있습니다.

명문銘文엔 대체로 '승연僧演이라는 사람이 뜻을 같이 하는 40명과 함께 천불을 만들어 공양한다' 는 내용이 실려 있습니다.

서산 마애삼존불상 瑞山磨崖三尊佛像

충남 서산에[瑞山] 있으며, 절벽에[崖] 조각된[磨] 세[三] 존귀한[尊] 불상[佛像]

瑞山 지명
〈瑞 서 좋은 조짐 山 산 산〉
磨 마 갈다
崖 애 낭떠러지
三 삼 셋
尊 존 높다, 불상을 세는 말
佛 불 부처
像 상 모양, (사람의) 형상

〈서산 마애삼존불상〉

서산 마애삼존불상은 충청남도 서산시 운산면에 있는 백제 시대의 유물로, 높이 2.8m이고 중앙에 큰 불상과 좌우에 조그만 불상, 합해서 세 불상이 절벽에 새겨져 있습니다. 엷은 미소를 띤 온화한 아름다움을 지니고 있으며, 백제의 찬란했던 불교 문화를 엿볼 수 있습니다. 국보 제84호.

금동미륵보살반가사유상 金銅彌勒菩薩半跏思惟像

재질은 금동이고[金銅], 미륵보살이[彌勒菩薩] 반가부좌[半跏] 자세로 생각하는[思惟] 형상의 불상[像]

金 금 쇠, 금
銅 동 구리
彌勒菩薩 부처 명칭
〈彌 미 길다 勒 륵 억지로 하다 菩 보 보리 薩 살 보살〉

금동미륵보살반가사유상은 대부분 삼국 시대의 불상들로, 재질은 금동이고 자세는 반가부좌(오른쪽 다리를 올

〈금동미륵보살반가사유상, 국보 제78호〉

려서 왼쪽 다리 무릎 위에 얹는 것)이며 생각하는 형상의 미륵보살입니다. 작은 것은 11㎝에서 큰 것은 1m 가까이 되는 것까지 다양합니다. 이 불상은 로댕의 '생각하는 사람'을 연상시키지만 로댕의 것은 고뇌하는 모습이고, 미륵보살은 고뇌를 초탈하여 깨달은 모습으로, 둘은 크게 다릅니다.

半 **반** 반
跏 **가** 책상다리하다
思 **사** 생각하다
惟 **유** 생각하다
像 **상** 모양, (사람의) 형상

삼산관 금동미륵보살반가사유상
三山冠金銅彌勒菩薩半跏思惟像

삼산관을[三山冠] 쓰고 있고, 재질은 금동이며[金銅], 미륵보살이[彌勒菩薩] 반가부좌[半跏] 자세로 생각하는[思惟] 형상의 불상[像]

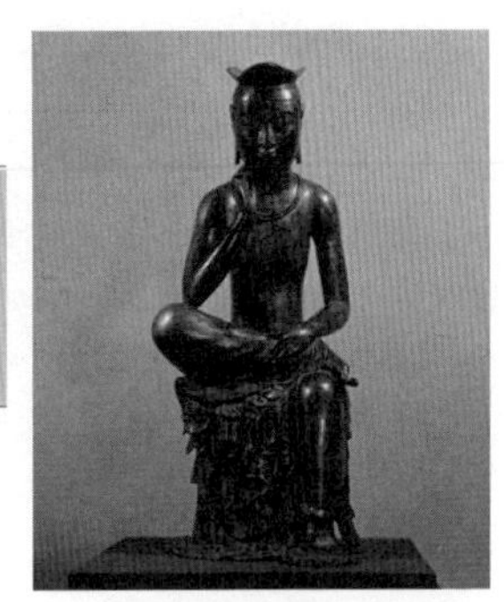
〈삼산관 금동미륵보살반가사유상〉

삼산관 금동미륵보살반가사유상의 삼산관三山冠은 머리에 쓰는 관의 모양이 나란한 세 개의 산 모양이기 때문에 붙여진 이름입니다. 국보 제83호인 이 반가사유상은 입가의 미소가 잘 표현되어 있으면서 아름다운 사유의(생각하는) 모습을 보이고 있기 때문에 삼국 시대 불상의 으뜸으로 꼽힙니다. 현재 국립중앙박물관에 보관되어 있습니다.

三 **삼** 셋
山 **산** 산
冠 **관** 갓

일본의 국보 제1호

일본의 국보 제1호는 고류지[광륭사廣隆寺]에 있는 목조미륵보살반가사유상木造彌勒菩薩半跏思惟像입니다. 이 반가사유상은 길이 85㎝의 목상인데 한국의 반가사유상(국보 제83호)과 꼭 닮은 모습이고, 불상의 재료가 된 나무가 일본에서는 생산되지 않는 적송赤松이어서, 한반도에서 건너간 것이라는 설이 유력합니다.

〈고류지 목조미륵보살반가사유상〉

부석사 소조여래좌상 浮石寺塑造如來坐像

부석사에[浮石寺] 있으며, 진흙으로[塑] 만든[造] 아미타여래가[如來] 앉아 있는[坐] 형상의 불상[像]

浮石 명칭
〈浮 부 뜨다 石 석 돌〉
寺 사 절
塑 소 흙으로 만들다
造 조 만들다
如來 부처 명칭
〈如 여 같다 來 래 오다〉
坐 좌 앉다
像 상 모양, (사람의) 형상

〈부석사 소조여래좌상〉

부석사 소조여래좌상은 경상북도 영주시 부석면 부석사의 무량수전 無量壽殿에 있는 아미타여래상입니다. 높이는 2.78m이고 국보 제45호입니다.

부석사의 명칭 유래

부석사의 무량수전 서쪽에는 큰 바위가 있는데, 이 바위는 아래의 바위와 서로 붙지 않고 떠 있어 '뜬돌'이라 부른 데서 부석사라는 이름이 유래하였습니다.

관촉사 석조미륵보살입상 灌燭寺石造彌勒菩薩立像

관촉사에[灌燭寺] 있으며, 돌로[石] 만든[造] 미륵보살이[彌勒菩薩] 서 있는[立] 형상의 불상[像]

灌燭 명칭
〈灌 관 물을 대다 燭 촉 촛불〉
寺 사 절
石 석 돌
造 조 만들다
彌勒菩薩 부처 명칭
〈彌 미 길다 勒 륵 억지로 하다 菩 보 보리 薩 살 보살〉
立 립 서다
像 상 모양, (사람의) 형상

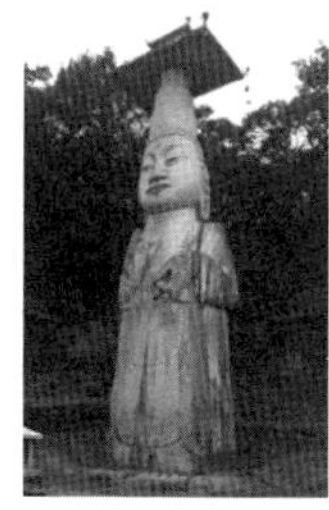
〈관촉사 석조미륵보살입상〉

관촉사 석조미륵보살입상은 충청남도 논산군 은진면 관촉사에 있는 고려시대의 불상입니다. 높이는 18.2m이고 보물 제218호로 지정되었습니다. 부처의 몸은 허리를 중심으로 두 개의 커다란 돌을 붙여 만들었으며, 머리가 비정상적으로 크게 되어 있습니다.

부처 · 보살 명칭의 종류

연가 7년명 금동여래입상, 서산 마애삼존불상, 금동미륵보살반가사유상, 부석사 소조여래좌상 등 불상의 명칭을 이해하기 위해서는 다의 내용을 먼저 알아야 합니다.

| 부처 명칭의 종류 |

부처는 여러 종류가 있고 다양한 명칭을 갖고 있습니다. 그 가운데 중요한 몇 가지만 소개하겠습니다.

■ 석가모니 釋迦牟尼 [〈釋 **석** 풀다 迦 **가** 막다 牟 **모** 소가 우는 소리 尼 **니** 여승〉 범어] 범어 샤가무니(Śākyamuni : Śākya는 민족의 명칭이고 muni는 성자라는 의미로, 샤가 족 출신의 성자라는 의미)의 음역. 세계 4대 성인의 한 사람이며, 35세에 깨달음을 얻어 부처가 되었다고 함. 불상의 형태로 대웅전大雄殿에 모셔지고, 불상의 손 모양은 입상立像의 경우 대체로 시무외인施無畏印 · 여원인與願印을 하고 있으며, 좌상坐像의 경우 대체로 항마촉지인降魔觸地印을 하고 있음.

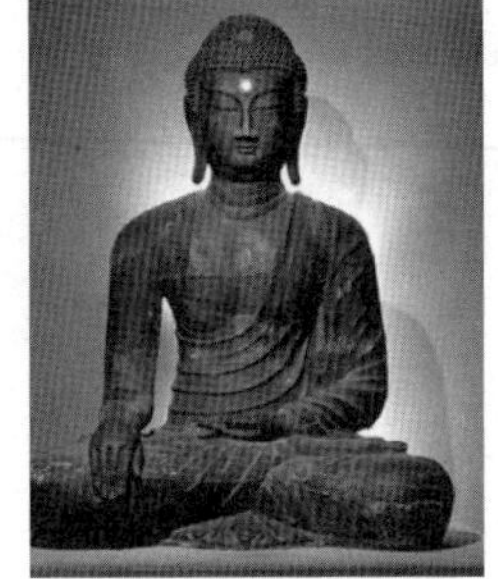

〈춘궁리 철조석가여래좌상〉

■ 부처 = 불타 佛陀 [〈佛 **불** 부처 陀 **타** 비탈지다〉 범어] 범어 붓다(Buddha)의 음역. 석가모니의 본래 성은 고타마(Gotama), 이름은 싯다르타(Siddhārtha)인데, 깨달음을 얻은 뒤에 붓다(Buddha, 佛陀 : '깨달은 사람' 이라는 뜻)라 불림. 후에 '부처' 라는 명칭은 석가모니에게만 국한하여 쓰지 않음.

■ 여래 如來 [如 **여** 같다 來 **래** 오다] 범어 'Tathāgata(진리에 도달한 이, 진리의 체현자)를 의역意譯한 말. '교화를 위하여 진여眞如에서[如] 이 세상으로 왔다[來]' 는 뜻으로도 풀이함. '부처' 를 높여 이르는 말. 진여眞如는 '진실함이 언제나 같다' 로 풀이하지만, '우주의 한가운데 절대로 변하지 않는 곳' 이란 의미로, 우주 만유의 실체로서 현실적이며 평등 무차별한 절대의 진리를 나타냄.

■ 아미타불 阿彌陀佛 [〈阿 **아** 아첨하다 彌 **미** 길다 陀 **타** 비탈지다〉 범어 佛 **불** 부처] 극락정

〈화성 봉림사 목아미타불좌상〉

土極樂淨土에 있어 속세에서 번뇌하는 중생을 극락세계로 인도해 주는 부처. 이 부처의 광명을 받은 자는 일체의 고통에서 벗어날 수 있다고 함. 석가모니가 인간의 몸으로 생활하다가 부처가 되었다면, 아미타불은 인간으로 태어나지 않고 극락세계에 있는 부처로 구분함. '阿彌陀'는 범어 'Amitāyus' 혹은 'Amitābha'에서 온 것인데, Amitāyus는 무한한 수명[**무량수**無量壽]을 뜻하고, Amitābha는 무한한 광명[**무량광**無量光]을 뜻함. 무한한 수명은 '자비', 무한한 광명은 '지혜'를 의미하는 것으로 보아, '나무아미타불'이라는 염불은 무한한 생명과 지혜를 지닌 부처님께 귀의한다는 다짐이라고 볼 수 있음. 아미타불은 극락전極樂殿(무량수전無量壽殿 · 아미타전阿彌陀殿)에 모셔지며, 손 모양이 아미타여래구품인阿彌陀如來九品印을 원칙으로 하나, 우리나라의 경우 항마촉지인을 하고 있는 경우도 많음.

· 無量壽/光 [無 **무** 없다 量 **량** 헤아리다 壽 **수** 목숨 / 光 **광** 빛]

〈해인사 당간지주에 새겨진 나무아미타불〉

나무아미타불

나무南無(남무→나무)는 범어 'Namas'의 음역으로 '부처에게 돌아가 의지한다'는 뜻입니다. 그래서 나무아미타불은 부처나 보살 또는 경문經文의 이름 앞에 붙여 절대적인 믿음을 나타내는 말입니다. 이 말은 신라의 승려 원효가 불교의 대중화를 위해 민중들에게 전파한 말로, '아미타 부처님께 돌아가 의지하겠다'는 뜻이며, 아미타불의 이름을 정성껏 부르면 불교 교리를 몰라도 죽은 뒤 극락정토에서 다시 태어난다고 가르쳤습니다.

■ 비로자나불 毘盧遮那佛 [〈毘 **비** 돕다 盧 **로** 밥그릇 遮 **차** →**자** 막다 那 **나** 어찌〉 범어 佛 **불** 부처] 화엄華嚴 세계의 본존불로서, 그 몸은 법계法界에 두루 차서 큰 광명을 내 비춘다는 부처. 오른손 검지를 왼손으로 쥐고 있는 모양[지권인智拳印]을 하고 있고, 대일여래大日如來라고도 함. '毘盧遮那'는 범어 'Vairocana(두루 빛을 비추는 자)'의 음역으로 비로자나불은 대적광전大寂光殿(화엄전華嚴殿 · 비로전毘盧殿)에 모셔짐.

〈불국사 금동비로자나불좌상〉

■ 약사여래 藥師如來 [藥 **약** 약 師 **사** 스승, 사람] 중생의 병을 치료하고 수명을 연장하며, 재앙을 없애고 의복이나 음식 등으로 중생을 만족시켜 주는 부처. 약사여래(약사불)는 약사전藥師殿에 모셔져 있으며, 왼손으로 약항아리를 들고 있고 오른손은 손바닥이 보이도록 하여 남에게 물건을 베푸는 모습을 하고 있음.

〈장곡사 금동약사여래좌상〉

| 보살 명칭의 종류 |

보살 菩薩 [〈菩 **보** 보리 薩 **살** 보살〉 범어] 범어 'Bodhisattva'의 음역으로, '보리살타'의 줄임말. 부처가 되기 위해 수행에 힘쓰는 사람들로, 위로는 깨달음을 얻어 부처가 되고자 하고 아래로는 중생을 교화하는 일을 함. 지금은 불교를 믿는 나이 많은 여자나 고승高僧(학식과 덕망이 높은)을 높여서 부를 때 쓰기도 함.

■ 미륵보살 彌勒菩薩 / 미륵불 彌勒佛 [〈彌 **미** 깁다 勒 **륵** 억지로 하다〉 범어] 석가모니가 입멸한 뒤 56억 7천만 년이 되는 때에 다시 사바세계에 출현하여 화림원華林園 용화수龍華樹 아래에서 성불하고, 3회의 설법으로 모든 중생을 교화시키는 보살. 이 법회를 '용화삼회'라고 하는데, 용화수 아래에서 성불하기 이전까지는 '미륵보살'이라 하고 성불한 이후는 '미륵불'이라 함. '彌勒'은 범어 'Maitreya'의 음역으로 자씨慈氏라고 번역함. 미륵불의 형상은 다른 불상과 구분되지 않는 경우가 많으며, 미륵불을 봉안한 법당을 미륵전彌勒殿, 용화전龍華殿, 자씨전慈氏殿이라 함.

〈감산사 석조미륵보살 입상〉

미륵불

여타 종교에서 신의 재림을 믿듯이 불교에서는 미륵불이 재림 부처인 셈입니다. 미륵보살은 하늘의 최상층인 도솔천에서 인간의 욕심으로 범벅이 된 인간 세계의 고뇌를 내려다보며 재림할 시기를 엿보는데, 금동미륵보살반가사유상이 바로 그 모습이라고 합니다.

■ 문수보살 文殊菩薩 [〈文 **문** 글 殊 **수** 다르다〉 범어] 보현보살과 함께 비로자나불의 **협시**보살脇侍菩薩(곁에서 모시는 보살)로, 비로자나불의 왼편에서 지덕智德 · 체덕體德을 말하고

있음. '文殊'는 범어 'Mañjuśrī'의 음역인 '문수사리'의 줄임 표현으로, '지혜가 뛰어난 공덕'이라는 뜻. 오른손에는 지혜의 칼을 쥐거나 왼손으로는 푸른 연꽃을 지니기도 함.

· 脇侍 [脇 협 옆구리, 곁 侍 시 모시다]

〈상원사 목조문수보살좌상〉

■ 보현보살 普賢菩薩 [普 보 널리 賢 현 어질다] 부처의 이理 · 정定 · 행行의 덕德을 맡아봄. '덕이 두루 온누리에 미친다'는 뜻으로 '普'라 하고, 지극히 원해서 선善을 가다듬은 까닭에 '賢'이라 함. 그래서 '넓게 뛰어나다'라는 의미를 담고 있는 보살임. 문수보살이 지혜를 상징한다면, 보현보살은 실천을 상징함.

〈해인사 대적광전
비로자나불삼존상 중 보현보살〉

■ 관세음보살 觀世音菩薩 [觀 관 보다 世 세 세상 音 음 소리] 이승에서[世] 고난받는 중생의 소리를[音] 눈으로 보고 있으며[觀], 중생이 괴로울 때 그의 이름을 정성으로 외면 그 음성을 듣고 구제하여 준다는 보살. 아미타불의 왼쪽에 협시하여 자비를 상징함. = 관음보살, 관음.
머리의 보관寶冠에 아미타불이 있고, 손에는 정병淨甁을 들고 있는 것이 특징. 관음보살을 단독으로 모시는 전각은 관음전觀音殿 · 원통전圓通殿 등으로 불림.

〈법주사 목조관음보살좌상〉

■ 대세지보살 大勢至菩薩 [大 대 크다 勢 세 세력 至 지 이르다] 지혜의 빛으로 마군魔軍을 항복시키는 큰 위세가 있다는 보살. 아미타불의 오른쪽에 협시하는 보살(때로는 지장보살이 협시함)로 지혜를 상징함. '大勢至'는 범어 'Mahāsthāmaprāpta(마하살타마바라발다摩訶薩馱摩婆羅鉢多)'를 의역意譯한 말. 대세지보살상은 보관寶冠(보석으로 꾸민 관)에 보병寶甁(보석으로 꾸민 병)이 새겨져 있거나 혹은 보병을 지물持物(손에 쥐는 물건)로 잡고 있는데, 조선시대의 경우 지물로 경전을 든 경우가 많이 있음.

〈금동대세지보살좌상〉

■ 지장보살 地藏菩薩 [地 지 땅 藏 장 감추다, 품다] 석가모니 부

처가 입멸하여 56억 7천만 년이 경과한 뒤 미륵이 출현할 때까지 부처가 없는 동안 모든 중생을 구제하도록 석가모니로부터 의뢰 받은 보살. 따라서 많은 사람들이 죽은 뒤 가는 지옥의 시련에서 구해주는 것으로 믿게 됨. '地藏'은 범어 'Ksitigarbha(땅의 모태)'를 의역意譯한 말. 아미타불의 오른쪽 협시불로 나타나기도 하는데, 머리에 보관寶冠 대신에 민머리 또는 두건을 쓴 모습이며 지팡이나 보주寶珠(보석 구슬)를 들고 있어 보살상이면서도 여래상으로 착각하기 쉬움. 지장보살을 단독으로 모신 전각은 지장전地藏殿, 명부전冥府殿 등으로 불림.

〈선운사 지장보살좌상〉

■ 일광보살 日光菩薩 [日 **일** 날, 해 光 **광** 빛] 약사여래의 협시보살로, 태양처럼 빛나는 지혜와 덕을 갖추고 중생을 교화하는 보살. 그 형상은 적홍색 몸에 왼쪽 손바닥에는 해를 올려놓고, 오른손으로는 천상에서 핀다고 하는 넝쿨로 된 만주적화蔓朱赤花를 잡고 있으며, 흔히 보관寶冠이나 이마에 '해 형상'을 표현함.

■ 월광보살 月光菩薩 [月 **월** 달 光 **광** 빛] 약사여래의 협시보살로, 달처럼 청정한 덕상을 갖추고 중생을 교화하는 보살. 그 형상은 백홍색 몸에 왼손 손바닥에는 달을 올려놓고, 오른손으로는 홍백의 연꽃을 잡고 있으며, 흔히 보관寶冠이나 이마에 '달 형상'을 표현함.

| 나한 |

■ 나한 羅漢 = 아라한 阿羅漢 [〈阿 **아** 아첨하다 羅 **라** 벌이다 漢 **한** 나라 이름〉 범어] '羅漢'은 '아라한阿羅漢'의 준말이며, '阿羅漢'은 범어 'Arhan'의 음역. 본래 부처를 가리키는 명칭이었으나, 지금은 깨달음을 얻은 성자를 가리킴. 응진應眞, 진인眞人 등으로 번역되며, 나한을 모신 불전을 응진전應眞殿이라 함.

· 應眞 [應 **응** 응하다 眞 **진** 참] 진리에 응하는 사람.

〈나한상(천은사 응진전)〉

불상의 이해

불상의 자세

■ 입상 立像 [立 **립** 서다 像 **상** 모양, (사람의) 형상] 서 있는 형태의 불상으로, 대표적인 예로는 연가 7년명 금동여래입상延嘉七年銘金銅如來立像 등이 있음.

■ 좌상 坐像 [坐 **좌** 앉다 像 **상** 모양, (사람의) 형상]

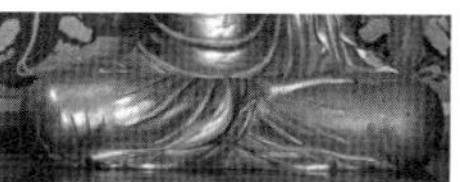
〈결가부좌〉

· 결가부좌結跏趺坐 [結 **결** 맺다, 묶다 跏 **가** 책상다리하다 趺 **부** 책상다리하다 坐 **좌** 앉다] 오른발을 왼편 넓적다리 위에 놓은 뒤, 왼발을 오른편 넓적다리 위에 놓고 서로 엮어[結] 앉는[坐] 책상다리의[跏趺] 한 방식. 불상의 좌상은 거의 결과부좌를 하고 있기 때문에 결가부좌상 혹은 가부좌상이라는 용어를 굳이 쓰지 않음.

〈반가부좌〉

· 반가부좌半跏趺坐 [半 **반** 반 跏 **가** 책상다리하다 趺 **부** 책상다리하다 坐 **좌** 앉다] 오른발을 왼쪽 허벅다리 위에 얹고, 왼발은 오른쪽 무릎 밑에 넣고[半] 앉는 책상다리의[跏趺] 한 방식. 의자에 앉았을 때는 한쪽 다리를 바닥에 내려놓고, 다른 다리를 바닥에 내려놓은 다리의 허벅지 위에 포개어 놓는 방식. 대표적인 예로는 금동미륵보살반가사유상金銅彌勒菩薩半跏思惟像이 있음.

· 책상다리 : 책상 앞에 앉을 때 한쪽 다리를 다른 다리 위에 포개는 자세를 말하는 것으로 가부좌의 순우리말.

■ 와상臥像 [臥 **와** 눕다 像 **상** 모양, (사람의) 형상] 누워 있는 형태의 불상. 대표적인 예로는 근래에 조성된 만불사 황동와불萬佛寺黃銅臥佛이 있으며, 운주사雲住寺의 와불臥佛은 처음부터 누운 형태로 만든 것이 아니라 세우지 못해 누운 채로 있는 불상임.

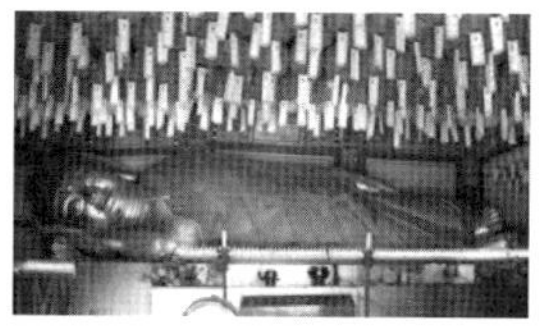
〈와우정사 와불〉

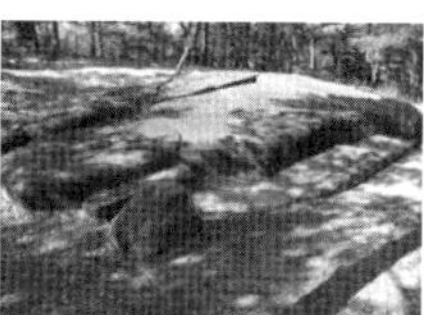
〈운주사 와불〉

불상의 세부 명칭

■ **육계 肉髻 [肉 육 고기 髻 계 상투]** 부처의 정수리에 있는 상투 모양의 혹으로, 부처의 크고 높은 지혜를 상징함. 원래 인도 사람들이 머리카락을 올려 묶던 상투에서 유래함.

■ **백호 白毫 [白 백 희다 毫 호 가는 털]** 부처 이마의 한가운데 있는 흰색 털로, 온 세계에 광명을 비추며, 과거와 현재, 미래까지도 비춰 볼 수 있는 초월적인 능력이 나오는 곳이라고 함. 불상에는 진주 · 비취 · 금 따위를 박아 표시함.

■ **삼도 三道 [三 삼 셋 道 도 길, 도리]** 목 부위에 있는 세 줄로, 각각 번뇌도煩惱道 · 업도業道 · 고도苦道를 가리키며, 생사生死를 윤회하는 인과因果를 의미함. 부처는 중생을 이 삼도에서 구제할 위력이 있다는 것을 상징함.

■ **광배 光背 [光 광 빛 背 배 등]** 부처의 몸에서 나는 빛을 형상화한 것으로, 이 빛은 모든 세계에 빈틈없이 비추며 중생들의 복이 얼마나 많으냐에 따라 그에 알맞은 빛을 내려준다고 함. 크게 머리에서 빛을 발하는 두광頭光과 몸에서 빛을 발하는 신광身光이 있음.

〈홍천 물걸리 불대좌 및 광배〉

■ **대좌 臺座 [臺 대 높고 평평한 곳, 물건 얹는 대 座 좌 자리]** 불상을 앉히는 받침 자리. 보통 연꽃 모양으로 만드는데, 그 이유는 연꽃이 다른 꽃보다 크고 향기가 깨끗하며, 그 위에 앉아도 꽃이 상하지 않기 때문이라고 함.

| 불상의 손 모양(손갖춤=수인手印) |

손가락을 여러 가지 모양으로 하여 부처 · 보살의 덕을 표시하는 것

■ 선정인 禪定印 [**禪 선** 참선하다 **定 정** 정하다 **印 인** 도장, 손가락 모양] 부처가 선정에 든 것을 상징하는 수인. 석가모니가 보리수 아래 금강좌에 앉아 깊은 명상에 잠겨 있을 때 취한 수인이 바로 이 수인임. 결가부좌한 불좌상에서만 볼 수 있음. 양손을 모두 위로 향하게 모은 후, 두 엄지손가락을 대는 모양으로, 보통 참선할 때 쓰는 자세. '禪定'은 '정신을 집중하여 진리를 깨닫다'는 뜻.

〈선정인〉

■ 항마촉지인 降魔觸地印 [**降 강** 내려오다 / **항** 항복하다 **魔 마** 마귀 **觸 촉** 닿다 **地 지** 땅 **印 인** 도장, 손가락 모양] 석가모니가 보리수 아래에 앉아 수도할 때, 악귀의 유혹을 물리친 증인으로 지신地神을 불러 깨달음을 증명하였다는 데서 유래하였으며, 석가모니를 유혹하는 마왕을[魔] 항복시키는[降] 모습을 상징하기 위해, 오른손의 검지를 펴서 땅에[地] 대는[觸] 동작을 표현하는 모양. 이 손 모양은 보살이 부처가 되었을 때의 첫 모습으로, 깨달음에 이른 부처님의 첫 출현을 뜻함. 결가부좌한 좌상에만 취하며, 입상立像이나 와상臥像에서는 볼 수 없음.

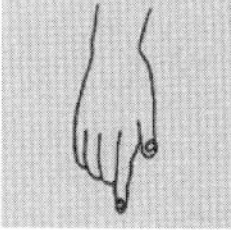
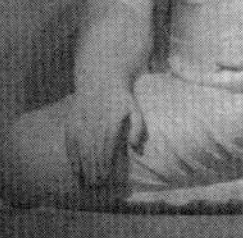
〈항마촉지인〉

■ 전법륜인 轉法輪印 [**轉 전** 구르다 **法 법** 법 **輪 륜** 바퀴 **印 인** 도장, 손가락 모양] 설법인說法印이라고도 함. 엄지와 검지로 둥글게 한 모양으로, 부처가 설법할 때의 자세. '法輪'은 '불법'을 가리키는 것으로, 불법은 바퀴가 굴러가듯이 막힘 없이 전해지기 때문에 바퀴에 비유함. 그래서 전법륜은 법륜이라는 바퀴가 굴러가듯이 중생에게 부처의 설법이 잘 전해진다는 뜻. 경전에 의하면 이 손 모양은 "왼손의 엄지와 검지의 끝을 서로 대고, 장지 · 약지 · 소지의 삼지를 편다. 오른손도 같이 한다. 왼손은 손바닥을 위로하고 오른 팔목에 왼손 약지와 소지의 끝을 대되 오른손 손바닥은 밖을 향한다" 하였는데, 여러 가지 변형된 형태가 보임. 우리나라에서는 그 예가 드물고, 법주사 마애여래의상法住寺磨崖如來倚像, 안압지에서 출토된 금동삼존판불金銅三尊板佛에서 그 유사한 형태가 보임.

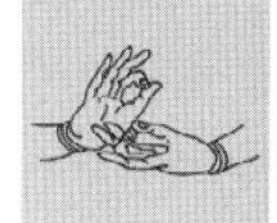

〈전법륜인〉

■ 시무외인 施無畏印 [施 **시** 베풀다 無 **무** 없다 畏 **외** 두려워하다 印 **인** 도장, 손가락 모양] 손바닥을 펴서 밖으로 하여 어깨까지 올린 모양으로, 큰 덕을 보일 때의 자세. '施無畏'는 '중생에게 두려움이 생기지 않도록 하다'는 말. 인도 초기 불상에서 흔히 볼 수 있는데 우리나라에서는 삼국시대부터 여원인과 짝을 이뤄 크게 유행함. 여원인과 합하여 '통인通印'이라 함.

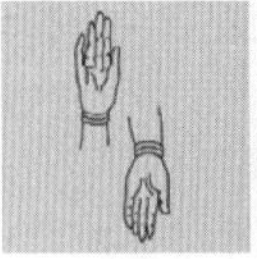

〈시무외인과 여원인〉

■ 여원인 與願印 [與 **여** 주다 願 **원** 원하다 印 **인** 도장, 손가락 모양] '중생들이 원하는 것을[願] 준다[與]'는 뜻으로, 손 모양은 시무외인과 같되 아래로 내린 모양. 우리나라의 경우 여원인은 넷째와 다섯째 손가락을 구부리고 있는 것이 특징이며, 삼국시대 불상에서는 시무외인과 함께 불상의 종류에 관계없이 나타나고 있음.

■ 지권인 智拳印 [智 **지** 지혜 拳 **권** 주먹 印 **인** 도장, 손가락 모양] 한 손이 다른 한 손의 검지를 잡는 모양으로, 비로자나불毘盧遮那佛이 취하는 손 모양. 이것은 이理와 지智, 중생과 부처, 미혹함과 깨달음이 본래 하나라는 것을 상징함. 이 수인은 『금강정경金剛頂經』에 기초를 둔 것으로 주로 대일여래가 취하는 것이나, 우리나라에서는 화엄종의 주존인 비로자나불에서 많이 볼 수 있음.

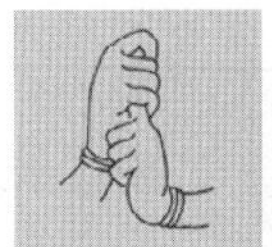
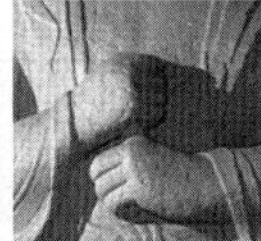

〈지권인〉

■ 아미타여래구품인 阿彌陀如來九品印[〈阿 **아** 아첨하다 彌 **미** 깁다 陀 **타** 비탈지다〉 범어 〈如 **여** 같다 來 **래** 오다〉 부처 명칭 九 **구** 아홉 品 **품** 물건, 등급 印 **인** 도장, 손가락 모양] 아미타여래의[阿彌陀如來] 아홉[九] 가지[品] 손 모양[印]. 아미타불의 손 모양은 아홉 가지로 나뉘며 이를 아미타여래구품인이라 하는데, 서방 극락정토에 태어나고자 하는 중생을 행업의 정도에 따라 상품上品·중품中品·하품下品의 3품으로 나누고, 이를 다시 상생上生·중생中生·하생下生의 3생으로 세분하여 ①상품상생 ②상품중생 ③상품하생 ④중품상생 ⑤중품중생 ⑥중품하생 ⑦하품상생

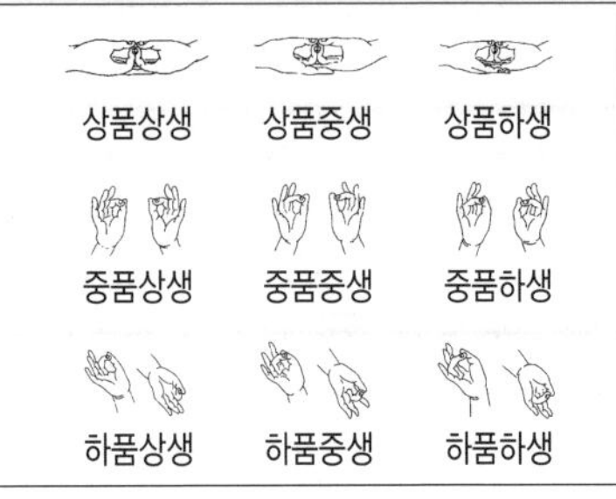

〈아미타여래구품인〉

⑧하품중생 ⑨하품하생의 9단계로 나타낸 것임. 3품 가운데 상품의 손 모양은 양쪽 손바닥을 위로 편 채 포개서 단전에 붙인 형태이고, 중품은 두 손을 가슴 앞까지 들고 손바닥은 밖으로 보이게 하며, 하품은 한 손은 가슴까지 들어올리고 다른 한 손은 아래로 내린 형태임. 3생은 두 손가락을 구부려 동그랗게 만드는데, 상생은 양손의 검지를, 중생은 중지를, 하생은 무명지를 구부려 엄지와 맞댐. 원래 아미타여래는 이 손 모양을 취하는 것이 원칙이나, 우리나라의 경우 항마촉지인을 하고 있는 경우도 많음.

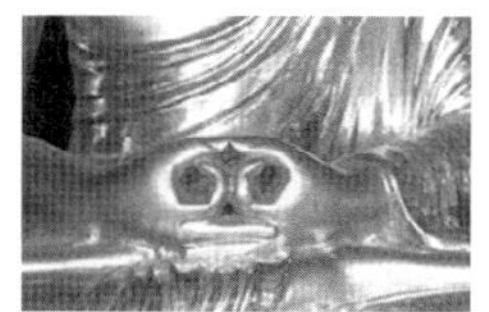

불상의 재질

■ 소조 塑造 [**塑 소** 흙으로 만들다 **造 조** 만들다] 점토를 안에서 밖으로 붙여 나오면서 만드는 방식. 대표적인 예로 부석사 소조아미타여래좌상浮石寺塑造阿彌陀如來坐像이 있음.

■ 금동 金銅 [**金 금** 쇠, 금 **銅 동** 구리] 금과 구리를 섞어서 만든 것이 아니라, 청동으로 만든 불상에 금으로 도금鍍金을 하거나 금박金箔을 씌우는 방식. 대표적인 예로는 금동미륵보살반가사유상金銅彌勒菩薩半跏思惟像이 있음.

· 鍍金 [**鍍 도** 도금하다 **金 금** 쇠, 금] 녹을 막거나 장식을 하기 위하여 금속 표면에 금이나 은, 니켈 따위의 얇은 막을 입히는 일.

· 金箔 [**金 금** 쇠, 금 **箔 박** 금속의 얇은 조각] 금을 두드려 종이처럼 아주 얇게 늘인 물건.

〈서산 마애삼존불상〉

■ 마애 磨崖 [**磨 마** 갈다 **崖 애** 낭떠러지] 큰 돌이나, 절벽에 새기는 방식. 대표적인 예로는 서산 마애삼존불상瑞山磨崖三尊佛像이 있음.

〈경주 구황리 금제여래입상〉

■ 금제 金製 [**金 금** 쇠, 금 **製 제** 만들다] 금을 틀 안에 부어 만

드는 방식. 대표적인 예로는 경주 구황리 금제여래입상慶州九黃里金製如來立像이 있음.

■ 석조 石造 [石 **석** 돌 造 **조** 만들다] 돌을 밖에서 안으로 깎아가며 만드는 방식. 대표적인 예로는 관촉사 석조미륵보살입상灌燭寺石造彌勒菩薩立像이 있음.

■ 철조 鐵造 [鐵 **철** 쇠 造 **조** 만들다] 철을 틀 안에 부어 만드는 방식. 대표적인 예로는 도피안사 철조비로자나불상到彼岸寺鐵造毘盧舍那佛坐像(국보 63호)이 있음.

■ 목조 木造 [木 **목** 나무 造 **조** 만들다] 나무를 깎아 만드는 방식. 대표적인 예로는 흑석사 목조아미타불좌상黑石寺木造阿彌陀佛坐像이 있음.

〈도피안사 철조비로자나불좌상〉

〈흑석사 목조아미타불좌상〉

나. 공예품

청동은입사포류수금문정병 青銅銀入絲蒲柳水禽文淨甁 = 청동제은입사포류수금문정병 青銅製銀入絲蒲柳水禽文淨甁 = 물가풍경무늬정병

청동으로[青銅] 만들고[製], 갯버들과[蒲柳] 물새[水禽] 무늬를[文] 은실로 박아[銀入絲] 새긴 정병[淨甁]

'銀入絲' 는 '청동 그릇의 표면에 미세한 홈을 새기고 그 안에 은실을 두드려 넣어 모양을 만드는 것' 을 말합니다.

青 **청** 푸르다
銅 **동** 구리
(製 **제** 만들다)
銀 **은** 은
入 **입** 들어가다, 넣다

'蒲柳'는 '갯버들'을 말합니다. '淨甁'은 '목이 긴 형태의 물병'으로, 물병 가운데 가장 깨끗한 물을 넣으며, 이 물은 중생들의 고통과 목마름을 해소해준다고 합니다.

높이는 37.5㎝이고 국보 제92호이며, 현재 국립중앙박물관에 보관되어 있습니다.

〈청동은입사포류수금문정병〉

絲 **사** 실
蒲 **포** 냇버들
柳 **류** 버드나무
水 **수** 물
禽 **금** 새
文 **문** 글, 무늬
淨 **정** 깨끗하다
甁 **병** 병

다. 불화

불화 佛畵

불교의[佛] 이념을 표현한 그림[畵]

佛 **불** 부처
畵 **화** 그림

불화는 불교의 종교적 이념을 표현한 그림으로, 흔히 절의 법당 같은 곳에 모셔놓고 예배하기 위한 그림을 말합니다. 크게 탱화, 벽화, 괘불화로 나누며, 이외에 큰스님의 영정이나 훌륭한 신도를 그린 영정도 불화에 포함합니다.

탱화 幀畵

족자[幀] 형태로 불교의 신앙 내용을 그린 그림[畵]

幀 **정→탱** 그림 족자
畵 **화** 그림

'幀'은 '그림 족자'라는 뜻을 갖고 있는데, 그 음은 '정, 쟁, 탱'으로 다양하지만 지금은 주로 '탱'으로 읽습니다.

탱화는 천이나 종이에 다양한 그림을 그리고, 이를 액자나 족자로 만들어 법당이나 각 전각의 불상 뒤에 걸어두는 그림입니다. 탱화를 만드는 이유는 불상만으로는 불법에 들어가는 길을 표현하지 못하기 때문입니다. 탱화는 크게 후불탱화後佛幀畵와 신중탱화神衆幀畵로 나뉩니다. 용산 국립중앙박물관 개관 때 유물의 상당수 명칭이 개정되었는데, 탱화는 화가들에 의해 임의로 지어진 말이라 하여 쓰지 않기로 결정되었다고 합니다.

후불탱화 後佛幀畵 = 후불도 後佛圖

불상[佛] 뒤에[後] 두는 탱화[幀畵]

後 **후** 뒤
佛 **불** 부처
幀 **정→탱** 그림 족자
畵 **화** 그림
圖 **도** 그림

후불탱화는 불상 뒤에 걸어두는 탱화로, 본존불의 신앙적 성격을 더욱 구체적으로 표현하는 기능을 갖고 있습니다. 대웅전大雄殿엔 영산회상도靈山會上圖, 화엄전華嚴殿은 화엄변상도華嚴變相圖 등 불전의 성격에 따라 그에 맞춘 탱화가 걸립니다.

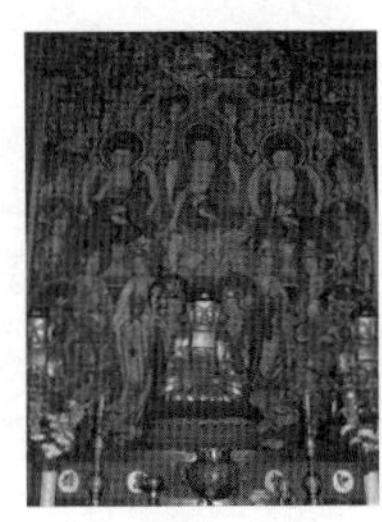

◁〈용주사 후불탱화〉

영산회상도 靈山會上圖 = 석가설법도 釋迦說法圖

석가모니가 영취산에[靈山] 모인[會上] 제자들에게 설법하는 모습을 그린 그림[圖]

靈山 지명
〈靈 **령** 신령스럽다 山 **산** 산〉
會 **회** 모이다
上 **상** 위
圖 **도** 그림
釋迦 범어
〈釋 **석** 풀다 迦 **가** 막다〉
說 **설** 말하다
法 **법** 법
圖 **도** 그림

'會'는 '대중이 모인 법회法會'를 뜻합니다. '上'은 음이 같고 '모습'이란 뜻이 있는 '相'의 의미로 볼 수도 있으나 정확한 의미는 알 수 없습니다.

영산회상도는 석가모니가 **영취산**靈鷲山에서 제자들에게 『법화경法華經』을 설법하고 있는 모습을 그린 그

〈화엄사 영산회괘불탱〉

림입니다. 대웅전에 걸리는 후불탱화입니다.

· 靈鷲山 [靈 령 신령스럽다 鷲 취 독수리 山 산 산] 마가다국 摩竭陀國 왕사성王舍城 근처에 있는 산으로, '영축산'으로 읽기도 함.

화엄변상도 華嚴變相圖

화엄 세계의[華嚴] 여러 부처를[變相] 그린 그림[圖]

華 화 꽃
嚴 엄 엄하다
變 변 변하다
相 상 서로, 모습
圖 도 그림

'華嚴'은 '잡화엄식雜華嚴飾'의 줄임말로 '부처의 덕이 갖가지[雜] 꽃으로[華] 엄숙하게[嚴] 꾸며진[飾] 진리의 세계'란 말입니다. '變相'은 '부처가 여럿으로 변한 모습'이란 뜻입니다. 그래서 변상도는 부처님의 일대기 또는 불교 설화나 경전에 관한 여러 내용을 그림으로 표현한 것을 말합니다. 즉, 복잡하고 심오한 교리의 의미를 한 폭의 그림으로 이해시켜 불심을 일으키게 하는 그림입니다.

화엄변상도는 사찰의 전각 가운데 화엄전華嚴殿 안에 걸어 두는 후불탱화로, 화엄의 주불인 비로자나불毘盧遮那佛이 주재하는 연화장세계를 묘사합니다.

〈선암사 화엄변상도〉

신중탱화 神衆幀畵

선신善神[神] 여럿을[衆] 그린 탱화[幀畵]

神 신 귀신
衆 중 많은 사람

신중탱화는 불법을 수호하는 여러 선신善神을 그린 그림으로, 족자로 만들어 대개 법당의 왼쪽과 오른쪽에 겁니다. 여기에는 불교에서 나오는 신뿐만 아니라 우리나라 고유의 신도 등장합니다. 지장보살을 표현한 지장탱화, 시왕을 중심으로 한 지옥의 장면을 표현한 시왕탱화 등 여러 그림이 있습니다.

〈수원 봉령사 신중탱화〉

시왕도 十王圖

저승에 있는 열 명의[十] 왕을[王] 그린 그림[圖]

十 십→시 열
王 왕 임금
圖 도 그림

〈시왕도 중 염라대왕의 명부冥府(저승)세계를 그린 그림〉

시왕도는 신중탱화의 하나로, 시왕은 명부冥府(저승)에서 죽은 사람을 재판하는 10명의 왕이며, 이 가운데 염라대왕이 있습니다. 10명은 진광왕秦廣王, 초강왕初江王, 송제왕宋帝王, 오관왕伍官王, 염라왕閻羅王, 변성왕變成王, 태산부군泰山府君, 평등왕平等王, 도시왕都市王, 오도전륜왕五道轉輪王입니다.

팔상도 八相圖

석가모니 생애의 여덟[八] 장면을[相] 그린 그림[圖]

八 팔 여덟
相 상 서로, 모양
圖 도 그림

팔상도는 석가모니의 생애 가운데 가장 극적인 장면을 8개로 나누어 그린 벽화壁畵입니다. 팔상의 명칭은 **도솔래의상**兜率來儀相 · **비람강생상**毘藍降生相 · **사문유관상**四門遊觀相 · **유성출가상**踰城出家相 · **설산수도상**雪山修道相 · **수하항마상**樹下降魔相 · **녹원전법상**鹿苑轉法相 · **쌍림열반상**雙林涅槃相입니다. 일반적으로 팔상도는 팔상전이나 영산전에 봉안됩니다.

· **兜率來儀相** [〈兜 두→도 투구　率 률 비율 / 솔 거느리다〉범어　來 래 오다　儀 의 예의　相 상 서로, 모양] 석가모니가 도솔천에서[兜率] 수행을 하다 세상에 태어나기 위해 흰 코끼리를 타고 와서[來儀] 북인도의 카필라 왕궁을 향하고 있는 모습[相]. '兜率天'은 불교에서 말하는 여러 세계 가운데, 석가가 세상에 태어나기 전에 머물며 수행했다는 곳. '來儀'는 '찾아

와[來] 예의를 갖춘다[儀]'는 말.

· **毘藍降生相** [〈**毘 비** 돕다 **藍 람** 쪽〉범어 **降 강** 내려오다 **生 생** 살다, 낳다 **相 상** 서로, 모양] 마야摩耶부인이 친정으로 가던 도중 룸비니 동산에서[毘藍] 석가모니를 낳는[降生] 모습[相]. '毘藍'은 '룸비니'의 음역音譯. '降生'은 '신이 하늘에서 내려와 인간으로 태어남'을 뜻하는 말.

· **四門遊觀相** [**四 사** 넷 **門 문** 문 **遊 유** 놀다, 돌아다니다 **觀 관** 보다 **相 상** 서로, 모양] 석가모니가 도성의 사대문[四門] 밖을 나가 돌아다니면서[遊], 즉 4번의 여행을 통해 병자나 실려나가는 시체 등 삶의 현실을 보고[觀] 출가를 결심하는 모습[相].

· **踰城出家相** [**踰 유** 넘다 **城 성** 성 **出 출** 나가다 **家 가** 집 **相 상** 서로, 모양] 석가모니의 부모는 석가모니가 혼인을 하고 아이를 낳으면 출가를 포기하리라 예상하고 혼인을 시켰으나, 29세 되던 해에 아이를 낳은 뒤, 말을 타고 성벽을[城] 뛰어넘어[踰] 출가하는[出家] 모습[相]. '出家'는 '살고 있던 집을 나와 불도를 닦음'을 뜻하는 말.

· **雪山修道相** [**雪 설** 눈 **山 산** 산 **修 수** 닦다 **道 도** 길, 도리 **相 상** 서로, 모양] 출가한 석가모니가 궁궐로 돌아오라는 부모의 청을 거절한 채 설산에서[雪山] 수도하는[修道] 모습[相].

· **樹下降魔相** [**樹 수** 나무 **下 하** 아래 **降 강** 내려오다 / **항** 항복하다 **魔 마** 마귀 **相 상** 서로, 모양] 고행을 통한 깨달음을 포기한 뒤, 35세에 보리수[樹] 아래에서[下] 마왕의[魔] 세 딸의 유혹을 이겨 항복을[降] 받고 대오각성의 경지에 드는 모습[相].

· **鹿苑轉法相** [〈**鹿 록** 사슴 **苑 원** 동산〉명칭 **轉**

〈통도사 영산전 팔상도〉

〈도솔래의상〉 〈비람강생상〉 〈사문유관상〉 〈유성출가상〉 〈설산수도상〉 〈수하항마상〉 〈녹원전법상〉 〈쌍림열반상〉

전 구르다 法 법 법 相 상 서로, 모양] 대오각성한 석가모니가 보리수에서 500리쯤 떨어진 녹야원鹿野苑으로[鹿苑] 가서, 5명의 수행자에게 불법을[法] 전하여[轉] 귀의시키는 모습[相]. 녹야전법상鹿野轉法相이라 부르기도 함. '法輪'은 '불법'을 뜻하며, 불법은 '바퀴가 굴러가듯이 막힘 없이 전해짐'을 비유하는 말.

· 雙林涅槃相 [雙 쌍 쌍 林 림 숲 〈涅 녈 개펄 흙 槃 반 쟁반〉 범어 相 상 서로, 모양] 수많은 사람들에게 불법을 전한 후 80세에 이르러, 동서남북에 한 쌍씩 서 있는 사라나무 숲에서[雙林] 열반에[涅槃] 들어가는 모습[相]. '涅槃'은 '모든 번뇌煩惱의 속박에서 해탈解脫하고, 불생 불멸不生不滅의 경지에 들어가는 것'을 말함.

심우도 尋牛圖

소를[牛] 찾는[尋] 그림[圖]

尋 **심** 찾다
牛 **우** 소
圖 **도** 그림

심우도는 불도를 닦으며 본성을 깨닫는 과정을, 잃어버린 소를 찾는 일에 비유하여 그린 그림으로, 수행 단계를 10단계로 하고 있어 '십우도十牛圖'라고도 합니다.

| 심우도의 10단계 |

① **심우尋牛 [尋 심 찾다 牛 우 소]** 동자가 소를 찾아 나섬. 자신을 찾으려는 결심의 단계.

② **견적見跡 [見 견 보다 跡 적 자취]** 소 발자국을 발견함. 본성의 자취를 어렴풋이 느끼는 단계.

③ **견우見牛 [見 견 보다 牛 우 소]** 소를 발견함. 본성을 거의 깨닫는 단계.

④ **득우得牛 [得 득 얻다 牛 우 소]** 소를 잡음. 거칠고 탐욕스러운 본성(소의 색이 검음)을 깨닫는 단계.

⑤ **목우牧牛 [牧 목 기르다 牛 우 소]** 소를 길들임(소의 색이 검은 색에서 흰색으로 변함). 자신을 다스리는 단계.

⑥ 기우귀가騎牛歸家 [騎 **기** 말 타다 牛 **우** 소 歸 **귀** 돌아가다 家 **가** 집] 소를 타고 집으로 돌아옴. 나와 본성이 일치되는 단계.

⑦ 망우존인忘牛存人 [忘 **망** 잊다 牛 **우** 소 存 **존** 있다 人 **인** 사람] 소는 잊어버리고 사람만 남음. 본성에 집착하지 않게 되는 단계.

⑧ 인우구망人牛具忘 [人 **인** 사람 牛 **우** 소 具 **구** 갖추다, 함께 忘 **망** 잊다] 사람도 소도 모두 잊음. 본성에 집착하지 않고, 나도 비우게 되는, 즉 나와 남이 다르지 않고 본래 공空임을 깨닫는 단계.

⑨ 반본환원返本還源 [返 **반** 되돌리다 本 **본** 근본 還 **환** 돌아오다 源 **원** 근원] 근원으로[本·源] 돌아감[返·還]. 만물을 있는 그대로 바라보는 참된 지혜를 얻는 단계.

⑩ 입전수수入廛垂手 [入 **입** 들어가다 廛 **전** 가게 垂 **수** 드리우다 手 **수** 손] 가게(중생들이 많이 사는 곳)에 들어가 중생에게 손을 드리움(내밈). 중생 구제를 위해 저자거리로 나서는 단계.

〈직지사 심우도〉

괘불화 掛佛畵

법당 앞뜰에 걸어두는[掛] 부처[佛] 그림[畵]

〈개심사 영산회괘불탱〉

괘불화는 야외에서 큰 법회나 의식을 행할 때 법당 앞뜰에 걸어 놓는 불교 그림입니다.

掛 **괘** 걸다
佛 **불** 부처
畵 **화** 그림

양류관음도 楊柳觀音圖

버들가지를[楊柳] 들고 있는 관음보살을[觀音] 그린 그림[圖]

楊 **양** 버드나무
柳 **류** 버드나무
觀音 보살 명칭
〈觀 **관** 보다 音 **음** 소리〉
圖 **도** 그림

양류관음도는 관음보살이 버들가지를 들고 있는 장면을 그린 불화입니다. 양류관음은 33관음의 하나입니다. 우리나라의 양류관음도는 대체로 오른손엔 버드나무 가지를, 왼손엔 정병을 들고 있는 모습으로 나타나는데, 고려 불화로서 혜허慧虛가 그린 양류관음도가 유명합니다. 양류관음도를 수월관음도水月觀音圖로 보는 경우도 많은데, 이에 대해서는 논란의 여지가 많습니다.

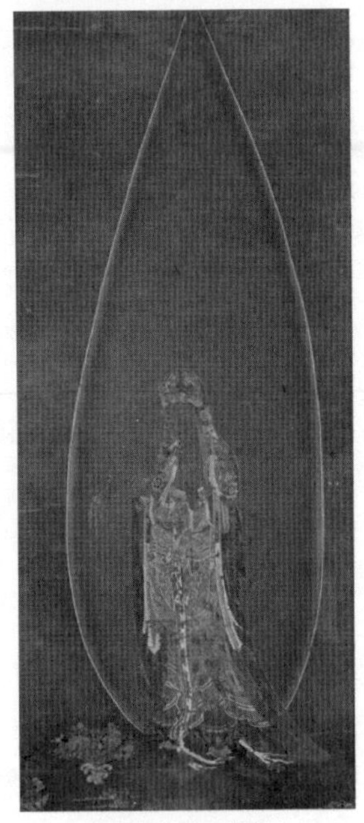
〈혜허의 양류관음도
(일본 센소지 소장)〉

양류楊柳 (버드나무)

양류관음 이외에도 관음상에는 대부분 한 손에는 정병淨甁, 나머지 한 손에는 버들가지를 들고 있거나, 버들가지를 꽂은 정병이 곁에 있는데, 여기엔 '정병에 있는 물을 버들가지로 뿌려서 모든 사람의 병을 낫게 해준다' 는 뜻이 담겨 있습니다.

화엄일승법계도 華嚴一乘法界圖

화엄학의[華嚴] 해탈의[一乘] 불법 세계를[法界] 그림[圖] 형식으로 표현한 시

華 **화** 꽃
嚴 **엄** 엄하다
一 **일** 하나
乘 **승** 타다, 중생을 피안彼岸의 열반에 이르게 하는 가르침
法 **법** 법
界 **계** 경계, 세계
圖 **도** 그림

'華嚴' 은 '잡화엄식雜華嚴飾' 의 줄임말로 '부처의 덕이 갖가지[雜] 꽃으로[華] 엄숙하게[嚴] 꾸며진[飾] 진리의 세계' 란 말입니다. '一乘' 은 석가여래의 가르침을 수레에 비유하여 '중생을 태워서 생사에서 해탈하게 한다' 는 뜻입니다. '法界' 는 '불법의 범위, 변화하지 않은 우주의 실체' 를 뜻합니다.

화엄일승법계도는 신라 때의 고승 의상義湘이 화엄 사상을 210자의 간결한 시詩로 줄인 것으로, 간략하면서도 화엄 사상의 요체를 제시해주었습니다.

오른쪽 그림에서 가운데의 '法性~' 으로 시작하여 '~爲佛' 로 끝납니다.

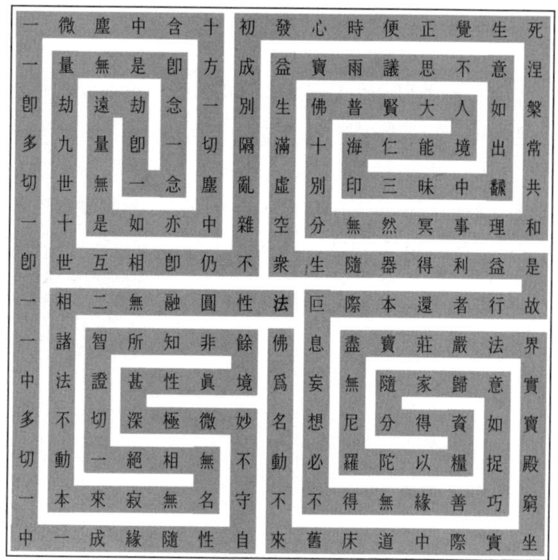

〈화엄일승법계도〉

만다라 曼陀〈荼〉羅

曼陀〈荼〉羅 범어

〈曼 **만** 끌다 陀 **타→다** 비탈지다/荼 **다** 차 羅 **라** 벌이다〉

'曼陀羅' 는 범어 'Mandala' 의 음역으로, 'Manda' 는 '진수眞髓' 또는 '본질' 이라는 뜻이고, 'la' 는 '소유所有' 를 의미하는 접미사입니다. 그래서 만다라에는 '불교의 본질인 깨달음의 경지, 또는 부처가 실제로 증험한 것을 그린 그림' 이라는 뜻이 담겨 있습니다.

배치를 보면 정방형 속에 포함된 원형을 기본형으로 하여, 중앙과 나머지 상하좌우가 대칭이 되도록 하였습니다. 이는 여러 부처 등을 상징적으로 배치하여, 깨달음을 얻은 부처의 내면 세계를 표현한 것입니다.

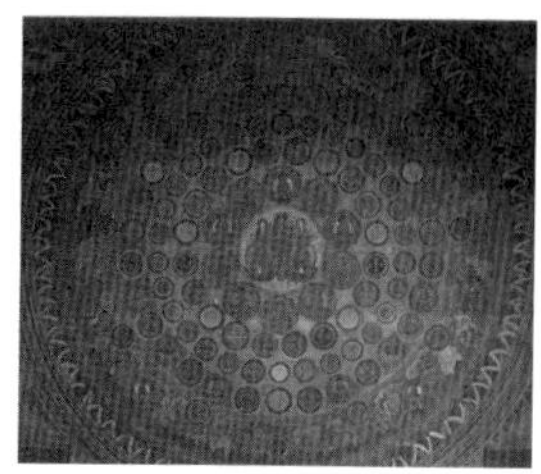
〈예천 용문사 만다라〉

만자문 卍字紋

'卍' 은 본래 석가모니가 탄생할 때 가슴에 있었던 무늬였는데, 후세에 이를 길상(좋은 조짐)의 표지로 인식하였습니다. 그래서 사찰이나 궁궐의 담이나 벽 등에 卍자가 끊임없이 이어진 무늬는 길상을 기원하는 뜻을 담고 있다고 이해하면 됩니다.

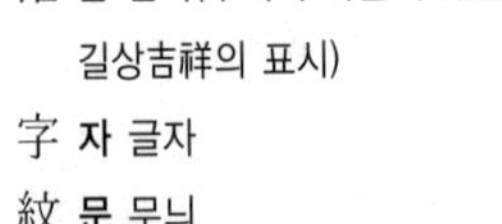

卍 **만** 만자(부처의 가슴에 있는 길상吉祥의 표시)

字 **자** 글자

紋 **문** 무늬

〈卍자문〉

알아두어야 할 불교 용어

■ 범어梵語 (=산스크리트어 Sanskrit語) [梵 **범** 범어 語 **어** 말씀] 인도의 고대어인 'Bramā' 를 **음역**音譯한 말.

· 音譯 [音 **음** 소리 譯 **역** 번역하다] 외국어를 한자의 소리를 빌려 한자로 표기하는 일.

■ 가사袈裟 [袈 **가** 승려의 옷 裟 **사** 승려의 옷] 범어 'Kasāya' 의 음역. 스님이 입는 법의.

■ 건달 乾達 [乾 **건** 마르다 達 **달** 통하다] 범어 'Gandharva' 의 음역인 '건달바乾達婆' 에서 따온 말로, 본래 건달바는 수미산 남쪽 금강굴에 사는 하늘나라의 신인데, 고기나 밥은 먹지 않고 향香만 먹고 살며 허공을 날아다니면서 노래를 하는 존재. 여기서 '하는 일도 없이 빈둥거리면서 노는 사람' 을 가리키는 뜻으로 변함.

■ 겁 劫 [劫 **겁** 위협하다] 범어 'Kalpa' 의 음역인 '겁파劫波' 의 줄임말. 천지가 한번 개벽한 때부터 다음 번에 개벽할 때까지의 동안이란 뜻으로 매우 길고 오랜 시간. 반대말은 찰나.

■ 찰나 刹那 [刹 **찰** 절 那 **나** 어찌] 범어 'Ksana(순간)' 의 음역. 시간의 가장 적은 단위로 하루가 648만 찰라라고 함. 지금의 시간으로는 75분의 1초에 해당함.

■ 다라니 陀羅尼 [陀 **타→다** 비탈지다 羅 **라** 벌이다 尼 **니** 여승] 범어 'dhāranī' 의 음역. 석가모니 가르침의 핵심으로, 모든 악법을 막고 선법善法을 지킨다는 뜻.

■ 다비 茶毘 [茶 **다** 차 毘 **비** 돕다] 팔리어 'Jhāpeti' 의 음역. 화장火葬. 시신을 태워서 그 유골을 매장하는 의식.

■ 도량 道場 [道 **도** 길 場 **장→량** 마당] '불도佛道를 닦는 곳' 이라는 뜻.

■ 보리 菩提 [菩 **보** 보리 提 **제→리** 끌다] 범어 'Bodhi' 의 음역. 각覺 · 지智 · 도道 등으

로 번역되며, 불교 최고의 이상인 부처가 되는 깨달음[각覺], 그 지혜[지智], 혹은 도道를 가리킴. 석가가 보리수菩提樹 밑에 앉아서 생각하다가 모든 이치를 깨달았다고 함.

■ 비구 比丘 [比 **비** 견주다 丘 **구** 언덕] 범어 'Bhiksu'의 음역. 남자가 출가하여 중이 되어 스무 살이 넘으면 250계인 구족계具足戒를 받게 된 뒤에 '비구比丘'라 부름.

■ 비구니 比丘尼 [比 **비** 견주다 丘 **구** 언덕 尼 **니** 여승] 범어 'Bhiksunī'의 음역. 출가出家하여 불문佛門에 들어간 여승女僧.

■ 사리 舍利 [舍 **사** 집 利 **리** 이롭다] 범어 'Sarīra'의 음역. 석가모니 또는 고승의 유골. 고승의 시체를 화장하여 나중에 남는 구슬 같은 뼈.

■ 사바 娑婆 [娑 **사** 춤추다 婆 **파→바** 할머니] 범어 'Sabhā'의 음역. 석가모니가 불법佛法을 설교하는 곳, 곧 인간세계, 세속. 극락세계는 **피안**彼岸이라 함.

· 彼岸 [彼 **피** 저 岸 **안** 기슭, 언덕] 이승의 번뇌를 해탈하여 열반의 세계에 도달함, 또는 그 경지. 생사를 바다에 비유하여 번뇌의 현세를 차안此岸(이쪽 언덕), 열반의 극락세계를 피안彼岸(저쪽 언덕)이라고 함.

■ 열반 涅槃 [涅 **녈** 개펄 흙 槃 **반** 쟁반] 범어 'Nirvāna'의 음역. 모든 **번뇌**煩惱의 속박에서 **해탈**解脫하고, 진리를 연구하여 **불생불멸**不生不滅의 경지에 이름. 특히 석가나 고승高僧의 **입적**入寂을 이르는 말.

· 煩惱 [煩 **번** 괴로워하다 惱 **뇌** 괴로워하다] 심신心身을 괴롭히는 노여움 · 욕망 따위의 안 좋은 생각. 불교에서는 이를 108가지로 나눔.

· 解脫 [解 **해** 풀다 脫 **탈** 벗다] 윤회의 고리, 혹은 속세의 속박 · 번뇌에서 벗어나 근심이 없는 편안한 상태에 이름.

· 不生不滅 [不 **불** ~하지 않다 生 **생** 살다, 생기다 不 **불** ~하지 않다 滅 **멸** 멸망하다] 생겨나지도 않고 없어지지도 않고 항상 그대로 변함이 없음.

· 入寂 [入 **입** 들어가다 寂 **적** 고요하다, 열반] 스님이 죽음.

■ 아수라 **阿修羅 [阿 아** 아첨하다 **修 수** 닦다 **羅 라** 벌이다] 범어 'Asura'의 음역이며, 'Asura'의 어원은 페르시아어 'Ahura'임. 아수라는 '단정하지 못하다'는 뜻으로 싸움을 일삼는 나쁜 귀신을 가리킴.

2. 유교 문화유산

| 종묘 宗廟 |

종묘는 조선 시대 역대 왕과 왕비, 그리고 추존追尊된 왕비의 신위神位를 모셔놓은 사당으로, 현재 서울특별시 종로구 훈정동에 있습니다. 자세한 내용은 214쪽 세계문화유산 참조.

성균관 成均館

'아직 나아가지 못한 인재를 이루게 하고[成] 풍속의 가지런하지 못함을 고르게 하다[均]' 라는 의미를 담고 있는 기관[館]

成 **성** 이루다
均 **균** 고르다
館 **관** 집

'成均' 은 중국 주周나라 대학 이름으로, '成人材之未就(아직 나아가지 못한 인재를 이루게 하다)' 와 '均風俗之不齊(풍속의 가지런하지 못함을 고르게 하다)' 에서 취한 말입니다. '館' 은 공관公館이라는 뜻입니다.

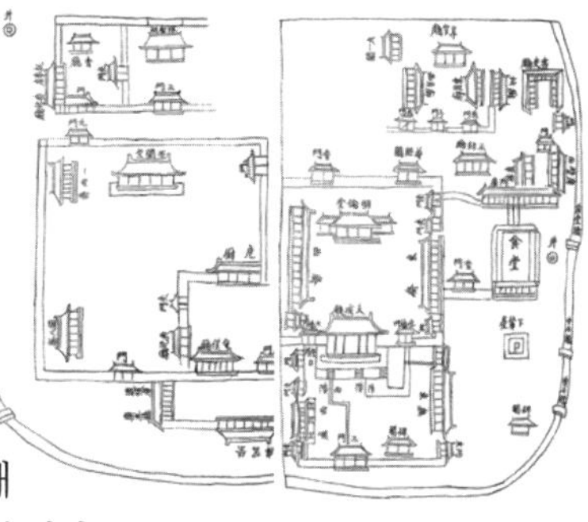

〈반궁도泮宮圖〉

성균관은 고려 말에서 조선 시대에 걸쳐 인재를 양성하는 국가 최고의 교육 기관이며, 공자의 제사를 드리는 대성전大成殿이 있는 곳입니다. 그래서 **문묘**文廟라고도 합니다. 변천 과정은 다음과 같습니다. 1298년 고려 충렬왕 때 이전에 국자감이었던 국학을 성균감成均監이라 고쳤다가, 1308년 충선왕이 즉위하면서 성균관이라 고쳤습니다. 그러다가 조선 개국 후 1398년 현재의 자리에 창건하였습니다. 1894년 갑오경장 때 근대적 개혁이 이루어지면서 종래의 기능을 상실할 뻔했다가 1895년 새롭게 관제를 고쳐 유교 교육을 담당해 나갔고, 다시 일제 시대에 위기를 맞았다가 유림들의 회복 움직임에 힘입어 명륜전문학원으로 명칭을 바꾸었습니다. 그리고 해방 후 다시 현재의 성균관대학교로 명칭을 바꾸게 됩니다.

성균관의 구조는 전묘후학前廟後學(앞엔 사당을 두고 뒤엔 공부하는 곳을 둠)이라는 전통적인 건축 이론에 따라, 앞에는 대성전을 중심으로 한 문묘 공간과 뒤에는 명륜당을 중심으로 한 교육 공간으로 배치되어 있습니다. 또한 지금은 사라졌지만, 성균관 둘레엔 흙을 파서 만든 물길이 있었는데, 이를 반수泮水라고 불렀습니다. 반수라는 명칭은 반궁泮宮에서 따 온 말로, 반궁은 중국 주周나라 때 제후국의 도읍에 세워진 대학을 가리키는 말입니다. 그래서 조선 시대에도 이 말을 본떠 성균관을 반궁이라 부르기도 했습니다.

현재 문묘 지역인 대성전, 동무 · 서무, 신삼문과 명륜당은 보물 제141호이며, 아울러 '서울 문묘' 라고 불립니다. 또한 문묘 일대(보물 및 현대 건축물을 제외한 아래에 소개되는 나머지 시설물 대부분)는 사적 제143호로도 지정되어 있습니다.

· **文廟** [文 **문** 글 廟 **묘** 사당] 문선왕묘文宣王廟의 줄임말. 유교 · 유학의 시조인 문선왕文宣王 공자를[文] 모신 사당으로[廟], 중앙에서는 성균관, 지방에서는 향교에 둠.

· **泮宮** [泮 **반** 학교 宮 **궁** 궁궐, 집]

가. 문묘 공간

대성전 大成殿

공자의[大成] 위패를 모신 전각[殿]

〈성균관 대성전 현판〉

'大成' 은 공자의 존칭 · 시호를 **'대성지성문선왕大成至聖文宣王'** 이라 한 데서 유래했습니다.

대성전은 공자의 위패를 모시는 사당입니다. 즉 공자묘孔子廟로, 문묘文廟의 정전正殿입니다. 중앙에 공자를 모시고 양옆에는 안자顔子 · 증자曾子 · 자사子思 · 맹자孟子를 함께 모시고 제사를 드립니다. 성균관 대성전에는 이들 다섯 성현聖賢 외에 공자의 여러 제자, 중국과 우리나라의

〈문묘향사배열도文廟享祀配列圖〉

大 **대** 크다, 존경 · 찬미하는 말
成 **성** 이루다
殿 **전** 큰 집

〈성균관 대성전〉

여러 현인賢人을 추가로 모시고 제사를 드립니다.

· 大成至聖文宣王 [大 **대** 크다 成 **성** 이루다 至 **지** 이르다, 지극하다 聖 **성** 성인 文 **문** 글 宣 **선** 널리 펴다 王 **왕** 임금] 모든 일을 완전히[大] 이루고[成](집대성集大成하고), 이 세상에 둘도 없는 최고의[至] 성인이며[聖], 문명을[文] 일반 백성에게까지 널리 펼친[宣] 왕[王].

문묘 배향配享(신주를 모시고 제사를 드림) 인물

〈대성전 내 공자 신위〉

동국18현 東國十八賢	공문10철 孔門十哲				공문10철 孔門十哲	동국18현 東國十八賢
최치원崔致遠	염경冉耕(백우伯牛)		대大 성成 지至 성聖 문文 선宣 왕王 (공자)		민손閔損(자건子騫)	설총薛聰
정몽주鄭夢周	재여宰予(자아子我)	증자曾子		안자顔子	염옹冉雍(중궁仲弓)	안유安裕(안향安珦)
정여창鄭汝昌	염구冉求(자유子有)				단목사端木賜(자공子貢)	김굉필金宏弼
이언적李彦迪	언언言偃(자유子游)				중유仲由(자로子路)	조광조趙光祖
김인후金麟厚	전손사顓孫師(자장子張)				복상卜商(자하子夏)	이황李滉
성혼成渾	**송조6현 宋朝六賢**	맹자孟子		자사子思	**송조6현 宋朝六賢**	이이李珥
조헌趙憲	정호程顥				주돈이周敦頤	김장생金長生
송시열宋時烈	소옹邵雍				정이程頤	김집金集
박세채朴世采	주희朱熹				장재張載	송준길宋浚吉

무묘武廟 [武 무 군사 廟 묘 사당]

무묘武廟는 문묘文廟에 상대되는 것으로, 중국 후한의 관우關羽를 모시고 제사를 올리는 사당입니다. 관우는 장군 출신이지만, 왕의 격으로 올려 관왕묘關王廟라 하고, 황제의 격으로 올려 관제묘關帝廟라고도 합니다. 예전에는 서울의 동·서·남·북으로 모두 4개의 사당이 있었는데, 지금은 동묘(서울 종로구 숭인 2동)와 남묘(서울 동작구 사당동)만 남아 있습니다. 그 가운데 동묘는 보물 제142호이며, 이곳의 정전正殿 본실本室 뒤쪽 석단 위엔 관우의 나무 조각상이 있고, 석단 앞에는 아들 관평關平을 비롯하여 부하 주창周倉, 조루趙累, 왕보王甫의 조각상이 있습니다.

〈무묘(동묘)〉

동무 東廡·서무 西廡

동·서쪽에[東·西] 위패를 모신 큰 집[廡]

東 동 동쪽
西 서 서쪽
廡 무 큰 집

〈동무〉

동무·서무는 대성전 앞 동쪽과 서쪽에 있으며, 대성전에 모신 유현儒賢 외의 위패를 모셨던 건물입니다. 여기에는 공자의 70제자, 한국의 18유현儒賢 등 총 111위를 동서 양쪽에 나누어 모셨었는데, 1949년 심산心山 김창숙金昌淑 선생이 대대적인 조정을 하였습니다. 그리하여 동·서무에 있던 우리나라의 18현賢의 위패는 모두 대성전으로 옮기고, 중국의 위패는 모두 태운 뒤 땅에 묻었습니다. 그래서 지금은 동무·서무가 모두 비어 있습니다.

〈서무〉

비각 碑閣

비석을[碑] 보호하는 집[閣]

碑 **비** 비석
閣 **각** 큰 집

· 비각은 비석을 비·바람 등으로부터 보호하기 위해 설치한 집으로, 대성전의 비각엔 문묘의 연혁이 기록된 **묘정비**廟庭碑가 세워져 있습니다.

· 廟廷 [廟 **묘** 사당 廷 **정** 뜰] 묘당廟堂(=사당祠堂)과 같은 말로, 묘당비는 특히 공자 사당의 비를 가리키는 말.

〈묘정비각〉

신삼문 神三門

돌아가신 성현들의 넋이[神] 드나드는 세 개의[三] 문[門]

神 **신** 귀신
三 **삼** 셋
門 **문** 문

신삼문은 대성전의 남쪽 입구에 남향으로 지은 문묘의 정문으로, 가운데 큰 문과 좌우에 작은 문이 있어 삼문이라 부릅니다. 일반 사당의 경우처럼 제사가 있으면 오른쪽 문으로 들어가서 왼쪽 문으로 나와야 하며, 가운데 문은 귀신이 드나드는 문이기 때문에 일반인의 출입을 금하고 있습니다. 단, 임금이 석전釋奠 등에 참석하기 위해 행차할 때에는 동무 북쪽에 있는 동삼문東三門을 이용했습니다.

〈신삼문〉

〈제기고〉

제기고 祭器庫

제사에[祭] 쓰이는 기구를[器] 보관하는 창고[庫]

祭 **제** 제사
器 **기** 그릇, 기구
庫 **고** 창고

제기고는 매년 2번씩 열리는 춘·추 석전春秋釋奠 및 분향일焚香日에 사용되는 그릇, 운반 기구 등을 보관하는 창고입니다.

전사청 典祀廳

제사에[祀] 사용되는 희생물을 맡아 처리하는[典] 곳[廳]

典 전 책, 맡다
祀 사 제사
廳 청 관청

〈전사청〉

전사청은 석전釋奠 때에 희생犧牲(제사 때 바치는 산 짐승)을 준비하던 곳입니다.

수복청 守僕廳 = 대학당 戴學堂

문묘를 지키는[守] 종이[僕] 거처하는 집[廳]
'학문을[學] 받들다[戴]' 라는 의미를 담고 있는 집[堂]

守 수 지키다
僕 복 종
廳 청 관청
戴 대 이다, 받들다
學 학 배우다
堂 당 집

수복청은 묘廟 · 사祠 · 능陵 · 원園 · 서원書院 같은 곳에서 제사에 관한 일을 맡아보며 그곳을 지키는 종이 거처하는 집을 가리키는 말입니다. 성균관의 수복청은 문묘를 관리하던 남자 종들이 거처하던 곳입니다. 지금은 '戴學堂' 이란 현판이 걸려 있습니다.

〈수복청〉

포주 庖廚

부엌[庖廚]

庖 포 부엌
廚 주 부엌

〈포주〉

포주는 제사 관련 음식을 다루는 곳으로, 흔히 말하는 푸줏간(쇠고기 · 돼지고기 등을 파는 가게) '푸주' 의 본래 말입니다.

나. 교육 공간 및 기타 공간

명륜당 明倫堂

'인륜을[倫] 밝히다[明]' 라는 의미를 담고 있는 집[堂]

明 **명** 밝다
倫 **륜** 사람의 도리
堂 **당** 집

〈명륜당 현판〉

'明倫' 은 '성인聖人의 큰 가르침은 인륜人倫을 밝히는 것이 가장 큰 것' 이라는 뜻에서 붙여진 이름입니다.

명륜당은 성균관과 지방의 각 향교 안에 있던 건물로, 이곳에서 학생들이 모여 유학을 공부했습니다.

〈명륜당〉

동재 東齋 · 서재 西齋 = 양현재 養賢齋

동쪽[東]과 서쪽의[西] 공부하는 곳[齋]. 어진[賢] 인재를 양성하는[養] 곳[齋]

東 **동** 동쪽
西 **서** 서쪽
齋 **재** 깨끗이 하다, 공부하는 곳
養 **양** 기르다
賢 **현** 어질다

동재와 서재는 성균관 유생들이 기숙사로 쓰는 긴 건물로, 모두 28개의 방으로 구성되어 있습니다. 근래에는 양현재養賢齋라는 이름으로 성균관대학교의 기숙사로 사용했었는데, 문화유산 보호 차원에서 사용하지 말아야 한다는 논란이 일어 지금은 비어 있습니다. 동재 · 서재의 각 방향은 동쪽과 서쪽을 향하고 있어, 방의 뒷면 창문을 서로 마주하고 있는 형상입니다.

〈동재〉

〈서재〉

존경각 尊經閣

'경서를[經] 존중한다[尊]' 는 의미를 담고 있는 집[閣]

尊 **존** 높다
經 **경** 날실, 성인이 지은 책
閣 **각** 집

존경각은 명륜당 뒤편으로 오른쪽에 있는 건물이며, 성균관 유생들의 도서관 구실을 하던 곳입니다. 우리나라 대학 도서관의 효시라고 볼 수 있습니다.

〈존경각〉

육일각 六一閣

육예六藝의[六] 하나인[一] 활쏘기를 한 후 활쏘기에 사용했던 물건을 보관하는 집[閣]

六 **륙** 여섯
一 **일** 하나
閣 **각** 집

육일각은 왕이 성균관에 나와 **대사례**大射禮를 행할 때 사용했던 활과 여러 도구를 보관하는 건물입니다. 글공부 외에 체력 단련도 중요하다는 것을 유생들에게 보여주고 활쏘기를 권장하기 위한 수단으로 이용되었습니다.

· 六藝 [六 **륙** 여섯 藝 **예** 재주] 중국 주나라 때에 행해지던 교육 과목으로 인재 등용에 이용됨. 6가지는 예禮(예절) · 악樂(음악) · 사射(활쏘기) · 어御(말 몰기) · 서書(글씨) · 수數(수학)임. 예와 악은 덕을 쌓고, 사와 어는 몸을 건강하게 하고, 서와 수는 지식을 넓히는 것.
· **大射禮** [大 **대** 크다, 존경과 찬미의 접두어 射 **사** 쏘다 禮 **례** 예절] 임금이 성균관에 나아가 제사하고 난 뒤 행하던 활쏘기[大射] 예절[禮]. '大射' 는 활쏘기 예절의 하나로, 제후가 제사지낼 일이 있으면 여러 신하들과 함께 활쏘기를 하면서 신하들의 예절을 살펴봄. 이때 과녁에 맞히면 제사에 참여하고, 못 맞히면 참여하지 못했음.

〈육일각〉

진사식당 進士食堂

성균관 유생의[進士] 전용 식당[食堂]

進士 벼슬 명칭
〈進 **진** 나아가다 士 **사** 선비〉
食 **식** 먹다
堂 **당** 집

진사식당은 성균관 유생의 전용 식당입니다. 성균관 유생은 이미 생원시生員試와 진사시進士試에 합격한 뒤 입학했기 때문에, '진사식당'이란 명칭으로 불렸습니다. 성균관 유생의 관련 기록을 보면 '동서 행랑이 동서 식당이 되고, 북쪽 행랑엔 당상관堂上官이 앉는 곳이고, 남쪽 행랑은 **남반**南班 유생이 앉는 곳이다' 하는 내용이 있는데, '남반'이라는 명칭이 여기에서 유래되었다고 합니다.

〈진사식당〉

· 南班 [南 **남** 남쪽 班 **반** 반, 양반] 서출庶出(첩의 자식)로 생원 · 진사가 된 자를 말함. 정조 무렵에 생겨난 말로 추정됨.

정록청 正錄廳

학정學正[正]과 학록學錄[錄]이 근무하는 곳[廳]

正 **정** 바르다
錄 **록** 적다
廳 **청** 관청

정록청은 성균관의 여러 업무를 담당하던 학정學正과 학록學錄이라는 벼슬아치가 근무하는 곳입니다. 학정과 학록은 모두 정9품의 낮은 벼슬로 각 3명씩을 두었다고 합니다.

〈정록청〉

서리청 書吏廳

문서의[書] 기록 등을 맡은 관리가[吏] 근무하는 곳[廳]

書 **서** 책, 문서
吏 **리** 벼슬아치
廳 **청** 관청

서리청은 문서의 기록 및 회계 따위를 맡은 하급 관리가 근무하는 곳입니다.

〈서리청〉

서벽고 西壁庫

서쪽[西] 벽에[壁] 있는 창고[庫]

서벽고는 성균관의 창고입니다.

西 **서** 서쪽
壁 **벽** 벽
庫 **고** 창고

〈서벽고〉

직방 直房

당직자가[直] 머무르는 방[房]

직방은 당직當直하는 관원이 머무르는 방이며, 일반적인 직방의 의미는 '조정의 신하들이 모여 조례朝禮를 기다리던 방' 입니다.

直 **직** 곧다, 번들다
房 **방** 방

〈직방〉

향관청 享官廳

제사[享] 때 헌관獻官[官] 등이 심신을 깨끗이 하는 곳[廳]

향관청은 문묘 제사 때 **헌관**獻官 및 제사를 돕는 사람들이 거처하며 심신을 깨끗하게 가다듬는 장소입니다. 중앙에는 제사에 쓰이는 향축香祝을 보관하고, 좌우에는 헌관방獻官房이 있으며, 향관청의 좌우에는 제사를 담당하는 집사執事들이 머물던 **동월랑**東月廊과 서월랑西月廊이 있습니다.

享 **향** 누리다, 제사지내다
官 **관** 벼슬
廳 **청** 관청

〈향관청〉

· 獻官 [獻 **헌** 바치다 官 **관** 관리] 나라에서 제사를 지낼 때 제물을 바치는[獻] 일을 하는 임시로 임명된 관리[官]. 각종 제사를 주관하는 관리로, 2품

〈서월랑〉

〈동월랑〉

이상의 관리가 대체로 임명됨.

· 月廊 [月 **월** 달 廊 **랑** 복도, 행랑] 행랑行廊(건물 좌우에 있는 긴 집채).

하련대 下輦臺

임금이 가마에서[輦] 내리는[下] 곳[臺]

下 **하** 아래, 내려가다
輦 **련** 손수레, 가마
臺 **대** 높고 평평한 곳

'輦'은 임금이 궁 밖을 출입할 때 타는 가마로, 둥근 덮개가 있다는 점에서 '輿[여 수레 : 왕이 궁궐 안에서 타는 수레]'와 구별됩니다.

하련대는 임금이 **알성**謁聖하기 위해 대성전에 왔을 때, 가마에서 내리는 장소로 임금의 전용 주차장으로 생각하면 됩니다. 성균관에서 과거를 치를 때 무과 시험 장소로 이용되기도 했습니다.

· 謁聖 [謁 **알** 뵙다, 사당을 참배하다 聖 **성** 성인] 임금이 대성전 안에 모신 공자를 참배하는 일.

〈하련대〉

탕평비 蕩平碑

'어느 쪽으로도 치우치지 않겠다[蕩平]'는 글이 새겨진 비석[碑]

蕩 **탕** 쓸어 없애다, 평탄하다
平 **평** 평평하다
碑 **비** 비석

'蕩平'은 '치우침 없이 공평해야 한다'는 뜻으로, 『서경書經』「홍범洪範」의 '무편무당왕도탕탕無偏無黨王道蕩蕩(어느 한쪽으로 치우치지 말고 무리를 만들지 말라. 천하를 다스리는 도리는 치우침 없이 공평해야 한다) 무당무편왕도평평無黨無偏王道平平 탕탕평평蕩蕩平平'에 있는 말입니다.

탕평비는 조선 시대 영조가 당파에 구애받지 않고 인재

를 등용하여 올바른 정치를 하겠다는 의지를 담아 성균관 유생들에게 내린 글을 새긴 비석입니다. 글씨는 영조의 친필이며, 문묘의 신삼문 길 건너편 비각 안에 세워져 있습니다.

〈탕평비각〉

탕평비 비문

〈앞면〉

周而弗比 乃君子之公心 比而弗周 寔小人之私意 주이불비 내군자지공심 비이불주 식소인지사의

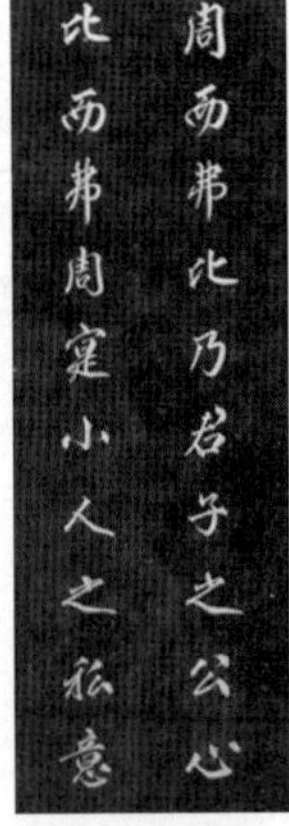

〈탕평비 앞면(탁본)〉

두루 사귀고 사사로이 무리를 짓지 않는 것은 곧 군자의 공평한 마음이요, 사사로이 무리를 짓고 두루 사귀지 못하는 것은 곧 소인의 사사로운 뜻이다.

※『논어論語』「위정편爲政篇」에 '君子周而不比 小人比而不周'라는 글이 있음.

〈뒷면〉

皇朝崇禎紀元後百十五年 歲壬戌春三月二十六日 手書命竪泮水橋傍 上八字是聖訓 下十二字乃嗟今時勉來世之意也

〈탕평비 뒷면〉

영조 18년(1742) 임술년 3월 26일 친히 글씨를 쓰고 반수교泮水橋 곁에 세우라 명하였다. 위의 8자(周而弗比 比而弗周)는 바로 성인(공자)의 가르침이고, 아래의 12자(乃君子之公心 寔小人之私意)는 곧 오늘날을 탄식하고 앞날을 권면하는 뜻이다.

하마비 下馬碑

'말에서[馬] 내려야 한다[下]' 는 글이 새겨진 비석[碑]

하마비는 무덤이나 사당 등 선열先烈에 대한 경의를 표해야 하는 곳을 지날 때, 말에서 내려야 함을 알리는 돌로 된 비문으로, 종묘宗廟 · 궁궐문 · 문묘文廟에 둡니다. 실제 비문엔 '대소인원개하마大小人員皆下馬(직위 고하를 막론하고 말에서 내리시오)' 라는 글귀가 새겨져 있습니다.

下 **하** 아래, 내려가다
馬 **마** 말
碑 **비** 비석

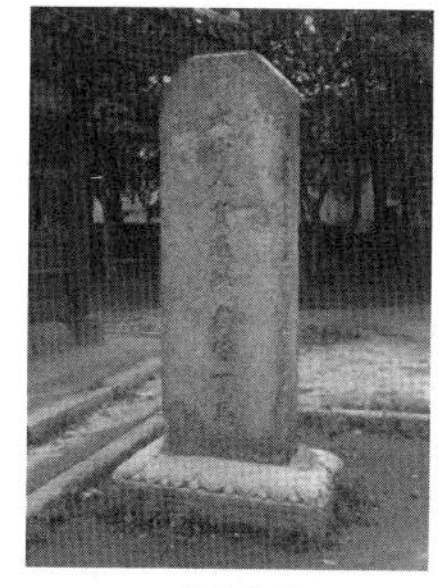
〈하마비〉

비천당 丕闡堂

'유가儒家의 학문과 이념을 크게[丕] 나타낸다[闡]' 는 의미를 담고 있는 집[堂]

'丕闡' 은 주자朱子가 말한 '비천대유丕闡大猷(큰 도를 밝힌다)' 에서 유래한 말입니다.

비천당은 '유가의 학문과 이념을 크게 나타낸다' 는 뜻의 이름을 가진 건물로, 과거시험 장소로 이용되던 곳입니다. 6 · 25 때 소실되었다가 1988년에 중건된 건물입니다.

「반궁도」를 참고하면 비천당 옆에 일양재一兩齋와 벽입재闢入齋라는 비천당과 같은 시기에 지어진 건물이 있었다는 것을 알 수 있습니다. 두 건물의 이름은 모두 송시열宋時烈이 지은 것으로, 일양一兩은 주자朱子가 '절을 없애고 유학을 공부하는 곳을 세우는 것은 **일거양득**一擧兩得이다' 한 말에서 따왔고, **벽입**闢入은 정자程子가 '이단異端을 물리쳐야만[闢] 성현의 길로 들어갈 수 있다[入]' 한 말에서 따왔습니다.

丕 **비** 크다
闡 **천** 열다, 드러나다
堂 **당** 집

〈비천당〉

· 一擧兩得 [一 **일** 하나, 한 번 擧 **거** 들다, 행하다 兩 **량** 둘 得 **득** 얻다] 한 번의[一] 행동으로[擧] 두 가지를[兩] 얻음[得].
· 闢入 [闢 **벽** 열다, 물리치다 入 **입** 들어가다]

| 기타 교육 및 제사 기관 |

향교 鄕校

지방의[鄕] 관립 학교[校]

鄕 향 시골
校 교 학교

향교는 지방에 설치한 관립 교육 기관입니다. 성균관에서 행했던 문묘文廟를 마련해 제사도 지냈습니다. 나중에 서원이 생기면서 이에 눌려 교육 기능은 사라지고 주로 제사만 담당하게 됩니다.

〈영천향교 대성전〉

석전 釋奠

문묘에서 제사에 쓰이는 여러 가지 재료를 놓고[釋], 예물과 술을 드리는[奠] 의식

釋 석 풀다, 놓다
奠 전 제사지내다, 드리다

석전은 문묘文廟에서 공자孔子를 비롯한 유교의 성인과 현인을 추모하기 위해 음력 2월과 8월의 첫째 정일丁日에 거행하는 제사 의식으로, 석전제 · 석채釋菜 · 상정제上丁祭 · 정제丁祭라고도 합니다. 성균관에서는 지금도 옛 의식대로 해마다 봄과 가을, 2차례씩 석전을 거행합니다. 중요무형문화재 제85호.

〈석전대제〉

제사祭祀를 뜻하는 한자

천신天神께 올리는 예식禮式은 '사祀', 지신地神은 '제祭', 귀신鬼神은 '향享', 공자孔子는 '석전釋奠'으로 구분하기도 함.

서원 書院

서적을[書] 수집하고 이를 보관 및 보급하는 곳[院]

書 서 책
院 원 집

서원은 지방의 사림들이 학문을 연구하고, 훌륭한 선인들에게 제사를 지내기 위해 설치한 사립 교육 기관으로, 중종 때 풍기 군수 주세붕周世鵬(1495~1554)이 세운 백운동白雲洞 서원을 시작으로 각 지방에 설립되었습니다. 사림들은 서원을 중심으로 학파를 형성하고 정치 · 사회적 결속을 강화하여 향촌 사회에 자신의 기반을 강화하였습니다. 이들 서원은 보통 독자적으로 운영되기도 했지만, **사액**賜額이라는 형식을 통해서 중앙 정부와 연계되기도 했습니다. 시간이 흐르면서 서원이 늘고 처음 세울 때의 목적이 차츰 변질되자 나라에서도 통제를 가했고, 조선 말 흥선대원군 때 서원을 철폐하도록 하여 극히 적은 수의 서원만 남게 됩니다. 현재 가장 유명한 서원은 도산서원陶山書院입니다. 도산서원은 1574년(선조 7) 퇴계退溪 이황李滉(1501~1570)의 학덕을 추모하는 그의 문인門人과 유림儒林이 중심이 되어 경상북도 안동시 도산면 토계리에 세운 서원입니다.

· **賜額** [賜 **사** 주다 額 **액** 현판] 왕이 서원의 이름, 현판[額], 노비, 서적 등을 내려줌[賜].

〈도산서원〉

〈병산서원〉

〈덕천서원〉

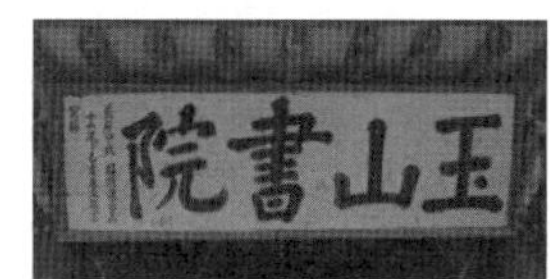

〈옥산서원〉

〈도봉서원〉

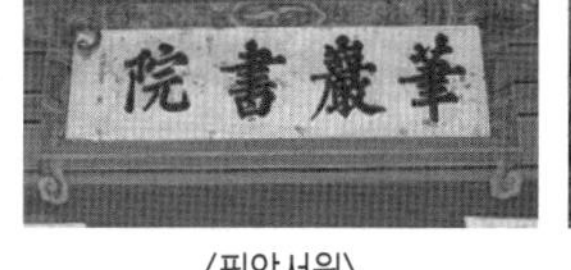

〈필암서원〉

〈화암서원〉

〈영천서원〉

〈역동서원〉

〈동락서원〉

가묘 家廟 = 사당 祠堂

한 집안의[家] 사당祠堂[廟]

家 **가** 집
廟 **묘** 사당
祠 **사** 사당
堂 **당** 집

〈강릉 선교장의 가묘 오재당吾在堂〉

가묘는 조상을 숭배하기 위해 집 안에 따로 마련한 건물입니다. 위치는 대문에서 볼 때 집안의 가장 안쪽인 뒷마당에 두는 게 일반적이었습니다. 사당 안에는 3년상을 마친 신주를 모시는데, 보통 4개의 신위神位를 모십니다. 서쪽부터 그 집 가장家長의 고조부모 · 증조부모 · 조부모의 신위를 모시며 마지막에 부모의 신위를 둡니다. 만약에 가장이 죽으면 고조부모의 신위를 꺼내 불에 태워 땅에 묻고, 가장의 신위를 올립니다.

가묘는 성리학을 강조하던 조선 시대 선조 이후부터 사대부 양반층에 일반화되었고, 서인庶人들도 이에 따랐으며, 가난한 사람들은 대청 모퉁이나 기타 적당한 곳에 설치했습니다.

사당의 명칭

특정 인물의 사당 명칭은 대체적으로 'ㅇㅇ祠'라고 짓습니다. 가장 대표적인 곳은 조선시대 임진왜란을 승리로 이끈 이순신 장군의 사당인 **현충사**顯忠祠(사적 제155호)입니다. 이 밖에 서울 동작구 상도동에는 조선 태종의 장자 양녕대군讓寧大君의 사당인 **지덕사**至德祠(서울특별시 유형문화재 제11호) 등이 있습니다.

· 顯忠祠 [顯 **현** 나타나다, 드러나다 忠 **충** 충성 祠 **사** 사당]
· 至德祠 [至 **지** 지극하다 德 **덕** 덕 祠 **사** 사당]

〈현충사〉

신위神位와 지방紙榜

· 신위 神位 [神 신 귀신　位 위 자리] 죽은 사람의 영혼이[神] 의지할 자리[位]. 신주神主라고도 부름. 패牌 모양으로, 보통 밤나무로 만듦. 규격은 높이 1자 2치, 너비 3치, 두께 1치 2푼이며, 머리 부분의 5치 정도를 깎아서 둥글게 만듦. 요즘엔 신위 대신 영정影幀(사진 또는 초상화)을 모시고 제사를 모시는 경우가 많음.

· 지방 紙榜 [紙 지 종이　榜 방 방(사람에게 알리기 위해 써 붙인 글)] 신위 대신 사용하는 종이로, 제사 직전에 만들었다가 제사를 마치면 불태워버림. 신위를 항상 모시는 사당이 있으면 제삿날에 맞춰 사당에서 제사를 지내면 되지만, 사당이 없으면 제사 때마다 신위를 대신하는 지방을 만들어 씀.

지방紙榜 쓰는 법

顯妣孺人密陽朴氏神位
顯考學生府君神位

顯祖妣孺人慶州李氏神位
顯祖考學生府君神位

지방의 구성은 누구, 관직 유무에 따라 다릅니다. 여기서는 벼슬이 없던 부모와 조부모의 지방만 소개하겠습니다.

· 顯 : 죽은 조상에 대한 경칭敬稱. [顯 현 나타나다, 높이는 말]

· 考 · 妣 : 부父 · 모母와 동일한 뜻. 남자의 경우, 생전에는 부父, 사후에는 고考. 여자의 경우 생전에는 모母, 사후에는 비妣. 할아버지, 할머니는 조고祖考, 조비祖妣. 증조부모는 증조고曾祖考, 증조비曾祖妣. 고조부모는 고조고高祖考, 고조비高祖妣. [考 고 생각하다, 죽은 아버지 / 妣 비 죽은 어머니]

· 學生 : 과거 벼슬이 없었던 사람에게 쓰는 말로, 과거시험을 준비중이던 예비 관원의 신분을 가진 사람들을 가리키던 용어. [學 학 배우다　生 생 살다, 사람]

· 府君 : 죽은 조상에 대한 존칭尊稱. '부府' 는 죽은 아비, '군君' 은 조상의 경칭. [府 부 관청, 죽은 아버지　君 군 임금, 조상의 경칭]

· 孺人 : 구품九品 문무관 아내의 품계. 여기서 발전하여 벼슬하지 않은 양반 아내의 통칭으로 씀. [孺 유 젖먹이, 대부의 아내　人 인 사람]

· 경주慶州 이씨李氏 : 본관本貫과 성씨.(본관本貫은 성姓의 출신지를 나타내는 말. 같은 성씨지만 다른 조상을 둔 사람과 구분하기 위해 필요한 장치. '本' 은 본래 '뿌리' 란 뜻이고, '貫' 은 본래 '엽전을 꿰는 꿰미' 란 뜻으로, 本貫은 지금의 자신으로부터 꿰어 올라갈 수 있는 뿌리란 말. 그래서 대부분 시조의 출신지나 정착하여 살았던 곳을 본관의 명칭으로 사용하고 있음.)

3. 성과 궁궐

| 성城 |

성城은 집단의 공동 이익을 위하거나 적의 침입에 대비하여 흙이나 돌로 쌓은 담 또는 그런 담으로 둘러싸여 있는 구역을 말합니다. 성 대신에 성곽城郭이라는 표현을 쓰기도 하는데, 성곽은 '성城'과 '곽郭'을 합한 말입니다. 성벽을 이중으로 쌓은 경우, 내성內城(안쪽의 성)을 성城, 외성外城(바깥쪽 성)을 곽郭이라 부른 데서 유래한 말입니다.

성의 종류는 성을 쌓은 재료나 장소, 성격, 형태 등에 따라 다음과 같이 몇 가지로 나누어 볼 수 있습니다.

토성 土城

흙을[土] 쌓아 만든 성[城]

土 토 흙
城 성 성

토성은 흙을 쌓아 만든 성입니다. 성의 명칭을 재료에 따라 구분하면 크게 흙으로 쌓아 만든 토성과 돌로 쌓아 만든 석성石城으로 나눌 수 있습니다. 우리나라의 성은 대부분 돌로 쌓았기 때문에 일반적으로 '석石'을 뺀 '성城'으로만 표현하고, 흙으로 쌓은 경우에는 '토성土城'이란 표현으로 구분합니다. 대표적인 예로는 백제 때의 것으로 추정하는 서울 송파구의 몽촌토성夢村土城과 풍납토성風納土城이 있습니다.

〈몽촌토성〉

산성 山城

산에[山] 쌓아 만든 성[城]

산성은 적의 습격에 대비해 산꼭대기나 능선에 쌓아 만든 성입니다. 성의 명칭을 지형에 따라 구분하면 크게 평지에 쌓은 평지성과 산에 쌓은 산성으로 구분할 수 있습니다. 성을 평지에 쌓는 것을 일반적으로 여겨 산에 쌓을 경우에는 '산성山城' 이라는 표현을 써서 명칭을 구분합니다. 대표적인 예로는 경기도 고양시의 북한산성北漢山城이 있습니다.

〈북한산성(『해동지도』)〉

山 산 산
城 성 성

궁성 宮城

궁궐을[宮] 보호하기 위해 쌓은 성[城]

궁성은 왕이 살고 있는 궁궐과 주요 관청 건물을 보호하기 위해 쌓은 성벽이나 담장을 아울러 가리키는 말입니다. 성의 명칭을 보호 지역에 따라 구분할 때, 궁궐 보호를 목적으로 둔 경우에 쓰는 말입니다. 대부분 도성 안에 있으며, 왕이 살고 있기 때문에 왕성王城이라고도 합니다. 서울의 경복궁景福宮 같은 궁궐이 대표적인 예입니다.

宮 궁 궁궐
城 성 성

도성 都城

수도를[都] 보호하기 위해 쌓은 성[城]

도성은 왕이 살고 있는 도시를 보호하기 위해 쌓은 성입니다. 성의 명칭을 보호 지역에 따라 구분할 때, 수도 보호를 목적으로 둔 경우에 쓰는 말입니다. 궁궐과 궁궐 좌우에 종묘(역대 왕과 왕비의 신위神位를 모신 곳)와 사직단

〈서울 성곽〉

(토지 신과 곡식 신에게 제사를 드려 나라의 풍요를 비는 곳)이 있으면 이를 '도都'라 하는데, 도성은 바로 이 '도都'를 보호하는 성입니다. 서울 성곽이 여기에 해당하며, 숭례문崇禮門과 흥인지문興仁之門은 대표적인 도성의 문입니다.

都 **도** 서울
城 **성** 성

읍성 邑城

고을을[邑] 보호하기 위해 쌓은 성[城]

읍성은 지방 주요 지역에 관청을 낀 고을을 보호하기 위해 쌓은 성입니다. 성의 명칭을 보호 지역에 따라 구분할 때, 읍邑(종묘와 사직단이 없으면서 관청을 둔 고을)의 보호를 목적으로 둔 경우에 쓰는 말입니다. 대표적인 예로는 충남 서산시의 해미읍성海美邑城(조선 시대)과 전라남도 순천시의 낙안읍성樂安邑城(조선 시대) 등이 있습니다.

〈해미읍성〉

邑 **읍** 고을
城 **성** 성

장성 長城

길이가 긴[長] 성[城]

장성은 성곽의 길이가 매우 긴 성을 말합니다. 성의 명칭을 길이에 따라 구분할 때, 일반 성에 비해 매우 긴 성을 가리킬 때 쓰는 말입니다. 대표적인 것으로는 중국의 만리장성萬里長城이 있으며, 우리나라에는 천리장성千里長城이 있습니다.

長 **장** 길다
城 **성** 성

옹성 甕城

독(항아리)[甕] 모양의 성[城]

甕 옹 독
城 성 성

〈옹성(화성 화서문)〉

옹성은 성문의 방어를 튼튼히 하기 위해 성문 앞에 이중으로 쌓은 성벽입니다. 기본 성을 쌓고 성문을 끼고 겉에 조그만 반월형의 성벽을 쌓아 붙인 것입니다. 마치 독(항아리)을 반으로 자른 것같이 생겼다 하여 옹성甕城이라 부르며, 이를 설치하면 일반 성에 비해 함락시키기 어렵습니다. '무쇠로[鐵] 만든 독처럼[甕] 튼튼히 쌓은 산성[城]' 이라는 뜻의 철옹성鐵甕城(영변산성이라고도 부르는, 평안북도 영변군 영변읍을 둘러싼 산성의 이름이기도 함)이 '매우 튼튼히 둘러싼 것이나 그러한 상태' 를 비유하는 말로 쓰이는 이유이기도 합니다. 대표적인 예로는 수원화성이 있으며, 이곳의 사대문은 모두 옹성입니다. 서울의 사대문 가운데는 흥인지문興仁之門(동대문)이 옹성입니다.

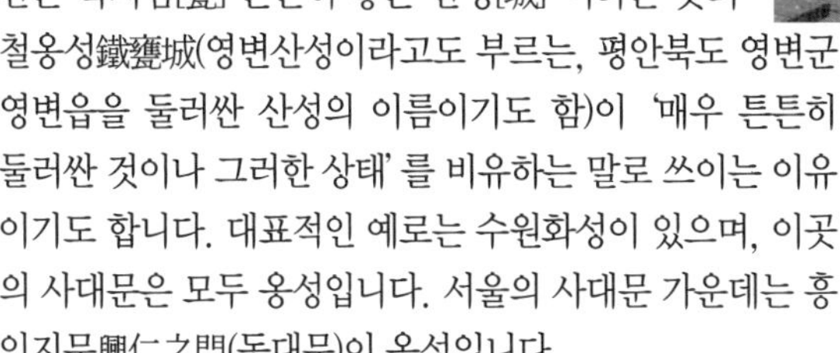

서울 사대문四大門의 명칭

서울의 성문인 사대문의 이름은 사람이 지켜야 할 다섯 가지 도리인 오상五常에 근거하여 지어졌습니다. 오상은 인仁·의義·예禮·지智·신信을 말하는데, 동·서·남·북·중앙에 연결시키면 東-仁, 西-義, 南-禮, 北-智, 中央-信이 됩니다.

태조太祖 이성계李成桂는 도읍을 개성에서 한양으로 옮길 때, 도성을 쌓고 각 방향의 문 이름을 '오상' 의 원칙에 의해 정했습니다. 그래서 동대문을 흥인지문興仁之門, 남대문을 숭례문崇禮門, 서대문을 돈의문敦義門이라 했습니다. 북쪽은 본래 소지문炤智門이라 했는데, 뒤에 숙정문肅靖門으로 이름이 바뀌었습니다. 18

〈숭례문〉

〈흥인지문〉

〈돈의문〉

〈숙정문〉

세기 초 숙종 때에 '홍지문弘智門(일명 한북문漢北門)'을 다른 곳에 세움으로 오상五常의 틀이 다시 맞춰집니다. 그리고 중앙에는 도성 안 사람들에게 시간을 알려주기 위한 보신각普信閣을 설치하였습니다.

〈흥인지문〉

〈숭례문〉

〈홍지문(한북문)〉

다른 문과 달리 동대문에만 '之'를 넣어 '흥인지문興仁之門'이라고 한 이유는 풍수지리설과 관련되어 있습니다. 서울의 좌청룡(동쪽)에 해당하는 낙산은 북악산 주봉으로부터 멀리 떨어져 있지만, 우백호(서쪽)인 인왕산은 가까이에 있습니다. 그래서 멀리 있는 좌청룡의 기운을 보강하기 위해 동대문의 현판에는 일부러 '之'자를 하나 더 넣어 용처럼 길게 가로로 썼다고 합니다. 또한 남대문의 현판인 '숭례문'은 세로로 썼는데, 그 이유는 禮가 오행에서는 불에 해당하기 때문에 세로로 닮으로써 불이 타오르는 형상을 나타냈다는 설이 있고, 또 불꽃 모양의 관악산이 내뿜는 화기火氣를 그대로 두면 화재가 잦다고 하여 이를 정면으로 막기 위한 처방이었다는 설도 있습니다.

○사대문 중간의 소문

· 혜화문惠化門 : 동소문(북대문과 동대문 사이). 본래 홍화문弘化門이었으나, 창경궁의 동문東門과 이름이 같다 하여 혜화로 고침.
· 소의문昭義門 : 서소문(남대문과 서대문 사이).
· 광희문光熙門 : 남소문. 본래는 남대문과 동대문 사이에 있었으나, 동남방을 열어놓으면 화가 미친다는 속설 때문에 동대문 가까이로 옮김.
· 창의문彰義門(또는 자하문紫霞門) : 서북소문. 창의문은 문 밖에 창의사彰義寺란 절이 있어서 붙여진 이름이고, 자하문은 문의 위치가 자하동 끝에 있어서 붙여진 이름.

〈혜화문〉

〈창의문(자하문)〉

〈소의문〉

〈광희문〉

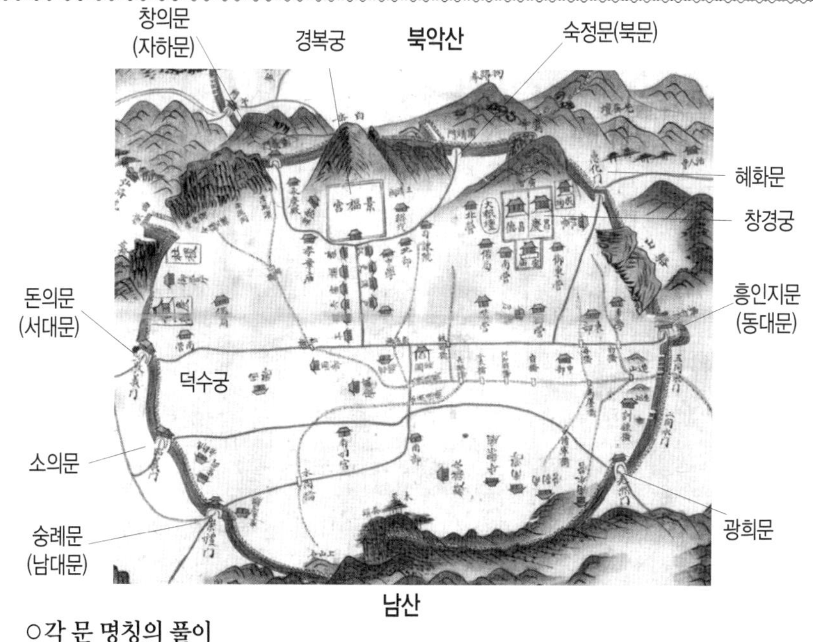

○각 문 명칭의 풀이

· 興仁之 [興 **흥** 흥하다 仁 **인** 어질다 之 **지** ~의, ~하는] 인을[仁] 일으키는[興之].
· 崇禮 [崇 **숭** 우러르다 禮 **례** 예의] 예를[禮] 우러름[崇].
· 敦義 [敦 **돈** 두텁다 義 **의** 옳다] 의를[義] 두텁게[敦] 함. 속칭으로 신문新門[새문]이라 불렸음.
· 炤智 [炤 **소** 밝다 智 **지** 지혜] 지혜를[智] 밝게 함[炤].
· 肅靖 [肅 **숙** 삼가다, 엄하다 靖 **정** 편안하다, 꾀하다] 북방의 경계를 엄하게 하여[肅] 도성 안을 평안하게 함[靖].
· 弘智 [弘 **홍** 넓다 智 **지** 지혜] 지혜를[智] 넓힘[弘].
· 惠化 [惠 **혜** 은혜 化 **화** 되다, 교화敎化] 은혜를[惠] 베풀어 교화함[化].
· 昭義 [昭 **소** 밝다 義 **의** 옳다] 의를[義] 밝힘[昭].
· 光熙 [光 **광** 빛 熙 **희** 빛나다] 광명[光熙].
· 彰義 [彰 **창** 밝히다 義 **의** 옳다] 의를[義] 기리고 표창함[彰].
· 紫霞 [紫 **자** 자주색 霞 **하** 노을] 자주색[紫] 안개[霞].
· 普信閣 [普 **보** 보통, 널리 信 **신** 믿다 閣 **각** 집] '신의를[信] 널리 미치게 한다[普]'는 의미를 담고 있는 집[閣].

| 궁궐 宮闕 |

宮 **궁** 궁궐
闕 **궐** 대궐

궁궐은 '宮'과 '闕'을 합한 말로, 궁실宮室, 궁성宮城, 궁전宮殿이라는 용어로 불리는 것들은 궐이 없다는 의미가 내포되어 있습니다. '闕'은 원래 마을 입구 양옆에 설치한 **망루望樓**였는데, 초기 궁의 형태는 양옆에 궐만 두고 가운데에는 문을 만들지 않았다고 합니다. 그러다 뒷날 담을 두르면서 가운데에 문을 두고, 양옆에는 습관대로 궐을 두었다고 합니다.

경복궁의 남쪽 끝에 있는 **동십자각**東十字閣이 이 경우에 해당됩니다.

궁궐은 국가의 최고 통치자가 거주하며 정치를 행했던 곳이기 때문에, 궁궐은 한 시대 건축 수준을 가늠할 수 있는 최고의 건축물이라 할 수 있습니다.

· 望樓 [望 **망** 바라다, 바라보다 樓 **루** 다락집]
· 東十字閣 [東 **동** 동쪽 十 **십** 열 字 **자** 글자 閣 **각** 집, 다락집]

가. 궁궐의 이해

‖ 도읍 구성의 원리 ‖

도읍의 구성 원리는 전조후시前朝後市, 좌묘우사左廟右社가 있습니다. 이 원칙은 『주례周禮』「고공기考工記」편에 나온 것으로, 중국의 주周나라 이후로 지켜온 것이지만, 후대에는 지형의 실정에 맞게 약간의 변화가 일어납니다.

전조후시 前朝後市

앞엔[前] 조정[朝] 뒤엔[後] 시가지[市]

前 **전** 앞
朝 **조** 아침, 조정朝廷
後 **후** 뒤
市 **시** 시장

전조후시는 궁궐을 중심으로 앞쪽에는 정치를 행하는 관청을 놓고, 뒤쪽에는 시가지를 형성하도록 하는 것을 말합니다. 그러나 조선의 경우 궁궐 남쪽의 큰길 좌우에는 의정부議政府, 6조六曹 등 주요 관청을 배치했지만, 궁궐 뒤쪽이 산으로 둘러싸여 남쪽 동서로 뚫린 큰길(지금의 종로)에 시가지가 형성되었습니다.

좌묘우사 左廟右社

왼쪽엔[左] 종묘[廟] 오른쪽엔[右] 사직단[社]

左 **좌** 왼쪽
廟 **묘** 사당
右 **우** 오른쪽
社 **사** 모이다, 토지 신

좌묘우사는 궁궐을 중심으로 왼쪽에는 종묘, 오른쪽에는 사직단을 배치하는 것을 말합니다. 조선의 경우에도 경복궁에서 남쪽을 향해 보면, 좌측에 종묘, 우측엔 사직단이 있으나 정확하게 대칭이 되어 있지는 않습니다.

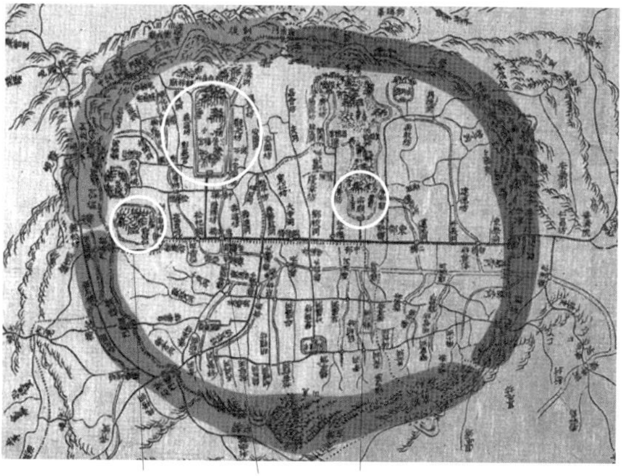

사직단 경복궁 종묘

◁〈도성삼군문분계지도〉

궁궐 내부 건물

궁궐 건물의 구성 원리는 원칙적으로 전조후침前朝後寢, 오문삼조五門三朝가 있으나, 우리나라의 궁궐은 이 원리를 충실히 따르지는 않았습니다.

- 전조후침 前朝後寢 [前 **전** 앞 朝 **조** 아침, 조정朝廷 後 **후** 뒤 寢 **침** 잠자다] 앞은[前] 조정[朝] 뒤는[後] 침전[寢]. 궁궐의 앞부분에 정전을 비롯한 관청을 배치하고 뒤쪽엔 침전을 배치함.
- 오문삼조 五門三朝 [五 **오** 다섯 門 **문** 문 三 **삼** 셋 朝 **조** 아침, 조정朝廷] 궁궐을 만들 때는 다섯 개의 문과 세 개의 관청을 기본적인 구조로 하여 만듦.
- 내전 內殿 [內 **내** 안 殿 **전** 큰 집] 대전大殿과 중궁전中宮殿. 대전은 왕의 기거 공간으로 일상적인 생활을 하거나 주요 인물들과 정사를 논의하는 곳. 중궁전은 왕비의 기거 공간.
- 외전 外殿 [外 **외** 바깥 殿 **전** 큰 집] 왕이 신하들과 공식적인 행사를 치르는 곳으로, 정전正殿이라 부름.
- 동궁 東宮 [東 **동** 동쪽 宮 **궁** 궁궐] 세자世子(다음 왕위 계승자)의 활동 공간. 세자를 가리키는 호칭으로 쓰이기도 함.
- 후원 後苑 [後 **후** 뒤 苑 **원** 동산] 궁궐 북쪽에 마련한 휴식 공간으로, 여러 용도의 집회에 이용되기도 함.
- 궐내 각사 闕內各司 [闕 **궐** 대궐 內 **내** 안 各 **각** 따로따로, 여러 司 **사** 맡다, 관청] 궁궐 내의 여러 기관으로, 관리들의 활동 공간.
- 궐외 각사 闕外各司 [闕 **궐** 대궐 外 **외** 바깥 各 **각** 따로따로, 여러 司 **사** 맡다, 관청] 궁궐 밖에 설치된 기관들.

나. 조선 시대의 궁궐

‖ 경복궁 ‖

경복궁 景福宮

'큰[景] 복[福]' 이라는 의미를 담고 있는 궁궐[宮]

景 **경** 경치, 크다
福 **복** 복
宮 **궁** 궁궐

'景福' 은 '큰 복' 이라는 뜻입니다. 이 말은 정도전鄭道傳이 『시경詩經』의 글귀인 '군자만년 개이경복君子萬年介爾景福(군자가 만년토록 너에게 큰 복을 주리로다)' 에서 따온 것이라고 합니다. 경복궁이 완성되고 한 달 뒤 연회 때, 정도전이 궁궐과 건물들의 이름을 지어 올렸는데, '경복' 은 『시경』, '근정' 은 『서경』에서 따왔고, 그 외의 건물 명칭도 대부분 고전에 근거를 두고 지었습니다.

경복궁은 이성계가 왕이 된 뒤 도읍을 한양으로 옮기면서 세웠습니다. 이후 임진왜란 때 불타 없어졌다가, 조선 말기 고종 때 흥선대원군에 의해 다시 세워졌습니다. 현재 서울특별시 종로구 세종로에 있으며, 사적 제117호로 지정되었습니다.

광화문 光化門

'교화를[化] 밝히다[光]' 라는 의미를 담고 있는 문[門]

光 **광** 빛
化 **화** 되다, 교화敎化
門 **문** 문

'光化' 는 '광피사표 화급만방光被四表化及萬方(임금의 밝은 빛이 사방을 덮고, 교화가 만방에 두루 미친다)' 이란 말에서 유래했다는 설이 있습니다. 이 외에 다양한 설이 있으나 정확한 것은 알 수 없고 '光化' 는 '임금에 의한 교화(혹은 덕화)를 밝히다' 정도로 이해하면 좋을 것 입니다.

광화문은 경복궁의 남문南門이면서(남쪽을 상징하는 주작朱雀이 그려져 있음) 정문正門입니다. 광화문엔 3개의 문이 있는데, 가운데 큰 문은 임금과 왕비가 출입하던 문이며, 동쪽의 작은 문은 문관, 서쪽의 작은 문은 무관이 드나들었다고 합니다. 광화문 앞에는 **해치**獬豸가 있는데, 대원군 중건 당시에 광화문 앞 70~80m 앞에 세웠던 것을 현재의 위치에 두었다고 합니다. 해치를 둔 이유는 관악산의 화기火氣를 막기 위해 설치했다는 설도 있으나, 해치가 사람의 시비곡직是非曲直을 판단하는 신령스러운 동물이라, 백관百官들이 궁궐을 출입할 때 스스로의 마음을 가다듬고 경계하는 마음을 갖도록 하기 위해서입니다. 현재는 목조 건축물인 본래 모습으로 복원하기 위해 해체하였으며, 2009년 말 완공을 목표로 공사중에 있습니다.

〈광화문의 옛 모습〉

〈광화문의 뒷모습〉

· 獬豸(=해태) : 시비 · 선악을 판단하여 안다는 상상의 동물로, 사자와 비슷하나 머리 가운데에 뿔이 있다고 함.

〈해치〉

광화문光化門만 한글로 된 이유

광화문은 남북전쟁(6 · 25)으로 소실되었던 것을 69년 2월 철근콘크리트 구조로 복원시키면서(그래서 국보나 보물로 지정되지 않았음) 당시 박정희 대통령이 '門化光'이 아닌 '광화문'이라 적었기 때문입니다. 현판의 글씨 역시 현재 복원 공사와 발맞추어 한자 글씨로 바꿀 예정입니다.

근정전 勤政殿

'부지런히[勤] 정사를 돌본다[政]' 는 의미를 담고 있는 전각[殿]

勤 **근** 부지런하다
政 **정** 정치
殿 **전** 큰 집

근정전은 경복궁의 **정전**正殿입니다. 정도전은 "천하의 일이 부지런하면 다스려지고, 게으르면 황폐되는 것은 필연의 이치인 것입니다" 하면서 역대 성왕聖王의 부지런한[勤] 사례를 『서경』 등의 글에서 인용하여 그 뜻을 설명하였습니다. 근정전 사방의 마당에는 화강암이 깔려 있고, 가운데 길 양쪽에는 좌우 12개씩 24개(정1품에서 종3품까지 좌우 6개씩, 4품부터는 종품 없이 정4품에서 정9품까지 좌우 6개씩)의 **품계석**品階石이 도열해 있습니다. 국보 제223호.

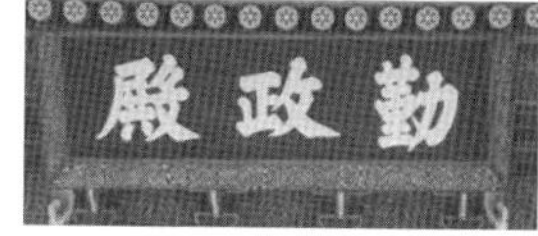

〈근정전〉

· 正殿 [正 **정** 바르다, 주되다 殿 **전** 큰 집] 임금이 행차하여 조회朝會를 하던 건물.
· 品階石 [品 **품** 물건, 등급 階 **계** 층계, 차례 石 **석** 돌] 벼슬의 등급을 나타내는 돌.

사정전 思政殿

'정치를[政] 생각하다[思]' 라는 의미를 담고 있는 전각[殿]

思 **사** 생각하다
政 **정** 정치
殿 **전** 큰 집

사정전은 경복궁의 **편전**便殿입니다. 정도전은 '수만 가지 국사를 처리하는 임금이 신중히 생각하지 않을 수 없다' 는 뜻으로 '思'라 했다 했습니다.

〈사정전〉

· 便殿 [便 **편** 편하다 殿 **전** 큰 집] 임금이 평소에 거처하는 건물.

교태전 交泰殿

'교차하는[交] 형상인 태괘의[泰] 성질을 가진, 즉 남녀가 교합하다' 라는 의미를 담고 있는 전각[殿]

交 교 사귀다, 서로
泰 태 크다, 괘卦 이름
殿 전 큰 집

'泰' 는『주역周易』의 괘卦 이름입니다. 태괘(䷊)는 양으로만 이루어진 건괘乾卦가 아래에, 음으로만 이루어진 곤괘坤卦가 위에 있는 모양의 괘입니다. 이는 위로 솟는 성질을 갖고 있는 건괘와 아래로 가라앉는 곤괘가 서로 교차하는 형상으로, 남녀가 교합하는 것을 상징합니다. 그래서 이를 통해 교태전은 경복궁의 침전寢殿임을 알 수 있습니다.

〈교태전〉

〈교태전 현판〉

〈양의문 현판〉

교태전의 문을 '양의문兩儀門' 이라 하는데, 여기서 '兩儀' 란 '음양陰陽' 을 가리키는 말입니다. 즉 '儀' 는 '우주의 큰 법' 이란 뜻으로, '兩儀' 는 '우주의 큰 양쪽 법인 음과 양' 을 말합니다.

궁궐 침전인 교태전(경복궁), 대조전(창덕궁), 통명전(창경궁)의 공통점

침전은 왕과 왕비가 동침하는 건물인데, 이 건물들에는 모두 용마루가 없습니다. 왜냐하면 용은 왕을 상징하는 상상의 동물인데, 용마루에 또 용이 있으면 다른 용이 위에서 누르는 모양이 되기 때문입니다.

『주역周易』의 괘卦

『주역』은 천지 자연의 변화 현상으로 인간 세계의 변화 현상을 설명하고, 이를 통해 처세의 지혜를 얻는 책입니다. '周易'은 '주周나라의 역易'이라는 말로, 易은 '바뀌다' '변하다', 즉 '천지 자연과 인간사의 변화하는 원리'라는 말입니다. 그래서 유교의 경전 가운데 삼경三經의 하나로 말할 때는 『역경易經』 또는 단순히 『역易』이라고도 부릅니다.

『역』은 우주 자연의 원리를 양陽(⚊)과 음陰(⚋)으로 설명하고 있습니다. 우주가 생겨날 때를 태극太極(☯)이라 하고, 태극이 둘로 갈라진 것이 음양입니다. 이 세상에는 음양 아닌 것이 없으며, 이는 절대적으로 고정된 것이 아니라 상대적입니다. 즉 하늘은 陽이고 땅은 陰이지만, 맑은 하늘은 陽이고 흐린 하늘은 陰입니다. 양(⚊)과 음(⚋)은 각각 둘로 갈라지고[사상四象 : 陽 → ⚌(노양老陽), ⚍(소음少陰), 陰 → ⚎(소양少陽)과 ⚏(노음老陰)], 이들은 다시 각각 둘씩 쪼개집니다. 이를 팔괘八卦 하는데, 종류는 다음과 같습니다.

⚌ → ☰(건乾) : 하늘 · 아버지 · 건健	☱(태兌) : 못 · 소녀少女 · 열悅
⚍ → ☲(리離) : 불 · 중녀中女 · 려麗	☳(진震) : 우뢰 · 장남 · 동動
⚎ → ☴(손巽) : 바람 · 장녀 · 입入	☵(감坎) : 물 · 중남中男 · 함陷
⚏ → ☶(간艮) : 산 · 소남少男 · 지止	☷(곤坤) : 땅 · 어머니 · 순順

※ ☰, ☷ 등에 나오는 낱개의 것인 '⚊'와 '⚋'를 효爻라 하고, '☰, ☷' 등과 같이 효爻 3개가 모인 것을 소성괘小成卦, 소성괘가 위 아래로 2개 겹쳐진 것을 대성괘大成卦라 함.

팔괘만 가지고 천지 자연의 현상을 설명하는 데 한계가 있기 때문에, 8가지를 둘씩 조합하여 64괘를 만들었습니다. 그리고 이 64괘에 따른 길흉화복을 설명한 것이 바로 『주역』입니다.

경회루慶會樓

'경사스런[慶] 만남[會]' 이란 의미를 담고 있는 누각[樓]

慶 **경** 축하하다
會 **회** 모이다
樓 **루** 다락집

하륜河崙의 「경회루기慶會樓記」에 따르면, '慶會' 란 이름은 태종太宗이 지었다 하며, 인군人君의 정사는 사람을 얻는 것을 근본으로 삼으니 사람을 얻은 뒤라야 '경회慶會' 라 할 수 있다고 하였습니다. '慶會' 는 '경사스러운 만남' 이란 뜻으로, '임금과 신하가 덕으로써 서로 만난다' 는 의미를 담고 있습니다.

경회루는 경복궁의 창건 당시 둥근 연못을 조성하면서 그 한가운데 만든 누樓로, 48개의 돌기둥으로 받치고 있으며, 외국의 사신을 접대하고 정부 관원의 연회장으로 썼습니다. 국보 제224호.

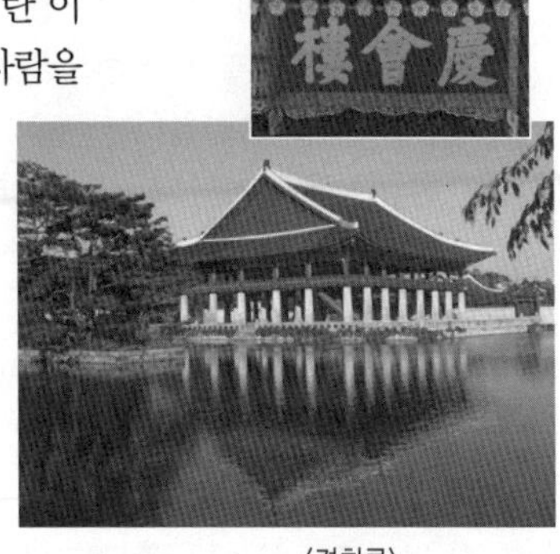

〈경회루〉

동십자각 東十字閣

동쪽에[東] 있는 십자 모양의[十字] 누각[閣]

東 **동** 동쪽
十 **십** 열
字 **자** 글자
閣 **각** 집, 누각

'十字' 는 누각의 모양이 '열 십[十]자 모양이기 때문에 붙여진 이름입니다.

동십자각은 궁궐의 궐闕[망루望樓]에 해당하는 것으로, 경복궁에는 본래 동십자각과 서십자각이 있었습니다. 일제 시대에 경복궁이 심하게 훼손되면서 현재에는 동십자각만 도로 한가운데 남아 있습니다. 서울특별시 유형문화재 제13호.

〈동십자각(옛 모습)〉

〈서십자각(옛 모습)〉

∥ 창덕궁 昌德宮 ∥

창덕궁은 서울 종로구 와룡동에 있는 궁궐로, 창경궁과 함께 동궐東闕이라 불렀습니다. 자세한 사항은 253쪽 '세계문화유산' 참조.

〈창덕궁 인정전〉

‖ 창경궁 ‖

창경궁 昌慶宮

'경사가[慶] 창성하다[昌]' 라는 의미를 담고 있는 궁궐[宮]

昌 **창** 번창하다
慶 **경** 축하하다
宮 **궁** 궁궐

'昌慶' 은 '경사가 창성하다' 라는 뜻입니다.

창경궁은 왕이 죽으면 왕의 부인들이 거처하게 할 목적으로 1483년(성종 14)에 만들어진 별궁別宮이었으나, 임진왜란 때 불타 없어졌다가 창덕궁과 함께 복구되면서 궁궐로 활용되기도 하였습니다. 일제 시대에는(1907년) 일본인들이 순종을 위로한다는 명분으로 동물원을 짓고 창경원昌慶苑으로 격하시켰으며, 일부 건물도 일본식으로 바뀌는 등 수난을 당했다가, 1986년 복원 사업으로 원래 상태로 돌아오게 되었습니다. 창경궁이 처음에 대비궁이었기 때문에, 다른 궁궐과 달리 정문인 홍화문과 정전인 명정전이 동쪽을 향해 있습니다. 현재 서울특별시 종로구 와룡동臥龍洞에 있으며, 사적 제123호로 지정되었습니다.

〈창경궁(동궐도)〉

■ 홍화문 弘化門 [弘 **홍** 넓다 化 **화** 되다, 교화敎化 門 **문** 문] 창경궁의 정문이며, 광해군 때(1616년)의 건물. 보물 제384호. '弘化' 는 '널리 덕화(교화)가 미치다' 라는 뜻.

〈홍화문(옛 모습)〉

■ 명정전 明政殿 [明 **명** 밝다 政 **정** 정치 殿 **전** 큰 집] 창경궁의 정전正殿으로, 대부분의 건물과 달리 동향으로 지어짐. 국

〈명정전〉

보 제226호. '明政'은 '정치를 밝힌다'는 뜻.

〈문정전〉

■ 문정전 文政殿 [文 **문** 글 政 **정** 정치 殿 **전** 큰 집] 창경궁의 편전便殿. '文政'은 '문치文治를 주로 하는 정치'란 뜻으로, 학문과 법령을 운용하여 나라를 다스리는 일을 말함.

■ 통명전 通明殿 [通 **통** 통하다 明 **명** 밝다 殿 **전** 큰 집] 왕비의 침전寢殿. 보물 제818호. '通明'은 '사리에 통달하여 밝다'는 뜻.

殿明通

〈통명전〉

함인정涵仁亭 내부 편액에 새겨진 한시漢詩

[涵 **함** 젖다 仁 **인** 어질다 亭 **정** 정자] '涵仁'은 '인을 간직하다'라는 뜻.

사시 四時

택 사 만 수 춘

봉 기 다 운 하

휘 명 양 월 추

송 고 수 령 동

〈함인정〉

도연명陶淵明이 지은 것으로 전해지지만 확실하지 않으며, 해석은 다음과 같습니다.

봄 물은 못마다 가득 차고, 여름 구름은 기이한 봉우리도 많도다.
가을 달은 밝은 빛을 발하고, 겨울 산마루엔 외로운 소나무가 빼어나도다.

‖ 덕수궁 ‖

덕수궁 德壽宮

'장수[德壽]' 라는 의미를 담고 있는 궁궐[宮]

德 덕 덕
壽 수 목숨, 오래 살다
宮 궁 궁궐

'德壽' 는 '덕이 높고 오래 산다' 는 뜻입니다.

덕수궁은 성종의 형인 월산대군月山大君의 집으로, 임진왜란 때 경복궁이 불타자 선조가 이 집을 임시 궁으로 이용하였습니다. 그 뒤에 선조가 죽고 광해군이 즉위할 무렵 창덕궁이 완성되면서 궁궐의 기능을 잃게 되고 이름도 경운궁慶運宮으로 바뀌었습니다. 지금의 이름은 고종이 태황제로 물러날 때, 고종의 만수무강을 비는 뜻에서 지어졌습니다. 현재 서울특별시 중구 정동에 있으며, 사적 제124호입니다.

■ 대한문 大漢門 [大 대 크다, 존경 · 찬미하는 말 漢 한 나라 이름, 은하수 門 문 문] 덕수궁의 정문. 대한문은 원래 '대안문大安門(큰 편안함을 주는 문)' 이던 것을 고종 때 '대한문' 으로 바꿈. 『경운궁중건도감의궤慶運宮重建都鑑儀軌』에 실린 상량문에 따르면, "대한大漢은 **소한**霄漢과 **운한**雲漢의 뜻을 취한 것이다" 하였음. 소한霄漢은 '하늘' 이란 뜻이고 운한雲漢은 '은하수' 란 뜻으로, 대한문이란 '크게[大] 하늘과[漢] 통하는 문[門]' 이란 의미임.

〈대한문〉

· 霄漢 [霄 소 하늘 漢 한 나라 이름, 은하수]
· 雲漢 [雲 운 구름 漢 한 나라 이름, 은하수]

■ 중화전 中和殿 [中 중 가운데 和 화 사이가 좋다 殿 전 큰 집] 덕수궁의 정전正殿. 보물 제819호. '中和' 는 '사람의 성정性情이 치우치지 않고 똑바르다' 는 뜻. 곧 덕성이 중용中庸을 잃지 아니한 상태를 말함. 『중용』의 "기쁨, 노여움, 슬픔, 즐거움이 발하지 않은 것을 中이라 하고, 발하여 모두 절도에

〈중화전〉

맞는 것을 和라 이른다. 中은 천하의 큰 근본이요, 和는 천하의 공통된 도리이다. 中과 和를 지극히 하면 천지가 제자리를 편안히 하고, 만물이 잘 생육될 것이다" 하는 말에서 따옴.

‖ 경희궁 ‖

경희궁 慶熙宮

'경사스럽고[慶] 화락하다[熙]' 라는 의미를 담고 있는 궁궐[宮]

慶 **경** 축하하다
熙 **희** 빛나다
宮 **궁** 궁궐

'慶' 과 '熙' 는 각각의 의미를 합해서 풀이해야 하는지, 유래가 있는 말인지는 알 수 없지만, '경사스럽고 화락하다' 는 뜻으로 추정할 수 있습니다. '熙' 자에는 '빛나다' 는 뜻 이외에 '넓다, 일으키다, 기뻐하다, 복' 등의 뜻이 있습니다. 경희궁은 서울 종로구 신문로 2가에 있던 궁궐로, 1620년(광해군 12)에 완공하면서 경덕궁慶德宮이라 하였다가, 1760년(영조 36) 경희궁으로 고쳤습니다. 그 뒤 일제 시대 때에는 여러 건물들이 이곳 저곳으로 이전되어 모두 없어졌다가, 숭전전崇政殿(원래 건물은 동국대학교 정각원)은 새 건물을 지어 복원하였고, 정문이었던 흥화문興化門은 장충동 신라호텔에서 1994년에 옮겨와 경희궁터 서울역사박물관 오른쪽 언덕 위에 자리를 잡았습니다. 경희궁터는 사적 제271호입니다.

〈흥화문〉

〈숭정전〉

■ 흥화문 興化門 [興 **흥** 흥하다 化 **화** 되다, 교화敎化 門 **문** 문] '興化' 는 '덕화(교화)를 흥기시킨다' 는 의미임. 경희궁의 정문. 서울특별시 유형문화재 제19호.

■ 숭정전 崇政殿 [崇 **숭** 우러르다 政 **정** 정치 殿 **전** 큰 집] "崇政' 은 '정사를 드높인다' 는 의미임. 희궁의 정전正殿. 서울특별시 유형문화재 제20호.

궁궐 주요 전각 명칭 비교

궁궐宮闕	정전正殿	편전便殿	침전寢殿	정문正門
경복궁景福宮	근정전勤政殿	사정전思政殿	교태전交泰殿	광화문光化門
창덕궁昌德宮	인정전仁政殿	선정전宣政殿	대조전大造殿	돈화문敦化門
창경궁昌慶宮	명정전明政殿	문정전文政殿	통명전通明殿	홍화문弘化門
덕수궁德壽宮	중화전中和殿		관명전觀明殿	대한문大漢門
경희궁慶熙宮	숭정전崇政殿			흥화문興化門

궁궐 정문 명칭의 공통점

'化' 는 '교민화속敎民化俗' 에서 나온 말로 '윗사람이 덕德으로 백성을[民] 가르쳐[敎] 풍속을[俗] 순화하겠다[化]' 는 뜻이며, 덕망과 유교적 교양을 갖춘 왕이 우매한 백성을 교화하는 것을 '정치' 라고 생각했기 때문에 정문 이름에 '化' 를 넣었음.

· 광화光化 : 교화敎化(덕화德化)를 밝힘.
· 돈화敦化 : 교화敎化(덕화德化)를 도탑게 함.
· 홍화弘化 : 교화敎化(덕화德化)를 널리 폄.
· 흥화興化 : 교화敎化(덕화德化)를 흥하게 함.
· 인화仁化 : 인덕仁德을 교화 · 감화시킴. (덕수궁의 정문. 뒤에 동쪽문인 대한문이 정문으로 바뀜)

'정政' 이 들어가는 현판 명칭의 이해

궁궐 전각의 현판은 거의 고전에서 인용하여 이름을 짓는데, 'O政' 이라고 되어 있는 경우, 'O' 과 '政' 모두를 고전에서 인용하지 않고, '政' 을 제외한 나머지 글자만 인용하고 '政' 은 형식적으로 붙였다고 합니다. 경복궁의 일부 현판 명칭은 유래에 대한 자료를 구할 수 있었지만, 다른 궁궐에 대한 자료는 구할 수 없어 일반적인 의미의 풀이로 대체하였습니다.

4. 건축의 이해

| 한자로 보는 건물의 용도 |

건물 현판 이름의 끝 한자를 통해 그 건물의 기능과 주인의 신분을 알 수 있습니다. 궁궐 건물 이름의 서열은 대개 전殿, 당堂, 합閤, 각閣, 재齋, 헌軒, 루樓, 정亭 등의 순으로 낮아집니다.

■ 殿 [殿 **전** 큰 집] 왕이나 왕비 또는 왕의 어머니나 할머니 같은 사람들이 사는 집. 예) 근정전勤政殿(경복궁)

■ 堂 [堂 **당** 집] 전殿보다 격이 낮은 집으로, 왕은 당堂에도 기거하지만 세자는 전에는 기거할 수 없음. 예) 희정당熙政堂(창덕궁)

■ 閤, 閣 [閤 **합** 집 閣 **각** 집] 전殿과 당堂보다 격이 한층 떨어지는 건물로, 그것을 보조하는 경우가 많음. 예) 경훈각景薰閣(창덕궁), 공묵합恭默閤(창경궁)

■ 齋, 軒 [齋 **재** 깨끗이 하다, 집 軒 **헌** 집] 대체로 왕실 가족의 주거 공간이거나 관원들의 업무 공간에 붙음. 예) 낙선재樂善齋(창덕궁), 기오헌寄傲軒(창덕궁)

■ 樓 [樓 **루** 다락집] 지면에서 한 길 정도 높이 지은 마루이거나 혹은 이층집인 경우 이층을 가리킴. 이층을 樓라 할 때 일층은 閣이라고 따로 이름을 붙임. 예) 경회루慶會樓(경복궁)

■ 亭 [亭 **정** 정자] 경치 좋은 곳에 지은 작은 휴식 공간. 예) 부용정芙蓉亭(창덕궁)

위 한자들이 엄격한 법칙성을 갖는 것은 아니지만 대체로 공식 행사→일상생활→특별 용도→휴식의 순서대로 건물들의 위상을 나타낸다고 할 수 있습니다. 또한 끝의 한자뿐만 아니라 이름 속에 들어간 한자를 통해 건물의 용도

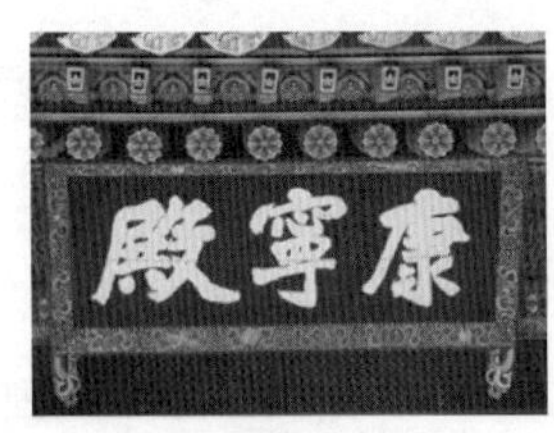

〈강녕전(경복궁)〉

를 알 수 있는 경우도 있습니다. 만약 이름에 '德[덕 덕]' 이나 '康[강 편안하다]' 이 들어가면 물러난 왕이 살던 곳으로, 여기에는 '오래 살라' 는 의미가 담겨 있고, '慈[자 사랑하다]' 나 '壽[수 목숨]' 가 들어간 건물은 대개 왕의 어머니인 대비나 왕위에서 물러난 임금이 머무는 곳을 가리킵니다.

건물 이름에 쓰는 한자의 위계는 사찰에서도 볼 수 있습니다. 부처를 모시면 '대웅전大雄殿' 처럼 '殿' 을 쓰고, 사람을 모신 건물은 '조사당祖師堂' 처럼 '堂' 을 씁니다.

성균관이나 향교에서도 공자의 위패를 모신 건물은 '대성전大成殿' 이라 하여 '殿' 을 쓰고, 유생들의 학문 공간은 '명륜당明倫堂' 이라 하여 '堂' 을 씁니다. 일반 집에서는 절대로 '殿' 자를 쓸 수 없습니다. 그래서 '殿' 을 제외한 나머지 한자들은 궁궐이나 사찰 외의 유적지에서도 종종 볼 수 있습니다.

이 외에 위상과 관련 없이 집이나 건물들의 이름에 붙은 한자나 관련 명칭엔 다음과 같은 것들이 있습니다.

- ■ 館 [館 관 집] 본래 '여관' 의 뜻을 담고 있으며, 관청 · 학교 등 사람이 상주하지 않는 건물 이름에 많이 씀. 예) 성균관成均館, 홍문관弘文館
- ■ 院 [院 원 집] 담이나 울타리를 두른 궁실宮室, 관청 등 다양한 경우에 사용됨. 예) 서원書院, 승정원承政院
- ■ 臺 [臺 대 높고 평평한 곳] '사방을 바라보기 위하여 흙을 높이 쌓은 곳' 을 뜻하는 한자로, 주위를 멀리 바라볼 목적으로 높은 곳에 설치한 건물에 주로 씀. 예) 첨성대瞻星臺
- ■ 垈 [垈 대 집터] '집터' 란 뜻으로, 주로 유명한 사람이 태어났던 곳에 씀. 예) 낙성대落星垈(서울 관악구 봉천동에 있는 고려시대 강감찬姜邯贊 장군의 출생지로, 하늘에서 큰 별이 떨어진 날, 장군이 태어났다고 하여 붙여진 이름), 판관대判官垈(강원도 평창군 봉평면에 있으며, 신사임당이 율곡 이이 선생을 잉태한 곳으로, 선생의 부친인 이원수가 당시 자신의 벼슬 이름을 따서 붙인 이름.)
- ■ 園 [園 원 동산, 별장] 주로 과수원과 같은 넓은 밭이나 동산,

혹은 왕족의 무덤 등에 쓰이지만, 집과 관련되어서는 주변 환경과 어울려 아름답게 꾸민 집에 쓰기도 함. 예) 소쇄원瀟灑園(1530년 소쇄 양산보梁山甫가 전라남도 담양군 남면에 건립한 집의 이름으로, 여러 채의 건물이 함께 있음)

〈소쇄원 광풍각〉

■ 옛집, 고가古家, 고택古宅, 가옥家屋, 생가生家 [古 **고** 옛 家 **가** 집 宅 **택** 집 屋 **옥** 집 生 **생** 살다] 모두 훌륭한 인물이 살던 곳이나 보존 가치가 높은 집을 가리키는 말. 이 가운데 생가生家는 죽은 지 오래 되지 않거나 생존해 있는 경우에 씀. 이 외에 '종택宗宅'이란 명칭을 쓰는 곳은 '종가집'으로 이해하면 됨.

■ 초당草堂 [草 **초** 풀 堂 **당** 집] 초가집. 유적으로 보존된 건물들의 지붕은 대부분 기와로 얹어졌지만, 이엉으로 지붕을 인 경우엔 초가草家나 초당草堂이라 부름. 예) 다산초당茶山草堂(다산 정약용이 유배 생활을 하며 조선 실학을 집대성했던 곳으로, 전남 강진에 있음. 그러나 복원하면서 기와로 바뀜)

〈다산초당〉

■ 정사精舍 [精 **정** 자세하다, 정신 舍 **사** 집] 학문을 가르치거나 불도를 닦는 집. 예) 남간정사南澗精舍(1683년에 송시열이 지은 서당 건물로, 대전광역시 동구 가양동에 있음)

■ 객사客舍 [客 **객** 손님 舍 **사** 집] 중앙에서 파견된 사신들이 이용하던 숙박 시설. 예) 전주객사, 강릉객사(고려 태조 19년에 임영관臨瀛館이라는 이름으로 지어짐. '臨瀛'은 강릉의 옛 이름)

〈전주객사〉

■ 적려謫廬 [謫 **적** 귀양가다 廬 **려** 오두막집] 죄인이 유배 생활을 했던 곳. 만약에 적려의 터만 남았다면 적려유허지라 부름. 전남 화순군 능주면에는 기묘사화己卯士禍 때 귀양 왔다가 사약을 받고 죽은 정암靜庵 조광조趙光祖의 죽을 당시의 터에 적려유허비가 있음.

■ 유허지遺墟址 [遺 **유** 남기다 墟 **허** 터 址 **지** 터] 훌륭한 인물이 태어나거나 기거하던 곳에 남아 있는 자취가 없을 경우, 그를 기억하고 기리기 위해 그 지역에 붙이는 이름. 유허지 주변에는 사당이나 비碑를 세우기도 함. 대표적인 예로는 의암義菴 손병희孫秉熙의 유허지가 충북 청원군 북이면에 있음.

■ 적거지謫居地 [謫 적 귀양가다　居 거 살다　地 지 땅] 글자 뜻대로 유배 가서 살던 곳을 가리키는 말. 대표적인 곳으로는 추사秋史 김정희金正喜가 9년간 유배 생활을 했던 남제주군 대정읍 안성리에 있는 추사적거지가 유명함.

〈추사 적거지〉

| 목조 건축의 이해 |

목조 건축물은 크게 기단, 몸채, 지붕 세 부분으로 나눌 수 있습니다.

‖ 기단 부분 ‖

기단 基壇

건물의 기초가 되는[基] 부분으로, 돌을 쌓아놓고 평평하게 만든 것[壇]

基 기 터
壇 단 높고 평평한 곳

기단은 땅 위에 높은 단을 세우고 주변에 돌을 쌓아 올린 것을 말합니다. 기단을 만드는 이유는 건물을 지면보다 높게 하여 사람들이 우러러보도록 하거나, 수재水災 등으로부터 보호하기 위해서입니다. 또한 건물의 하중을 땅에 전달하고, 습기 방지와 통풍의 기능도 있습니다.

〈기단〉

월대 月臺

달을[月] 바라보는 높고 평평한 곳[臺]

月 월 달
臺 대 높고 평평한 곳

월대는 집을 높여 짓기 위해 높은 돌기단을 만들고, 그 앞에 다시 쌓은 기단으로 건물 앞 넓은 공간을 말합니다. 궁궐의 정전과 같은 중요한 건물 앞에 설치하며 궁중의 각종 행사가 있을 때 이용합니다. 월대越臺[越 월 넘다]라고도 하며 대개 네모반듯한 모양의 넓은 단으로, 그 위에 지붕이나 다른 시설을 하지 않습니다. 月을 쓰는 이유는 '달을 바라보는 대' 라는 말에서 유래했다는 설이 있습니다.

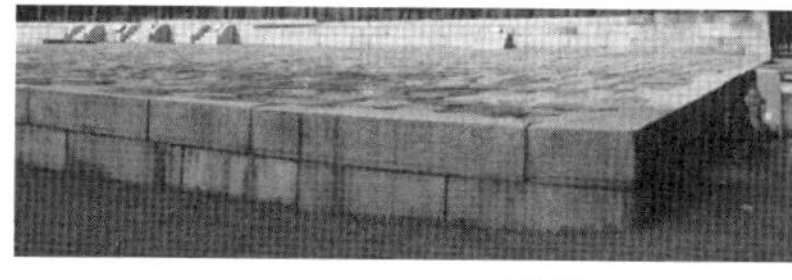
〈월대〉

‖ 몸채 ‖

몸채는 기단 위, 지붕 아래를 가리키며, 기본적으로 나무 기둥을 세우고 기둥 위에 대들보를 걸어 지붕의 힘을 받도록 합니다. 그래서 기둥과 대들보에는 '가장 중요하다'는 의미가 담겨 있습니다.

기둥

기둥은 주춧돌 위에 세우며, 대들보나 도리를 받칩니다. 기둥과 기둥 사이를 '칸[간間]'이라 하는데, 정면 3칸, 측면 2칸이라 하면 기둥을 정면에는 4개, 측면에는 3개를 세웠다는 말입니다. 기둥 모양에 따라 곧은 기둥, 민흘림 기둥, 배흘림 기둥으로 나눕니다. '흘림'은 본래 '글씨를 바르게 쓰지 않고 갈겨쓰는 것'을 말합니다. 건축에서도 기둥을 일직선으로 깍지 않고 기둥머리를 아래쪽보다 조금 가늘게 하여 곡선으로 만드는 방식이 있는데, 이것을 배흘림이라 합니다. 즉 기둥의 몸인 배가 기둥머리나 기둥뿌리보다 불룩한 기둥을 말합니다. 배흘림은 아름다움을 추구할 뿐만 아니라, 위에서 누르는 힘이 기둥의 중간 부분에 집중된다는 공학적 측면에서 볼 때, 완벽한 건축 방법이라 할 수 있습니다. 배흘림이 가운데를 조금 불룩하게 한 것이라면 민흘림은 아랫부분을 좀더 굵게 하는 방법입니다.

〈배흘림(좌)과 민흘림(우)〉

〈그랭이질- 기둥의 밑 부분을 주춧돌의 표면 모양에 따라 맞추어 깎는 것〉

문 門

門 문 문

문의 기본적인 기능은 출입을 제한하는 것이지만, 여기에 채광採光 · 환기換氣 등의 기능적인 측면과 여러 문양으로 장식성도 가미합니다. 기둥 사이에 문을 끼워 넣기 위해서는 문설주(문의 양쪽에 세워 문짝을 끼워 다는 기둥)와 문지방(문의 밑 부분에 건너지르는 나무)을 설치합니다. 그리고 문에는 보통 창호지와 문살을 붙입니다. 문살은 정자井字[井 **정** 우물]살문, 띠[帶 **대** 띠]살문 등 다양한 문양이 있습니다.

〈띠살문〉

‖ 지붕 부분 ‖

지붕은 건물의 제일 위에 설치하여 구조물을 가리고 보호하는 기능을 합니다. 비나 눈이 흘러내리도록 ∧형태로 만들어지며, 기와 · 이엉 · 돌 · 나무껍질 등의 재료를 이용합니다. 지붕은 멀리서도 가장 잘 보이는 곳이기 때문에, 우리나라에서는 지붕의 선이 자연스럽게 나타나는 기와를 흔히 이용하였고, 지붕의 모양도 다양하게 만들었습니다.

지붕 구조의 명칭

서까래
중도리
창방
대들보
종보
종도리

■ **도리** : 지붕의 서까래를 받치는 나무로 들보에 직각 방향으로 얹어 놓음. 위치에 따라 종도리, 중도리 등으로 불림.

■ **서까래** : 지붕판을 만들고 추녀를 구성하는 가늘고 긴 나무. 도리 위에 얹은 다음 못질을 하여 고정시킴.

■ **창방** : 좌우 기둥을 옆으로 연결해주는 나무.

■ **들보** : 지붕의 하중을 떠받치는 굵은 나무로 기둥과 기둥을 건너지름. 크기와 위치에 따라 대들보, 종보 등으로 불림

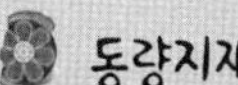

동량지재棟梁之材

[棟 **동** 용마루, 마룻대 梁 **량** 대들보 之 **지** ~의, ~하는 材 **재** 재목]

도리(마룻대)와 대들보가 될 만한 재목. 즉 한 집안이나 나라의 중심이 될 만한 인물. =棟樑之材.

공포 栱包

栱 공 두공
包 포 감싸다

지붕의 높이가 낮으면 내려앉은 집처럼 모양도 어색해지고 햇빛도 잘 들어오지 않으므로 지붕의 위치를 높이기 위해 기둥과 도리 사이에 넣는 구조물을 공포라고 합니다.

공포는 이 외에 여러 기능을 갖고 있습니다. 목조 건물에 비가 닿지 않도록 처마를 길게 내어주는데, 이때 서까래를 받쳐주는 공포를 설치하여, 건물 지붕의 무게를 분산 혹은 집중시켜 구조적으로 안정시켜 주고, 지붕과 기둥 사이를 화려하게 꾸미는 기능도 있습니다. 공포는 외형적 배치 형식에 따라 주심포柱心包, 다포多包로 구분합니다.

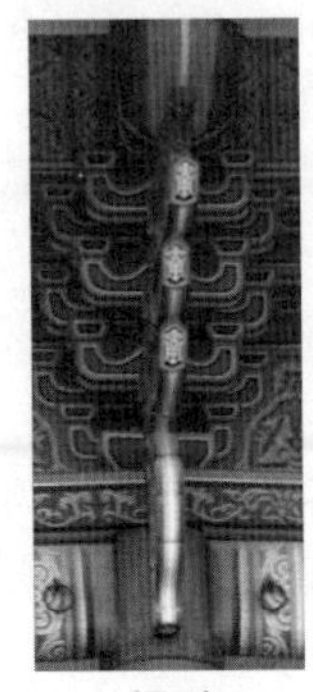
〈공포〉

지붕 얹는 방식

■ 주심포 柱心包 [柱 주 기둥 心 심 마음, 한가운데 包 포 감싸다] 기둥[柱] 위 중심에[心] 공포를[包] 설치하는 방식으로, 단정하고 절제미가 돋보임.

■ 다포 多包 [多 다 많다 包 포 감싸다] 공포를[包] 많이[多] 설치하는 방식으로, 주심포는 공포를 건물 기둥 위에만 설치하지만, 다포는 건물을 화려하게 꾸미기 위해 기둥과 기둥 사이에도 공포를 설치하는 방식. 이 방식은 위쪽의 무게가 기둥뿐만 아니라 벽을 통해서도 전달되므로, 이 부담을 막기 위해 창방 위에 평방이라는 나무를 하나 더 올려 놓음. 화려한 형태이므로 경복궁의 근정전이나 사정전같이 격식이 높은 건물에 쓰임.

〈주심포(좌)와 다포(우)〉

쇠서
주두

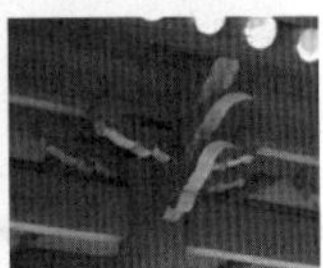
〈초익공(좌)과 이익공(우)〉

■ 익공 翼工 : 주심포와 비슷한 형식이나 주두 밑에 끝 부분이 쇠서(소의 혀) 모양인 나무를 엮고 그 위에 들보를 얹어놓는 방식. 쇠서가 밖으로 하나만 나와 있으면 초익공, 두 개가 나와 있으면 이익공이라고 함. 이 형식은 사찰의 부속 건물이나 궁궐의 편전, 서원, 상류 주택 등 조선 시대의 각종 건물에 폭넓게 사용됨.

■ 민도리 : 민가民家에서 많이 쓰이며, 기둥 끝에 창방을 얹고 그 위에 바로 서까래를 거는 방식. 이때 창방이 네모로 각진 나무면 납도리[각도리角道里]라 부르고, 둥글게 깎으면 굴도리[원도리圓道里]라 함.

마루

마루란 지붕 면과 지붕 면이 만나거나, 지붕 면이 끝나는 부분에 기와를 쌓아 마무리한 낮은 담 같은 것을 가리킵니다. 마루는 크게 셋으로 나뉘는데, 용마루는 앞뒤 지붕이 서로 만나는 경계에 있는 것이고, 내림마루는 용마루 양끝에서 수직으로 내려오는 마루이고, 추녀마루는 용마루 양끝이나 내림마루 끝에서 지붕의 네 꼭지점으로 비스듬히 내려오는 마루입니다.

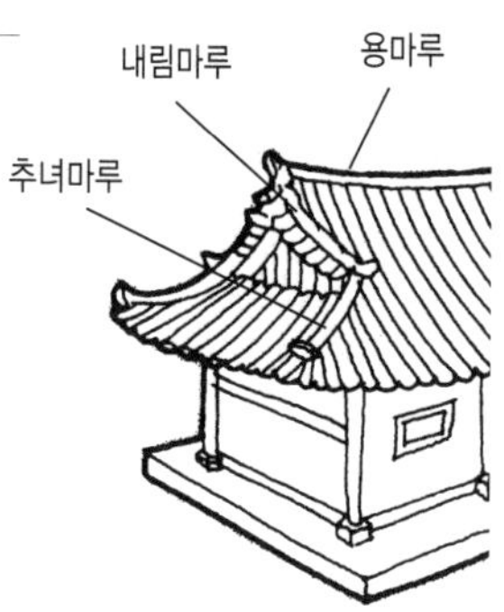

모양에 따른 지붕의 분류

전통 한옥의 지붕 모양은 맞배, 우진각, 팔작 세 가지의 기본형이 있습니다.

■ 맞배 지붕 : 가장 기본형으로, 용마루만 있음. 규모가 작거나 부속 건물로 쓰이는 집에 주로 사용하고, 경건한 기품이 느껴짐.

■ 우진각 지붕 隅進角 지붕 [隅 **우** 모퉁이 進 **진** 나아가다 角 **각** 뿔, 모서리] 맞배와 팔작의 중간 형태로, 내림마루가 없고 용마루에서 추녀마루로 이어짐. 성문이나 누문樓門에 많이 사용함.

■ 팔작 지붕 八作 지붕 [八 **팔** 여덟 作 **작** 만들다] 용마루, 내림마루, 추녀마루가 모두 있음. 화려하고 위용이 있어 격이 높은 궁궐이나 사찰의 전각殿閣에 많이 이용되며, 지붕의 무게를 지탱하기 위해 다포 양식을 취함.

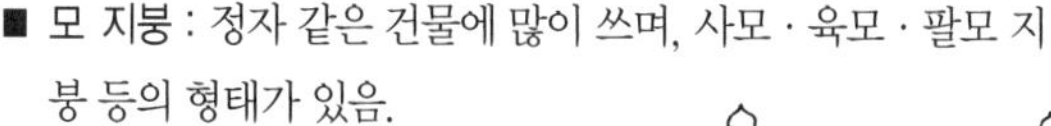

■ 모 지붕 : 정자 같은 건물에 많이 쓰며, 사모 · 육모 · 팔모 지붕 등의 형태가 있음.

사모지붕 육모지붕 팔모지붕

재료에 따른 지붕의 분류

- 초가 지붕 : 갈대나 볏짚으로 이은 지붕.
- 너와 지붕 : 나무껍질, 판자 등으로 이은 지붕.
- 굴피 지붕 : 두꺼운 나무껍질로 이은 지붕.
- 돌 지붕 : 넓적한 돌을 이용하여 이은 지붕.
- 기와 지붕 : 기와를 이용하여 이은 지붕.

기와

기와는 지붕 위에서 눈이나 빗물이 새는 것을 막고 이를 흘러내리게 하며, 건물의 경관과 치장을 위해 사용됩니다. 한자로는 瓦[와 기와]를 쓰며, **암키와**와 **수키와**로 나뉩니다.

· 암키와 : 밑바닥에 깔며 넓게 휘어진 기와로, 지붕을 덮는 주된 기와. 한자로는 앙와仰瓦[仰 **앙** 우러르다], 여와女瓦[女 **녀** 여자], 빈와牝瓦[牝 **빈** 암컷]으로 씀.

· 수키와 : 암키와의 위에 올려놓으며, 암키와와 암키와의 틈새를 막는 둥글고 길쭉한 기와. 한자로는 동와童瓦[童 **동** 아이], 부와夫瓦[夫 **부** 남편, 사나이], 모와牡瓦[牡 **모** 수컷]로 씀.

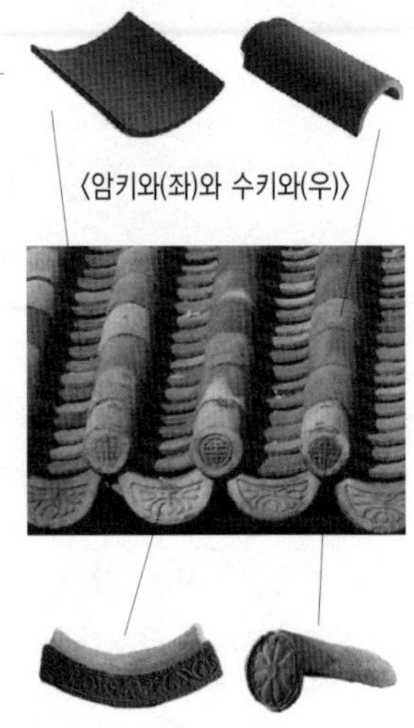

〈암키와(좌)와 수키와(우)〉

〈암막새(좌)와 수막새(우)〉

막새

막새는 암키와와 수키와의 끝 부분, 즉 추녀 끝에 사용되는 기와로, 여기에 연꽃 · 귀신 얼굴 · 동물 등 여러 무늬를 집어넣습니다. **암막새**와 **수막새**로 나뉘며, 한자로는 **와당**瓦當이라고 합니다.

· 암막새 : 암키와와 짝을 이룰 수 있도록 넓게 됨.

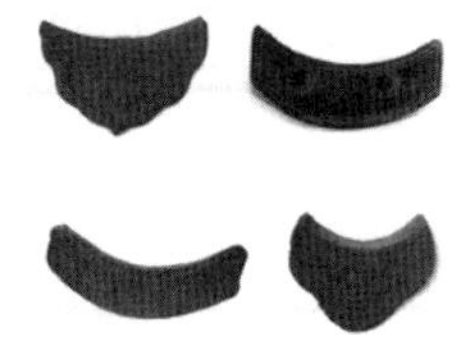

〈여러가지 무늬의 암막새〉

· 수막새 : 수키와와 짝을 이룰 수 있도록 둥글게 만듦.

· 瓦當 [瓦 **와** 기와 當 **당** 마땅하다, 마주 대하다] 처마 사이를 덮는 기와는 뭇 기와들의 맨 끝에 해당하고[當], 또 처마 끝에 늘어서 있어서 기와와 기와가 서로 맞닿아[當] 있는 부분이므로 '當' 자를 붙혔다 함. '當' 은 원래 '밭과 밭이 마주 대하다' 는 뜻인데, '마주 대하다' 는 뜻의 접두사 '맞' 과 '땅(밭)' 이 결합하여 '맞땅' (고어로는 맛쌍) → '마땅' 이 된 것임.

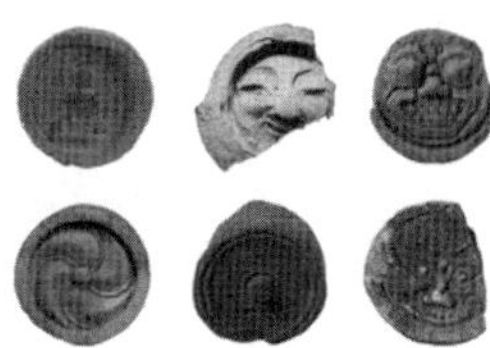

〈여러 가지 무늬의 수막새〉

연화문 와당 蓮花文瓦當 = 연화 무늬 와당

연꽃[蓮花] 무늬가[文] 새겨진 막새[瓦當]

蓮 **련** 연꽃
花 **화** 꽃
文 **문** 글, 무늬
瓦 **와** 기와
當 **당** 마땅하다, 마주 대하다

연화 무늬 와당은 막새에 연꽃 무늬를 집어넣은 것을 말합니다. 연꽃 무늬는 불교에서 대자대비大慈大悲의 상징으로 사용되고 있으며, 우리나라의 유물 가운데 연꽃 무늬가 등장하기 시작한 것은 바로 이 와당부터입니다.

〈연화 무늬 와당〉

망새

망새는 지붕마루 끝에 대는 기와입니다. 한자로는 **망와**望瓦라고 하며, 달리 취두鷲頭, 치미鴟尾라고도 합니다.

· 望瓦 [望 **망** 바라다, 바라보다 瓦 **와** 기와]

지붕의 장식

지붕의 장식은 건물의 권위를 나타내면서 재앙과 악귀를 막는 주술적인 의미가 있습니다. 대부분 '높다' 라는 상징성을 갖기 위해 설치하는 것들입니다. 그 가운데 솔개와 독수리는 하늘을 나는 새 가운데 가장 강하고 힘찬 것들입니다.

■ **치미 鴟尾** [**鴟 치** 솔개 **尾 미** 꼬리] 고대 목조 건축에서 용마루 양 끝에 붙이던 큰 기와. 일반적으로 솔개의 꼬리라고 하며, 길상吉祥과 벽사辟邪의 상징으로 쓰임.

· **吉祥** [**吉 길** 좋다 **祥 상** 좋은 조짐] 경사스러운 일이 일어날 조짐.

· **辟邪** [**辟 벽** 임금, 제거하다 **邪 사** 간사하다, 나쁜 기운] 사악한 귀신을 물리침.

〈치미〉

■ **취두 鷲頭** [**鷲 취** 독수리 **頭 두** 머리] 용마루 끝에 치미 대신 올리는 기와. 취두는 독수리의 머리 형상이며, 모든 재앙과 악귀를 막아 주기를 바라는 뜻으로 설치함.

〈취두〉

■ **용두 龍頭** [**龍 룡** 용 **頭 두** 머리] 내림마루의 아래 끝에 설치한 용의 얼굴을 장식한 기와. 건물을 보호하는 의미가 담겨 있음.

〈용두〉

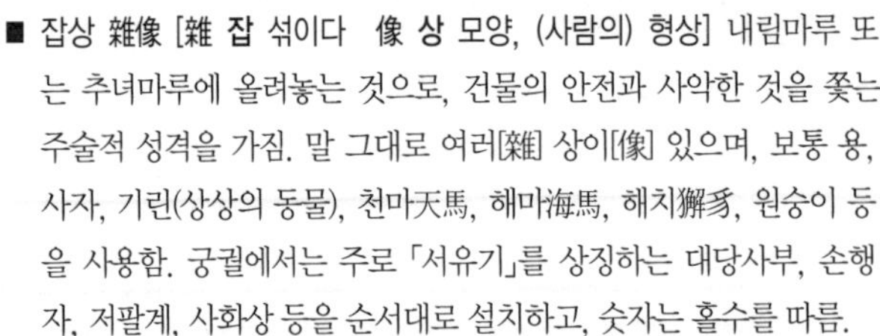

■ **잡상 雜像** [**雜 잡** 섞이다 **像 상** 모양, (사람의) 형상] 내림마루 또는 추녀마루에 올려놓는 것으로, 건물의 안전과 사악한 것을 쫓는 주술적 성격을 가짐. 말 그대로 여러[雜] 상이[像] 있으며, 보통 용, 사자, 기린(상상의 동물), 천마天馬, 해마海馬, 해치獬豸, 원숭이 등을 사용함. 궁궐에서는 주로 「서유기」를 상징하는 대당사부, 손행자, 저팔계, 사화상 등을 순서대로 설치하고, 숫자는 홀수를 따름.

〈잡상〉

잡상에는 『서유기』에 나오는 삼장법사, 손오공, 저팔계를 올려놓기도 하고, 아니면 무사의 모습이나 신선을 조각해서 올려놓기도 하는데, 왜 그런지는 유래가 확실하지 않습니다. 잡상은 아무 건물에나 설치하지 못했습니다. 궁궐이나 왕과 관련이 있는 건물, 도성都城의 성문, 성균관成均館 등으로 한정되며 민가, 절, 서원, 지방 향교에는 잡상을 설치하지 않았습니다.

| 전통 주택 |

‖ 본채 ‖

■ 안채 보통 안방, 안대청, 건넌방, 부엌으로 구성되어 있으며, 가족들의 의식주를 전담하는 여성들의 공간.

■ 사랑舍廊채 [舍 사 집 廊 랑 복도, 행랑] 집안의 남자들이 공부를 하거나 손님을 대접하던 공간. 부유한 집은 사랑채가 독립된 건물로 있었지만, 주로 대문 가까이에 있는 바깥쪽 방을 사랑방으로 이용했음.

■ 부엌 부유한 집은 따로 별채에 두는 경우도 있지만, 주로 안채의 안방 옆에 둠.

안채와 사랑채의 구별 이유

안채와 사랑채가 구별되는 이유는 '부부유별夫婦有別', '남녀칠세부동석男女七歲不同席(남자와 여자는 일곱 살이 되면 잠자리를 같이하지 않는다)' 등과 같은 유교적 윤리에 의해 남녀의 생활 영역을 분리했기 때문입니다.

■ 찬방饌房 [饌 찬 반찬 房 방 방] 중 · 상류 가옥에서나 볼 수 있는 부엌과 인접한 공간으로, 밥상을 차리는 데 필요한 주방기구가 마련되어 있으며 음식물을 보관하기도 했음.

■ 대청大廳 [大 대 크다 廳 청 관청, 마루] 오늘날 거실에 해당하며 안방과 건넌방 사이, 사랑채의 큰 방 앞의 넓은 마루를 가리킴.

‖ 별채 ‖

■ 행랑行廊채 [行 행 다니다 廊 랑 복도, 행랑] 대문 가까운 곳에 하인들이 기거하거나 곡식 등을 저장해두는 창고로 쓰는 방. '行廊'은 주로 '대문의 양쪽이나 문간 옆에 있는 방'을 뜻함.

■ 사당 祠堂 → 가묘(p 90) 참조.

■ 별당 別堂 [別 **별** 다르다, 따로 堂 **당** 집] 규모가 큰 집에서 집의 뒤, 안채의 뒤쪽에 자리하고 있는 건물. '별당아씨' 라는 말이 따로 있듯이, 이곳에는 며느리나 혼인할 나이가 된 딸이 거처하거나 은퇴한 노부부가 기거함.

■ 곳간 - 부유한 집안에서 음식이나 여러 생활용품들을 저장하는 곳.

99칸

전통 주택은 아무리 부자라 하더라도 한 집의 크기를 99칸으로 제한했습니다. 100칸 이상은 왕이 사는 궁궐에만 지을 수 있었습니다. 이때의 칸이란 기둥과 기둥 사이를 일컫는 단위입니다.

〈강릉의 선교장〉

5. 무덤과 비석

| 무덤 |

토우 土偶

흙으로[土] 빚어 만든 인형[偶]

土 **토** 흙
偶 **우** 짝, 허수아비

토우는 사람이나 동물을 본떠 만든 토기를 가리키는 말로 흙으로 만든 인형이란 뜻입니다. 넓은 의미에서 사람의 모습뿐 아니고 동물, 생활 용구, 집 등 모든 것을 본뜬 것입니다. 고대의 토우는 장난감이나 애완용으로 만든 것, 주술적인 우상으로 만든 것, 무덤에 넣기 위한 껴묻거리(=**부장품**副葬品) 등으로 구분할 수 있습니다. 토우의 종류에는 상형토기象形土器, 독립된 형태의 **토용**土俑, 장식용의 작은 토우가 있습니다. 이러한 토우는 당시의 우주관이나 사생관死生觀을 해석하는 데 중요한 구실을 하며, 사회상 · 생활상 연구에 좋은 자료가 됩니다.

· 副葬品 [副 **부** 다음, 딸리다 葬 **장** 장사 지내다 品 **품** 물건] 장사 지낼 때, 함께 묻는 물품의 총칭.
· 土俑 [土 **토** 흙 俑 **용** 허수아비] 토우의 한 종류로, 순장에 사용한 껴묻거리에 국한함. 대표적인 것은 진시황제의 능에서 나온 병마용兵馬俑이 있음.

〈진시황릉 병마용〉

〈여러 가지 토우와 토용〉

가. 무덤의 종류

무덤의 시대별 구분

· 청동기~초기 철기 : 고인돌, 돌널무덤, 독널무덤, 널무덤.
· 초기 철기 : 이전 무덤 형태 계승, 소형의 돌덧널무덤, 널무덤, 이음식 독널무덤이 새롭게 출현.
· 원삼국 시대 : 고인돌, 널무덤은 자취를 감추고, 소형 돌덧널무덤, 덧널무덤.
· 고구려 : 초기엔 돌무지무덤, 4세기 이후 돌방무덤.
· 백제 : 돌무지무덤, 돌방무덤, 벽돌무덤(중국 남조南朝의 영향).
· 신라 : 초기엔 돌덧널무덤에서 돌무지덧널무덤으로, 통일 후에는 돌방무덤.
· 가야 : 돌덧널무덤이 보편적이고 돌방무덤도 있었음.

패총 貝塚

貝 패 조개
塚 총 무덤

조개[貝] 무덤[塚]

패총은 해안 · 강변 등에 살던 선사시대 사람이 버린 조개 · 굴 등의 껍데기가 쌓여서 무덤처럼 이루어진 유적을 가리킵니다. 조개무지 · 조개무덤 · 조개더미 유적이라고도 합니다.

〈통영연대도패총統營煙臺島貝塚〉

고인돌

〈고창 고인돌〉

'고인' 은 '괴다' · '고이다' 란 말로, '괴다' 는 '(세우려는 물건이 쓰러지거나 기울지 않도록) 아래를 받쳐주다' 는 뜻입니다.

고인돌은 아래의 굄돌이 위의 얹는 돌을[石] 지탱하도록[支] 만든 무덤으로, 청동기 시대 우리나라 전역에서 발견되는 대표적 무덤입니다. 보통 4개의 굄돌을 세워 돌방을 만들고 그 위에 거대하고 평평한 덮개 돌을 얹어놓은 형태입니다. 한자어로는 **지석묘**支石墓라고 합니다.

· 支石墓 [支 **지** 갈라져 나오다, 떠받치다 石 **석** 돌 墓 **묘** 무덤]

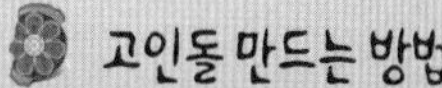

고인돌 만드는 방법

땅을 파서 2개나 4개의 굄돌을 세우고, 굄돌의 꼭대기까지 흙을 덮은 다음, 덮개 돌을 흙 위로 끌어올려 고정시킨 뒤, 흙을 제거함.

독무덤

독무덤은 독(항아리)을[甕] 널로[棺] 이용한 무덤으로, 항아리 한 개를 세우거나 두 개나 세 개를 붙여(이음식 독널무덤) 뉘인 형태입니다. 한자어로는 **옹관묘**甕棺墓라고 합니다.

· 甕棺墓 [甕 **옹** 독 棺 **관** 널 墓 **묘** 무덤]

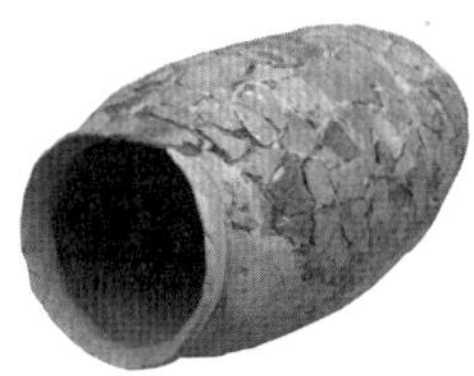

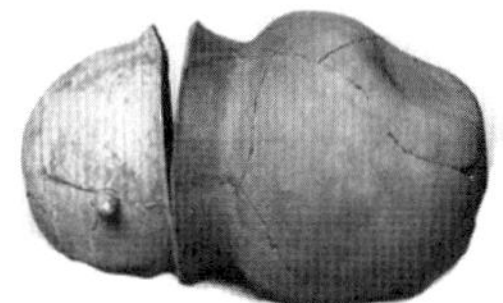

〈독널(옹관)〉

널무덤

널무덤은 지하에 구덩이[토광土壙]를 파고 그 안에 시체를 두는 무덤입니다. 일반적으로 널[棺]과 덧널[槨]을 쓴 무덤을 널무덤에 포함시키지 않지만, 나무널[木棺]과 나무덧널[木槨]을 사용하였어도 이미 부패하여 그 존재 유무를 확인할 수 없을 때는 널무덤에 포함시키는 경우가 있습니다. 한자어로는 **토광묘**土壙墓라고 합니다.

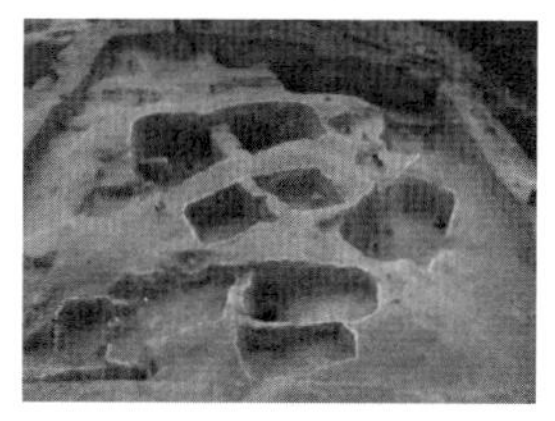

〈널무덤〉

· 土壙墓 [土 **토** 흙　壙 **광** 송장을 묻기 위하여 판 구덩이　墓 **묘** 무덤]

돌널무덤

돌널무덤은 직사각형 모양의 사방의 벽을 널돌(**판석**板石)로[石] 조립해 만들고[棺], 그 안에 시체를 두는 무덤입니다. 한자어로는 **석관묘**石棺墓라고 합니다.

〈돌널무덤〉

· 板石 [板 **판** 널빤지　石 **석** 돌] 널판같이 뜬 돌.
· 石棺墓 [石 **석** 돌　棺 **관** 널　墓 **묘** 무덤]

덧널무덤

덧널무덤은 지하에 구덩이[토광土壙]를 파고, 그곳에 관을 넣어두는 무덤 방을 나무로 짜 만든[木槨] 무덤을 말합니다. 한자어로는 **토광목곽묘**土壙木槨墓라고 합니다.

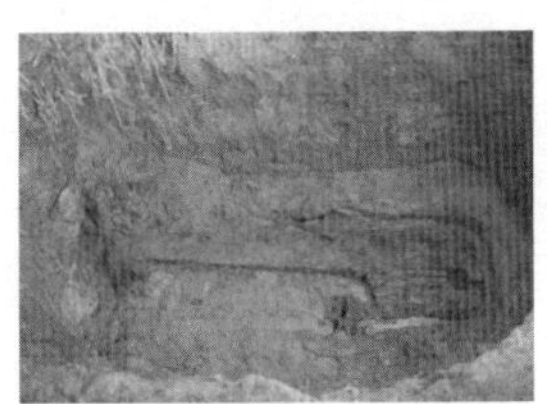
〈덧널무덤〉

· 土壙木槨墓 [土 **토** 흙　壙 **광** 송장을 묻기 위하여 판 구덩이　木 **목** 나무　槨 **곽** 덧널　墓 **묘** 무덤]

돌덧널무덤

돌덧널무덤은 지하에 깊이 땅을 파고 두껍게 깬 돌을 쌓아[石] 직사각형의 덧널[槨]을 짠 다음 시체를 넣는 무덤입니다. 한자어로는 **석곽묘**石槨墓라고 합니다.

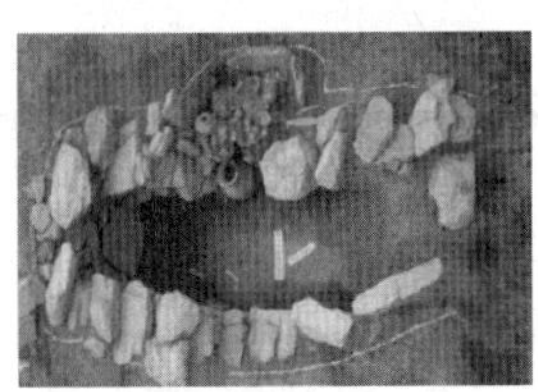
〈돌덧널무덤〉

· 石槨墓 [石 석 돌 槨 곽 덧널 墓 묘 무덤]

'널'과 '덧널'

널은 '널빤지'의 준말로 보통 시체를 땅에 묻을 때, 시체를 담는 용기를 가리키는 말로 한자로는 관棺이라고 합니다. 그래서 나무널은 목관木棺, 돌널은 석관石棺, 독널은 옹관甕棺이라고 합니다. 시체를 2중으로 넣을 경우, 내관을 구柩, 외관을 곽槨이라 합니다.

덧널은 '덧+널'로, '덧'은 '덧붙임'을 의미하는 말이며, 덧널의 한자는 곽槨입니다. 그래서 돌덧널은 석곽石槨, 나무덧널은 목곽木槨, 벽돌덧널은 전곽塼槨이라고 합니다. 덧널은 널[棺]을 넣기 위하여 따로 짜 맞춘 시설입니다.

쉽게 널은 상자로서 이동이 가능하지만, 덧널은 움직일 수 없는 시설로 이해하면 됩니다.

돌무지무덤

'돌무지'는 '많은 돌이 깔려 있는 땅'이란 뜻입니다. 돌무지무덤은 시체를 매장한 자연석이나 돌덧널에 흙을 덮지 않고 대신 돌을[石] 쌓아[積] 만든 무덤을 가리킵니다. 한자어로는 적석총積石塚이라고 합니다.

· 積石塚 [積 적 쌓다 石 석 돌 塚 총 무덤]

〈돌무지무덤〉

돌무지덧널무덤

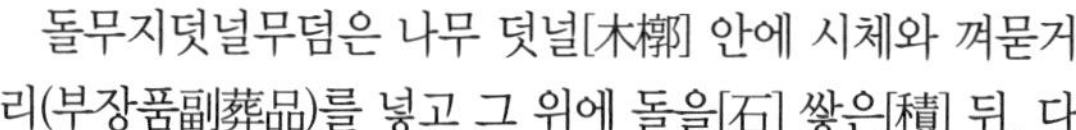

돌무지덧널무덤은 나무 덧널[木槨] 안에 시체와 껴묻거리(부장품副葬品)를 넣고 그 위에 돌을[石] 쌓은[積] 뒤, 다

시 그 바깥에 흙을 입혀 다지는 무덤을 가리킵니다. 한자어로는 **적석목곽분**積石木槨墳이라 합니다.

· 積石木槨墳 [積 **적** 쌓다 石 **석** 돌 木 **목** 나무 槨 **곽** 덧널 墳 **분** 무덤]

돌방무덤

돌방무덤은 넓은 돌로[石] 방을[室] 만들어 그 안에 널을 두는 무덤을 가리킵니다. 반지하 또는 지면 가까이에 만들며, 윗 부분(구덩식)이나 벽(굴식)에 난 굴을 통해 드나드는 길을 만들어놓습니다. 방 위에는 흙과 돌무지 · 진흙 · 숯 · 재 등을 깐 뒤 흙을 입혀 다지는 것이 일반적입니다. 일부 돌방무덤 중에는 돌방의 벽면과 천장에 벽화가 보이기도 합니다. 한자어로는 **석실묘**石室墓 혹은 **석실분**石室墳이라고 합니다.

· 石室墓, 石室墳 [石 **석** 돌 室 **실** 방 墓 **묘** 무덤 / 墳 **분** 무덤]

굴식돌방무덤

굴식돌방무덤은 판의 형태를 가진 돌을 이용하여 널을 두는 방을 만들고, 널방 벽의 한쪽에 사람이 서서 드나들 수 있는 출입구를 만든 뒤, 흙을 씌운 무덤을 말합니다. 문을 열고 닫을 수 있기 때문에, 시체를 추가로 넣을 수 있습니다. 한자어로는 **횡혈식석실분**橫穴式石室墳이라 합니다.

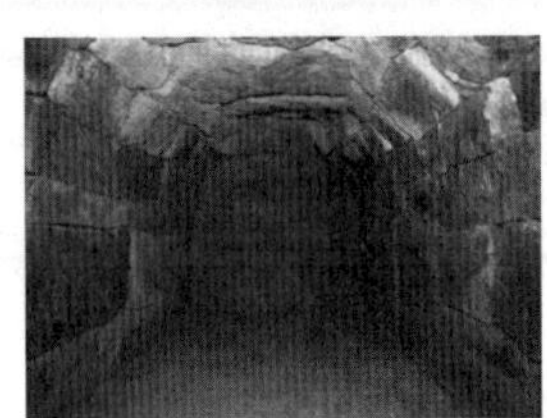
〈굴식돌방무덤〉

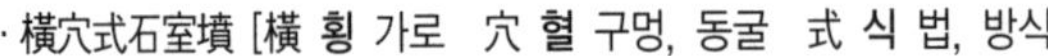
· 橫穴式石室墳 [橫 **횡** 가로 穴 **혈** 구멍, 동굴 式 **식** 법, 방식

石 석 돌 室 실 방 墳 분 무덤]

구덩식돌방무덤

〈구덩식돌방무덤〉

구덩식돌방무덤은 먼저 4면의 벽을 만들고, 천장돌을 마지막에 얹은 다음 닫아두는 형식의 무덤입니다. 굴식과 달리 다시 열 수 없기 때문에, 가족을 함께 묻기보다는 단독으로 매장할 때 쓰였습니다. 한자어로는 **수혈식석실분** 竪穴式石室墳이라 합니다.

· 竪穴式石室墳 [竪 수 세로 穴 혈 구멍, 동굴 式 식 법, 방식 石 석 돌 室 실 방 墳 분 무덤]

벽돌무덤

〈벽돌무덤〉

벽돌무덤은 벽돌을[塼] 쌓아[築] 방을 만들고 그곳에 시신을 넣은 무덤으로, 공주 무령왕릉이 유명합니다. 한자어로는 **전축분**塼築墳이라고 합니다.

· 塼築墳 [塼 전 벽돌 築 축 쌓다 墳 분 무덤]

나. 우리나라의 무덤

호우총 壺杅塚

호우가[壺杅] 발견된 무덤[塚]

壺 호 항아리
杅 우 잔, 물그릇
塚 총 무덤

호우총은 경상북도 경주시 노서동 고분군에 속한 신라 때의 무덤으로, 돌무지덧널무덤이며 현재는 일부만 남아 있습니다. 호우총에서 여러 장신구와 청동 호우 1개가 출토되었는데, 호우총이라고 이름을 지은 이유는 출토 유물 가운데 호우가 가장 대표적이기 때문입니다. 이 청동 호우는 광개토대왕에게 제사를 드릴 때 쓴 뚜껑이 달린 그릇[합盒]으로, 광개토대왕을 장사 지낸 1년 뒤에 왕릉에서 크게 장사를 지내고 그것을 기념하기 위해 장수왕 때 제조했으며, 바닥에 장수왕 때 만들어진 것임이 드러나는 글이 새겨져 있습니다.

〈청동유명호우靑銅有銘壺杅와 뒷면의 명문銘文〉

고구려의 유물임에도 불구하고 신라 지역에서 발견된 이유는, 제사 의식에 조공국朝貢國의 사절로 참석하였던 신라 사신을 통해 신라로 유입된 것이 아닌가 추정하고 있으며, 당시 신라가 고구려에 예속되었었다는 증거가 되기도 합니다. 이러한 내용은 중원고구려비中原高句麗碑에도 나타나 있습니다.

호우의 밑받침에 새겨진 글씨

乙卯年國罡上廣開土地好太王壺杅十 → 을묘년, 강상에 계시고 땅을 넓히신 왕 중의 왕

- 을묘년乙卯年 : 415년(장수왕 3).
- 강상罡上 : 언덕 이름.
- 광개토지廣開土地 : 토지를 크게 넓혔다는 '업적'.
- 호태왕好太王 : 왕중의 왕.
- 호우壺杅 : 그릇.
- 십十 : 공백을 메우기 위한 의미 없는 표시.

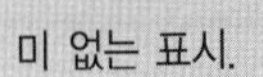

장군총 將軍塚 = 장군무덤

장군이[將軍] 묻힌 무덤[塚]

將 **장** 장군
軍 **군** 군사
塚 **총** 무덤

장군총은 압록강 유역의 중국 퉁거우 지방에 있는 돌무지무덤으로, 5세기 초에 만들어진 고구려의 장수왕릉으로 추정합니다. 화강암을 계단식(7층)으로 쌓아 올렸으며, 맨 아래층의 길이는 약 30m이고, 높이는 약 13m입니다.

〈장군총〉

무용총 舞踊塚 = 춤무덤

무용하는[舞踊] 벽화가 있는 무덤[塚]

舞 **무** 춤추다
踊 **용** 뛰다, 춤추다
塚 **총** 무덤

무용총은 중국 지린성 지안현에 있는 고구려의 벽화 고분으로, 무덤의 형식은 굴식돌방무덤입니다. 무덤 안의 동쪽 벽에 14명의 남녀가 열을 지어 춤추는 그림이 그려져 있어서 무용총이라 이름 지었습니다.

〈무용총 벽화〉

강서고분 江西古墳 = 강서대묘 江西大墓 = 강서큰무덤

강서에[江西] 있는 옛날[古] 무덤[墳]·큰[大] 무덤[墓]

江西 지명
〈江 **강** 강 西 **서** 서쪽〉
古 **고** 옛
墳 **분** 무덤
大 **대** 크다
墓 **묘** 무덤

강서고분은 평남 강서군에 있는 고구려 시대의 굴식돌방무덤으로, 이곳에서 출토된 사신도四神圖가 유명합니다. 또한 이곳의 대大·중中·소小 무덤은 북한에서 국보 3·4·5호로 지정되어 있습니다. 강서간성리연화총江西肝城里蓮花塚이라고도 불립니다.

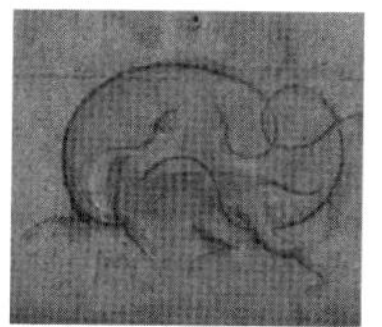

〈강서대묘 벽화〉

→ 사신도 (p193) 참조.

무령왕릉 武寧王陵

백제 무령왕이[武寧王] 묻힌 무덤[陵]

武寧 시호
〈武 무 군사 寧 녕 편안하다〉
王 왕 임금
陵 릉 큰 언덕, 무덤

무령왕릉은 충청남도 공주시 금성동에 있는 백제 무령왕과 왕비의 능으로, 터널형 천장의 벽돌무덤입니다. 무령왕릉은 1971년 송산리 고분군의 배수로를 공사하다가 우연히 발견했는데, 여기서 왕과 왕비의 장신구裝身具와 금관 장식, 귀고리, 팔찌 등 3,000여 점의 껴묻거리가 출토되어 백제 귀족 미술의 특성을 알 수 있게 하였습니다.

· 裝身具 [裝 **장** 꾸미다 身 **신** 몸 具 **구** 갖추다, 기구]

〈무령왕릉〉

무덤 관련 한자

무덤과 관련된 한자는 크게 묘墓, 분墳, 총塚, 능陵, 원園이 있습니다. 여기서는 크게 변천 과정과 신분의 차이에 따른 명칭으로 구분해서 설명하겠습니다.

| 변천 과정 |

- 초기 : 산야에 버림.
- 葬 : 초목으로 덮음. [**장** 장사 지내다]
- 墓 : 땅에 구덩이를 파 시신을 넣고 평평하게 만듦. [**묘** 무덤]
- 塚, 墳 : 시신을 흙으로 묻고 봉토를 함. [**총** 무덤, **분** 무덤]

| 신분 |

- 陵 : 왕과 왕비의 무덤(추존된 경우도 포함). 왕이나 왕족의 무덤은 분묘墳墓보다 훨씬 크게 만들다 보니 언덕 같다 하여 '陵' 자를 씀. [陵 **릉** 큰 언덕, 무덤]

예) 정릉貞陵, 태릉泰陵, 무열왕릉武烈王陵.

■ 園 : 왕세자와 왕세자비, 왕세손과 왕세손비 또는 왕의 생모인 빈嬪과 왕의 친아버지의 무덤. [園 **원** 동산, 왕족의 산소]

예) 영휘원永徽園, 효창원孝昌園.

■ 墓 : 대군大君, 공주公主, 옹주翁主, 후궁後宮 등의 무덤. 연산군, 광해군처럼 왕 노릇은 했으나 쫓겨난 경우. 일반인. [墓 **묘** 무덤]

예) 연산군묘燕山君墓, 광평대군묘廣平大君墓.

| 총塚과 분墳 |

굳이 크게 구별해 사용하지는 않지만, 대체로 다음과 같은 구분을 따름.

■ 塚 : 왕족으로 추정되나 정확히 누구의 무덤인지 모르는 경우, 대체로 출토 유물 이름을 따서 붙임. 혹은 무덤이 무리 지어 있을 때 통칭함. [塚 **총** 무덤]

예) 천마총天馬塚, 무용총舞踊塚., 칠백의총七百義塚

■ 墳 : 능이나 묘라고 규정하기 힘들고, 출토 유물도 없어 '○○총'이라 부르지 못하는 경우. [墳 **분** 무덤]

예) 강서고분江西古墳

다. 왕릉과 주변의 설치물

수복청 守僕廳

무덤을 지키는[守] 하인이[僕] 거처하는 집[廳]

守 **수** 지키다
僕 **복** 하인
廳 **청** 관청

수복청은 묘廟 · 사祠 · 능陵 · 원園 · 서원書院 같은 곳에서 제사에 관한 일을 맡아보고 그곳을 지키는 종이 거처하는 집입니다.

홍살문 紅살門

붉은[紅] 화살이[살] 꽂혀 있는 문[門]

紅 홍 붉다
門 문 문

〈홍살문〉

'살'은 한자가 아니며, '화살'을 뜻하는 말인데, 한자로는 '箭[전 화살]'이라고 합니다.

홍살문은 둥근 2개의 기둥을 양측에 세우고, 상부에 가로로 2열의 긴 나무 막대를 대어 양 기둥에 붙이고, 그 막대 사이에 화살 같은 살대를 같은 간격으로 꽂고, 붉은 칠을 합니다. 보통 능陵 · 원園 · 묘廟 · 관아官衙 등의 입구에 '입구'라는 것을 알리기 위해 세웠습니다. 붉은 칠은 '신성함'을 표시하거나 '악귀를 내쫓는다'는 의미이며, 후대에는 충신, 효자, 열녀를 배출한 마을이나 집의 입구에 표창의 의미로 세우게 되었습니다.

배위 拜位

절을 하는[拜] 자리[位]

拜 배 절하다
位 위 자리

〈배위〉

배위는 제사를 모시러 온 왕이 가마에서 내려 멀리 능을 바라보며 절을 올리는 곳입니다. 홍살문 곁에 있으며 커다란 방석같이 네모반듯하게 생겼습니다.

참도 參道

참배하기 위해[參] 드나드는 길[道]

參 참 참여하다, 뵙다
道 도 길

참도는 홍살문에서 정자각까지 일자로 뻗은 길을 가리킵니다. 벽돌처럼 다듬은 돌을 반듯하게 깔아 만들며, 왼쪽과 오른쪽의 높이가 다릅니다. 참도의 중앙을 경계로 해서 왼쪽의 약간 높은 길은 신도神道[神 신 귀신, 신]라고 하

왕릉의 구조

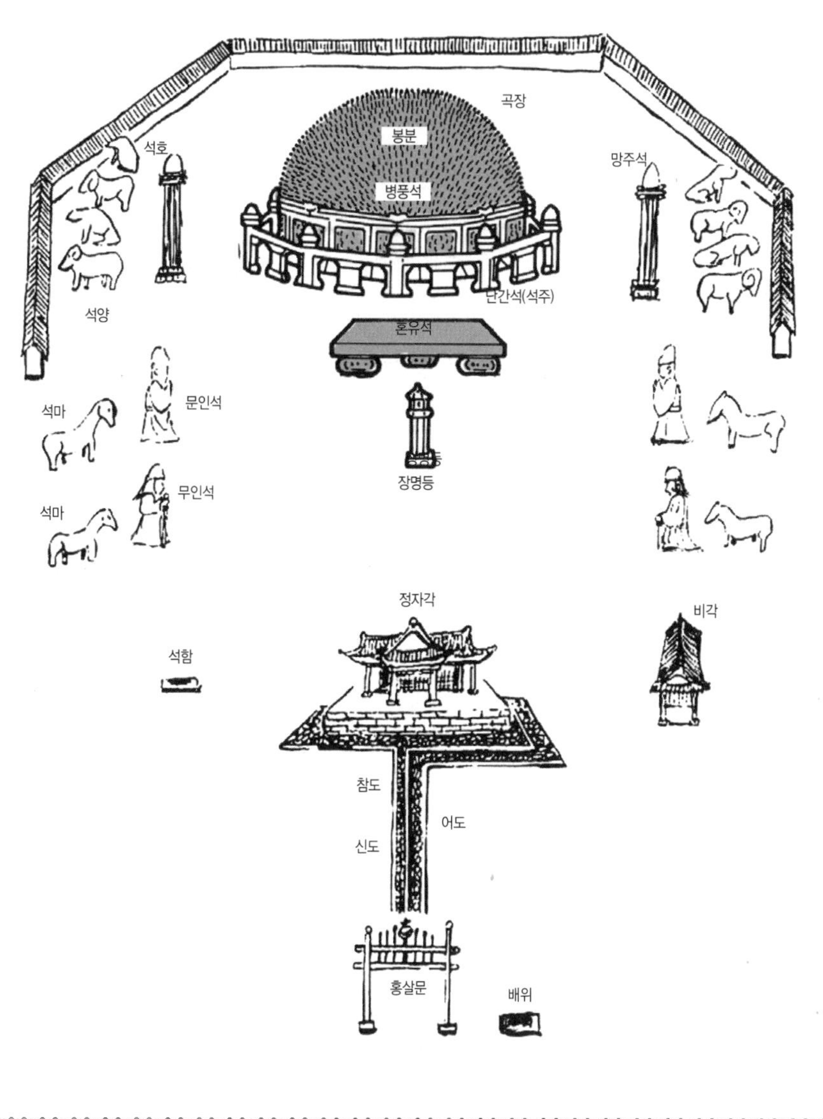

곡장
봉분
석호
망주석
병풍석
단간석(석주)
석양
혼유석
문인석
석마
장명등
무인석
석마
정자각
비각
석함
참도
어도
신도
홍살문
배위

여, 능에 모셔진 왕의 혼령이 자리를 찾아 들어가도록 조성된, 혼령만을 위한 길입니다. 신도의 오른쪽에 약간 낮게 붙어 있는 길은 참배를 위해 찾아온 임금이 드나드는 길이라 하여 어도御道[御 어 임금]라고 부릅니다.

〈참도〉

정자각 丁字閣

정자[丁字] 모양으로 생긴 집[閣]

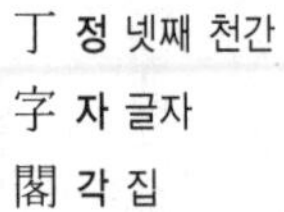

丁 **정** 넷째 천간
字 **자** 글자
閣 **각** 집

정자각은 참도의 끝에 서 있는 건물로, 위에서 보았을 때 '정丁' 자 모양을 하고 있는 제사를 위한 건물입니다. 들어갈 때는 오른쪽(동쪽) 문으로 들어가고, 나올 때는 왼쪽(서쪽 : 나오는 방향에서는 역시 오른쪽)으로 나와야 합니다. 이는 혼령이 다니는 중앙의 문을 사용하지 않는다는 참배의 예절이며, 향교나 사당에 출입할 때도 역시 지켜야 합니다.

〈정자각〉

석함 石函

돌로[石] 만든 상자[函]

石 **석** 돌
函 **함** 상자

석함은 제사를 지내고 남은 축문을 태워 묻는 곳입니다. 그래서 '종이를[紙] 태워[燒] 묻는 돌[石]'이란 뜻의 **소지석**燒紙石이라고도 합니다.

· 燒紙石 [燒 **소** 불사르다 紙 **지** 종이 石 **석** 돌]

〈석함〉

비각 碑閣

비석을[碑] 보호하기 위해 설치한 집[閣]

碑 **비** 비석
閣 **각** 집

비각은 비석을 비 · 바람 등으로부터 보호하기 위해 설치한 집으로, 비석에는 무덤 주인공의 행적과 관련된 내용이 적혀 있습니다.

〈비각〉

병풍석 屛風石

병풍처럼[屛風] 무덤을 두른 돌[石]

屛 **병** 가리어 막다
風 **풍** 바람
石 **석** 돌

병풍은 바람을 막거나 물건을 가리기 위하여 방 안에 치는 물건으로, 병풍석은 무덤(봉분封墳)의 하단부에 12각으로 테두리를 친 돌입니다. 12각의 각 면에는 잡귀를 내쫓는다는 12지신상十二支神像을 양각陽刻해 놓았습니다.

→간지干支(p296) 참조.

〈병풍석과 난간석〉

난간석 欄干石

난간처럼[欄干] 무덤을 두른 돌[石]

欄 **란** 난간
干 **간** 천간, 난간
石 **석** 돌

난간은 층계 · 다리 · 툇마루 따위의 가장자리에 사람이 지나가다 떨어지지 않게 하기 위해 만든 설치물(종횡으로 나무나 쇠를 건너 세워놓은 살)로, 난간석은 무덤(봉분) 둘레에 두른 난간처럼 생긴 돌입니다. 난간석의 기둥을 석주石柱라고 합니다.

· 石柱 [石 **석** 돌 柱 **주** 기둥]

곡장 曲墻

굽은[曲] 담[墻]

曲 곡 휘다
墻 장 담

곡장은 바람으로부터 무덤을 보호하기 위해 무덤의 뒤에 둘러쌓은 나지막한 흙담을 말하는데, 왕릉의 곡장은 일반 건물의 담장처럼 만들어졌으며, 앞쪽을 제외하고 삼면에 쳐놓았습니다.

〈곡장〉

혼유석 魂遊石

죽은 사람의 혼이[魂] 노는[遊] 돌[石]

魂 혼 넋
遊 유 놀다
石 석 돌

혼유석은 죽은 사람의 혼이 노는 공간으로, 무덤 앞에 있는 직사각형의 돌입니다. 민간의 묘에서는 이를 상석床石이라 부르며, 여기에다 제물을 차려놓고 제사를 지냅니다. 그런데 왕릉의 경우에는 앞쪽에 제물을 차려놓기 위한 공간으로 정자각丁字閣이 따로 있기 때문에, 이곳은 제향 때마다 혼령이 앉아 흠향하며 놀다 가는 자리라고 해서 혼유석이라고 부릅니다.

〈혼유석〉

· 床石 [床 상 상　石 석 돌]

望 망 바라다, 바라보다
柱 주 기둥
石 석 돌

망주석 望柱石

멀리서 보아[望] 쉽게 알아볼 수 있게 한 기둥[柱] 돌[石]

망주석은 무덤 앞 혼유석 좌우에 세우는 한 쌍의 돌기둥으로, 멀리서 보아 그곳이 무덤임을 쉽게 알아볼 수 있도록 설치한 돌입니다. 떠돌아 다니는 영혼이 자기의 무덤을 찾아오도록 안내 역할을 하는 설치물입니다.

〈망주석〉

장명등 長明燈

오랫동안[長] 밝히는[明] 등불[燈]

長 **장** 길다
明 **명** 밝다
燈 **등** 등불

장명등은 불을 밝힐 수 있도록 혼유석 앞쪽에 설치한 석물石物로 석등石燈이라고도 합니다. 일반적으로 장명등은 무덤에 불을 밝혀 신령들이 놀 수 있도록 할 뿐만 아니라, 잡귀들이 가장 무서워하는 것이 불이기 때문에 잡귀의 접근을 막는 역할을 합니다

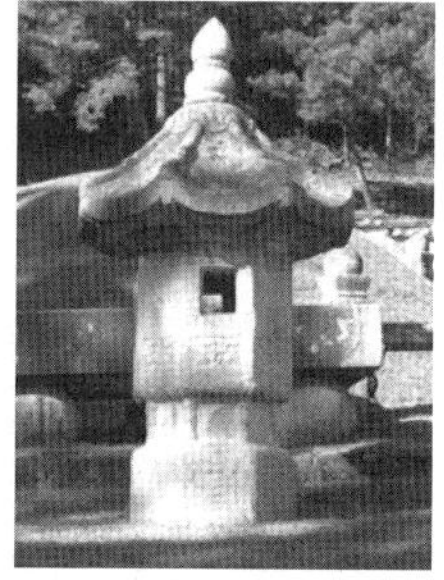
〈장명등〉

석상 石像

돌로[石] 사람이나 동물 등을 본떠 만든 상[像]

石 **석** 돌
像 **상** 모양, (사람의) 형상

석상은 무덤을 지키는 수호신 역할을 하며, 잡귀의 접근으로부터 무덤을 보호하는 상징적 역할을 합니다. 석상엔 **문·무인석**文武人石이나 **동물 석상**動物石像 등이 있습니다.

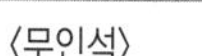
〈무인석〉

〈문인석〉

· 文武人石 [文 **문** 글 武 **무** 군사 人 **인** 사람 石 **석** 돌] '문인이나 무인 모양의 돌'이란 뜻. 왕의 무덤을 수호하는 사람으로, 문인석은 공복公服을 입고 있으며, 무인석은 갑옷을 입고 있음.
· 動物石像 [動 **동** 움직이다 物 **물** 사물, 생물 石 **석** 돌 像 **상** 모양, (사람의) 형상] 말, 양, 호랑이 등을 주로 세움. 양(석양)과 호랑이(석호)는 주인의 명복을 빌며 말(석마)은 문·무인석 뒤에 두어 문·무인의 교통수단을 상징적으로 나타냄.

| 비석 碑石 |

碑 **비** 비석
石 **석** 돌

광개토대왕릉비 廣開土大王陵碑

광개토대왕의[廣開土大王] 무덤에[陵] 있는 비석[碑]

廣開土 시호
〈**廣 광** 넓다 **開 개** 열다, 넓어지다 **土 토** 흙, 땅〉
大 **대** 크다, 존경·찬미하는 말
王 **왕** 임금
陵 **릉** 큰 언덕, 무덤
碑 **비** 비석

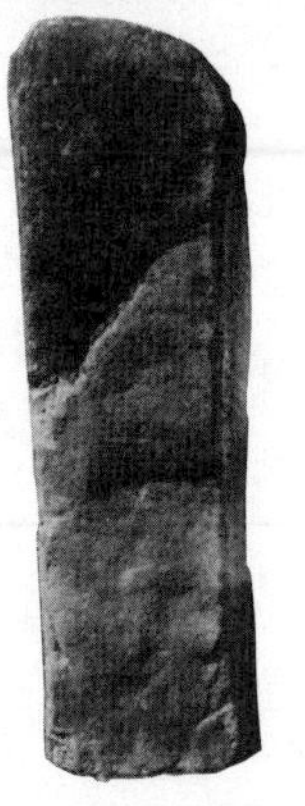
〈광개토대왕릉비〉

광개토대왕릉비는 그의 아들인 장수왕이 아버지의 업적을 기리는 뜻에서 지금의 중국 지린성 지안현 퉁거우에 세운 비석입니다. 이 비문에는 고구려 시조 주몽朱蒙의 출생과 건국 과정, 광개토대왕의 업적, 그리고 왕릉을 관리하는 묘지기에 대한 내용이 새겨져 있습니다. 비문의 내용을 통하여 고구려는 삼국을 통일할 수 있는 국력을 갖고 있었는데, 통일을 하지 않고 신라를 신하의 나라로 남겨두었다는 것을 알 수 있습니다. 그 이유를 당시 고구려인은 하늘의 자손이라는 **선민**의식과 왕권을 과시하기 위해서였다고 추정하고 있습니다.

· **選民** [**選 선** 가려 뽑다 **民 민** 백성] '하늘의 선택을 받은[選] 민족[民]'이란 뜻.

광개토대왕릉비문 해석의 논란 부분

百殘新羅, 舊是屬民, 由來朝貢. 而倭以辛卯年, 來渡海, 破百殘ㅁㅁ新羅, 以爲臣民.

백제와 신라는 옛적부터 (고구려의) 속민으로서 조공을 바쳐왔다. 신묘년(391)에 왜가 바다를 건너 백제 신라를 격파하고 신민으로 삼았다이 주장은 일본 학자들의 주장입니다. 그러나 이 부분은 비문 자체가 일본에 의해 왜곡되었다는 주장이 설득력을 얻고 있으며, 이에 대해 여러 가지 해석이 나와 있습니다. 그 가운데 대표적인 두 가지를 소개합니다.

1) 百殘新羅, 舊是屬民, 由來朝貢. 而(後)以辛卯年, (不貢因) 破百殘(倭寇)新羅, 以爲臣民.
백제와 신라는 옛적부터 (고구려의) 속민으로서 조공을 바쳐왔다. 그 뒤 신묘년부터 조공을 바치지 않으므로 (고구려가) 백제, 왜구, 신라를 격파하여 신민으로 삼았다.

2) 百殘新羅, 舊是屬民, 由(未)朝貢. 而倭以辛卯年, 來渡, (王)破百殘(倭降), 新羅以爲臣民.
백제와 신라는 속민임에도 불구하고 조공을 바치지 않았다. 왜가 신묘년에 바다를 건너오자 대왕이 백제와 (그 동조자인) 왜를 격파하고 신라는 복속시켜 신민으로 삼았다.

중원 고구려비 中原高句麗碑

중원에[中原] 세운 고구려의[高句麗] 비석[碑]

中原 지명
〈中 중 가운데 原 원 근원, 벌판〉
高句麗 국명
〈高 고 높다 句 구 구절 麗 려 아름답다〉
碑 비 비석

중원 고구려비는 충청북도 충주시(원래는 중원군中原郡이었으나 1995년 청주시에 통합됨) 가금면 용전리 입석立石 세워져 있는 한반도 내에 있는 유일한 고구려 시대의 비석입니다. 국보 제205호이며, 높이 203㎝, 폭 55㎝로, 광개토대왕릉비를 축소한 것과 같은 사각 기둥 모양으로 되어 있습니다. 비문은 마멸이 심해 알아보기 힘들지만, 이 비의 발견으로 5세기의 신라는 고구려에 종속되어 있었으며, 신라 영토에 고구려 군대가 주둔했다는 사실을 확인할 수 있습니다.

〈중원 고구려비〉

단양 신라 적성비 丹陽新羅赤城碑

단양의[丹陽] 적성에[赤城] 있는 신라 시대의[新羅] 비석[碑]

丹陽 지명
〈丹 단 붉다 陽 양 햇볕〉
新羅 국명
〈新 신 새롭다 羅 라 벌이다, 새 잡는 그물〉
赤城 지명
〈赤 적 붉다 城 성 성〉
碑 비 비석

적성비는 충청북도 단양의 적성에 있는 비석입니다. 적성은 삼국 시대에 돌로 쌓은 둘레 923m의 성으로, 그동안 많이 훼손되어 성문터와 적성비만 남아 있습니다. 당시 신라가 법흥왕 · 진흥왕 때 죽령竹嶺을 넘어 한강의 상류 지역에 진출하고 북쪽으로 세력을 팽창시켰다는 것을 비문의 내용으로 알 수 있습니다. 국보 제198호.

〈적성비〉

순수비 巡狩碑

임금이 순수한[巡狩] 곳을 기념하여 세운 비석[碑]

巡 순 돌아다니다
狩 수 사냥하다
碑 비 비석

'巡狩'는 천자가 사냥을[狩] 통하여 병사를 단련시키고, 한편으로는 제후국(천자가 임명한 사람으로 하여금 다스리는 나라)이 잘 다스려지는가 돌아다니면서[巡] 살피는 일을 뜻하는 말이었는데, 뒤에는 단순히 왕이 자기 영토를 돌아볼 때 썼습니다. 그래서 순수비는 임금이 순수한 곳을 기념하여 세운 비석을 말합니다.

〈북한산 신라 진흥왕 순수비(현재 국립중앙박물관에 보관)〉

〈창녕 신라 진흥왕 척경비拓境碑〉

신라의 진흥왕은 영토를 새로 넓힌 뒤, 국경 지역을 순수하면서 그 기념으로 순수비를 세웠습니다. 창녕 순수비는 가야를 병합한 뒤, 북한산 순수비(국보 제3호)는 한강 유역을 병합한 뒤, 마운

령摩雲嶺 · 황초령黃草嶺 순수비는 함경도 지역에 진출한 뒤에 세웠습니다.

사택지적비 砂宅智積碑

사택지적이라는[砂宅智積] 사람이 남긴 비석[碑]

사택지적비는 백제 의자왕 때 사택지적이라는 사람이 노년에 인생의 덧없음을 한탄하면서 만든 것으로, 중국 육조六朝 시대에 유행한 세련된 사륙변려체로 되어 있으며, 서체는 구양순체입니다. '사택' 이란 성씨는 백제의 대성팔족大姓八族의 하나인 '사씨沙氏' 와 같은 것이며, 『일본서기日本書紀』에도 백제에서 온 사신 '대좌평大佐平 지적智積' 이란 기록이 나오기 때문에, 이 비석은 백제의 최상층 귀족이 남긴 중요한 금석문 자료라 할 수 있습니다. 높이는 101㎝, 너비 38㎝, 두께 29㎝이며, 현재 국립부여박물관에 보존되어 있습니다.

砂宅智積 인명
〈砂 사 모래 宅 택 집 智 지 지혜 積 적 쌓다〉
碑 비

〈사택지적비〉

임신서기(명)석 壬申誓記(銘)石

임신년에[壬申] 두 화랑이 맹세하는[誓] 기록이[記] 새겨진[銘] 비석[石]

임신서기석은 두 화랑이 유교 경전을 습득하고 실행할 것을 맹세하는 내용이 기록된 비석으로, 첫머리에는 임신壬申이라 하여 당시 연도(진흥왕 13년 / 552년, 혹은 진평왕 34년 / 612년으로 추정)가 새겨져 있으며, 그 뒤로는 두 명의 화랑이 서로 충성을 맹세하는 내용이 기록되어 있습니다. 한문으로 쓰여져 있으나, 문장은 한문 식이 아니고 순수한 우리말 식이라는 점이 특징입니다. 즉 한자를 중국 어순이 아닌 우리말 어순대로 배치함으로써, 당시 신라 한

壬申 연도 명칭
〈壬 임 아홉째 천간 申 신 아홉째 지지〉
誓 서 맹세하다
記 기 기록하다
銘 명 새기다
石 석 돌

문학의 수준을 알 수 있게 해줍니다. 이 돌의 높이는 30㎝이고, 너비는 맨 위가 12.5㎝이며, 아래로 갈수록 좁아집니다. 국립경주박물관에 보관되어 있으며, 보물 제1411호.

임신서기(명)석 비문 내용

임신년壬申年 6월 16일 두 사람이 나란히 맹세하여 기록한다. 하늘 앞에 맹세한다. 지금으로부터 3년 이후에도 충성의 도를 굳게 지니고 과실이 없기를 맹세한다. 만약 이 일[맹세]을 잃으면, 하늘로부터 큰 죄 얻기를 맹세한다. 만약 나라가 불안하고, 세상이 크게 어지러우면, 가히 행할 것을 맹세한다. 또 따로 이 먼저 신미년 7월 22일에 크게 맹세하였다. 시詩 · 상서尙書 · 예전禮傳을 돌아가며 터득할 것을 맹세하되 3년으로 한다. (壬申年六月十六日, 二人并誓記, 天前誓. 今自三年以後, 忠道執持, 過失无誓. 若此事失, 天大罪得誓. 若國不安大亂世, 可容行誓之. 又別先辛未年, 七月廿二日, 大誓. 詩尙書禮傳倫得誓三年.)

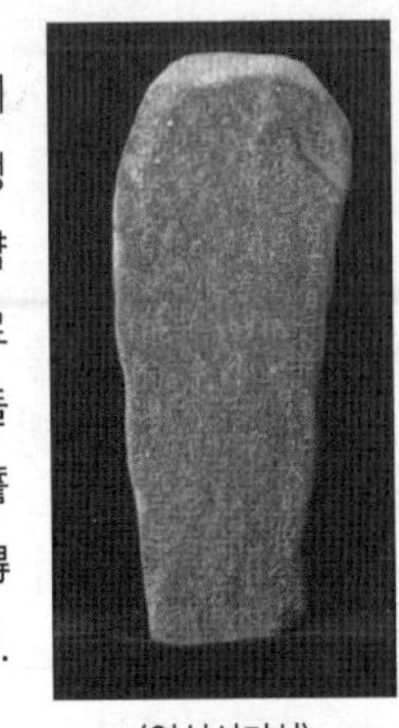
〈임신서기석〉

신라 태종 무열왕릉비 新羅太宗武烈王陵碑

신라[新羅] 태종 무열왕의[太宗武烈王] 무덤에[陵] 있는 비석[碑]

新羅 국명
〈新 신 새롭다 羅 라 벌이다, 새 잡는 그물 〉
太宗 묘호
〈太 태 크다 宗 종 근본, 묘호 廟號〉
武烈 시호
〈武 무 군사 烈 렬 세차다〉
王 왕 임금
陵 릉 큰 언덕, 무덤
碑 비 비석

태종 무열왕릉비는 경북 경주시 서악동에 있는 통일 신라 초기의 비석으로, 무열왕릉 전방 40m 좌측에 있습니다. 현재 비석의 몸은 없어지고 여섯 마리 용을 새긴 **이수**螭首와 목을 길게 쳐들고 힘차게 뒷발로 땅을 밀며 전진하는 모습의 **귀부**龜趺만 남아 있습니다. 이 비석은 신라 문무왕 원년(661)에 무열왕의 위대한 업적을 기념하기 위하여 세운 것입니다. 이수에

〈신라 태종무열왕릉비〉

새겨진 '太宗武烈王之碑'의 여덟 글자는 무열왕의 둘째 아들인 김인문의 글씨라고 전해집니다. 국보 제25호.

- 螭首 [**螭 리** 이무기 **首 수** 머리] 이무기 모양으로 조각한 머릿돌. 초기에는 용과 섞어 쓰다가 나중에는 이무기로 통일됨.
- 龜趺 [**龜 귀** 거북이 **趺 부** 책상다리하다, 받침돌] 거북이 모양으로 조각한 받침돌(=대좌臺座). 거북이를 쓴 이유는 장수를 상징하는 동물이기 때문임.

 **이무기**

이무기는 용이 되려다 못 된 전설상의 큰 구렁이로, 용과 달리 뿔이 없지만, 용과 마찬가지로 신성한 의미를 담고 있습니다. 한편 용은 하늘로 날아가 버릴 수 있지만 이무기는 날 수 없기 때문에, 그 자리에서 비석을 굳건히 지키라는 의미에서 이무기를 썼다고도 합니다.

집자 비문 集字碑文

선인先人이 쓴 글자를[字] 모아[集] 모양 그대로 비석에[碑] 새긴 글[文]

集 **집** 모이다
字 **자** 글자
碑 **비** 비석
文 **문** 글

집자 비문이란 선인이 쓴 글자나 혹은 다른 비석의 글자를 종이에 모양 그대로 옮긴 뒤, 그 글자 가운데 필요한 것만 모아 비석에 그대로 새긴 글을 말합니다. 신라 시대에는 김생金生(711~?)이 명필로 이름을 날렸는데, 고려 시대에 그의 글씨를 모아서 새긴 것이 오늘날까지 전해집니다.

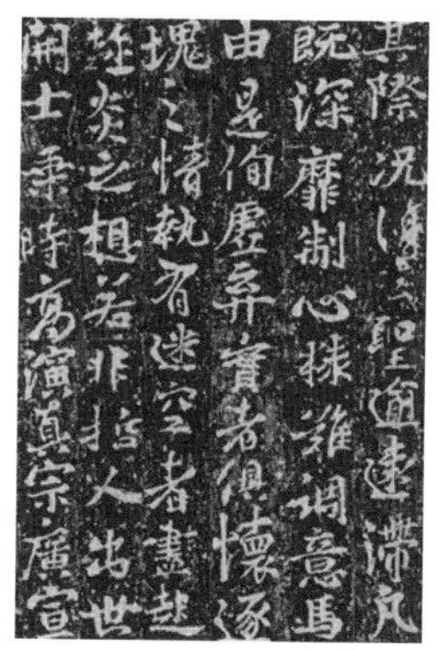

◁〈김생 글씨 집자 비문(태자사 낭공대사 백월서운탑비太子寺郎空大師白月栖雲塔碑(탁본)〉

비碑의 구조

비碑는 역사적으로 가치 있는 일을 후세에 전하거나, 선조들의 업적을 기억하고자 할 때 만듭니다. 비는 몸체[**비신**碑身]만 세우는 경우도 있지만, 위에 덮개[**개석**蓋石]와 아래에 받침대[**대좌**臺座, 대석臺石]를 두기도 합니다.

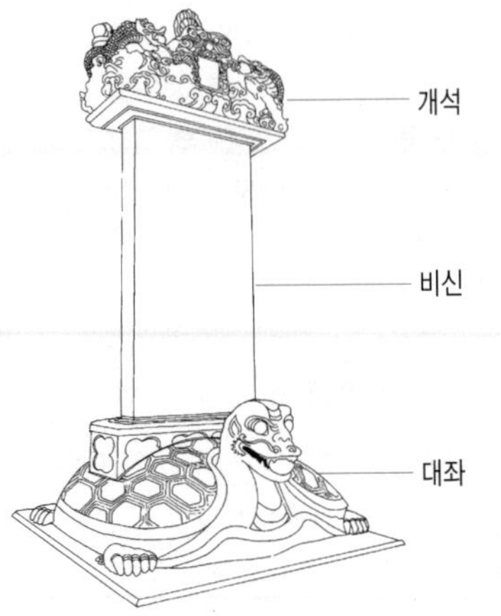

· **碑身** [碑 **비** 비석 身 **신** 몸] 비석의 몸 부분.
· **蓋石** [蓋 **개** 덮다, 덮개 石 **석** 돌] 돌의 덮개 부분.
· **臺座** [臺 **대** 높고 평평한 곳, 물건 얹는 대 座 **좌** 자리] 비석을 올려놓는 받침자리.

비문碑文 읽는 법

유적지에 남아 있는 비문은 대부분 과거 사대부 출신의 것들로, 비문의 기록에 정해진 규칙은 없지만, 그래도 관례에 따른 일정한 순서를 지키는 편입니다. 대체로 무덤 주인의 **본관**本貫과 **성명**姓名, 출신, 행적, 가족 소개, 사망 시기 등을 차례로 기록합니다. 문제는 선인先人들의 이름 방식이 지금보다 복잡하고, 벼슬을 지냈을 경우 벼슬의 고유명칭을 이해하기 어렵다는 점입니다. 또한 우리나라의 사인士人들은 태어나면서 명名을 받고, 성인이 되면 **자**字를 갖게 되며, **호**號도 지어 주었습니다. 그리고 일정한 벼슬을 지내거나 공적이 있는 사람은 죽은 뒤에 **시호**諡號라는 것을 내려주기 때문에, 한 사람이 여러 호칭을 갖는 경우가 많았습니다. 이 점 또한 비문을 이해하는 데 어렵게 만드는 하나의 요소입니다.

· **本貫** [本 **본** 근본 貫 **관** 꿰다, 시조가 난 땅] 개인의 시조始祖가 난 곳, 또는 성姓의 출처지出處地.
· **姓名** [姓 **성** 성씨 名 **명** 이름] 출생의 계통을 나타내기 위하여 이름 앞에 붙이는 칭호와 이름.

· 字 [字 **자** 글자] 남자가 성인이 된 이후에 부르는 이름.
· 號 [號 **호** 이름] 본 이름이나 자字 외에 편하게 부를 수 있도록 지은 호칭.
· 諡號 [諡 **시** 시호 號 **호** 이름] 일정한 관직에 있던 사람이 죽은 뒤에 그 행적에 따라 왕으로부터 받은 호칭.

시호諡號의 원칙

시호諡號엔 일정한 원칙이 있습니다. 이순신 장군의 시호는 '충무忠武' 인데, 장군의 삶이 '위신봉상危身奉上(자신을 위태롭게 하면서 윗사람을 받든 것)' 과 '절충어모折衝禦侮(적의 침입을 물리쳐 수모를 막은 것)' 라는 기준에 부합하기 때문에 '忠' 과 '武' 라는 시호를 받았습니다.

그리고 특정 한자에 해당하는 기준은 하나만 있지 않습니다. 忠의 기준엔 '임환불망국臨患不忘國(환란에 임하여 나라를 잊지 않는 것), 추현진성推賢盡誠(어진 사람을 추천하고 정성을 다한 것), 염공방정廉公方正(청렴하고 공정하며 반듯하고 바른 것)' 등이 있고, '武' 의 기준엔 '보대정공保大定功(대업을 보전하고 공을 안정시킨 것), 위강예덕威彊叡德(위엄 있고 굳세며 지혜로운 덕이 있는 것), 벽토척경闢土斥境(토지를 개척하고 국경을 넓힌 것)' 등이 있습니다.

이 밖에 많은 한자들이 시호에 이용되는데, 시호에 쓰는 글자를 모아놓은 『시법 諡法』이란 책이 있으며, 이 책을 참조하여 시호를 짓는 데 활용하였습니다. 여기서는 흔히 볼 수 있는 일부 사례만 소개하겠습니다.

■ 문文

민이호학敏而好學 : 명민하면서 학문을 좋아한 것.
충신접례忠信接禮 : 충과 신을 근본으로 하고 예를 계승한 것.
도덕박문道德博問 : 도덕을 갖추고 학문이 넓은 것.

■ 성成

예악명구禮樂明具 : 예와 악을 밝게 갖춘 것.
안민입정安民立政 : 백성을 안정시키고 정사를 확립한 것.

■ 인仁

축의풍공蓄義豊功 : 의를 쌓고 공을 풍성하게 한 것.

자민애물慈民愛物 : 백성을 사랑하고 외물을 아껴준 것.

■ 효孝

능양능공能養能恭 : 잘 봉양하고 잘 공경하는 것.

계지성사繼志成事 : 뜻을 계승하여 일을 이룬 것.

■ 명明

조림사방照臨四方 : 사방에 밝게 임한 것.

독견선식獨見先識 : 홀로 보고 먼저 안 것.

■ 정正

내외빈복內外賓服 : 안과 밖에서 와서 복종한 것.

■ 순順

화비어리和比於理 : 이치에 화합하여 따른 것.

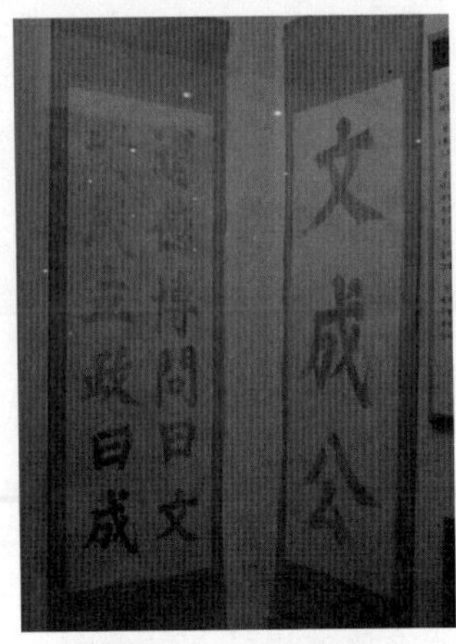

〈안향安珦의 시호를 풀이한 족자
(소수서원紹修書院)〉

6. 박물관 유물 및 기타 유물

| 선사 시대 유물 |

가. 석기

뗀석기 = 타제석기 打製石器

뗀석기는 두드리거나 깨뜨려서[打] 떼어낸 조각으로 만든[製] 석기[石器]를 말하며, 직접 돌을 깨서 생기는 예리한 날이나 뾰족한 부분을 사용하는 생활 도구였습니다. 한자어로는 **타제석기**打製石器라고 합니다.

· 打製石器 [打 **타** 때리다 製 **제** 만들다 石 **석** 돌 器 **기** 그릇, 기구]

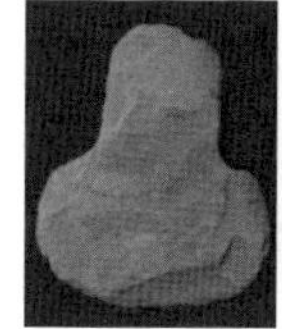
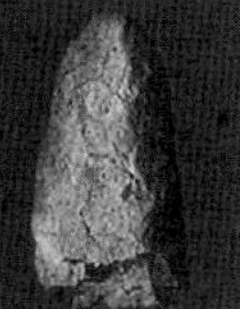

〈뗀석기〉

격지석기, 돌날격지 = 박편석기 剝片石器

'격지' 는 '석기를 만들 목적으로 떼어낸 돌' 을 말합니다.

격지석기는 돌의 한 부분에 충격을 가하여 떼어낸[剝] 파편으로[片] 만든 석기를 말합니다. 한자어로는 **박편석기**剝片石器라고 합니다. 그래서 돌날격지라고 하면 몸돌(석핵石核 : 격지를 떼어내고 남은 돌)에서 떼어낸 돌 조각에 날이 서 있다는 말입니다.

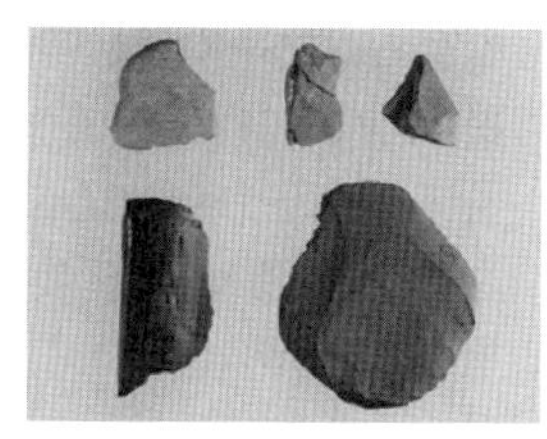

〈격지석기〉

· 剝片 [剝 **박** 벗기다 片 **편** 조각]
· 石核 [石 **석** 돌 核 **핵** 사물의 중심]

찍개, 긁개, 밀개

'~개'는 '(일부 동사의 어근에 붙어) 그다지 크지 않은 기구'임을 뜻하는 말로, 가리개 · 덮개 · 지우개 등이 그 예입니다.

찍개(돌도끼)는 큰 돌에서 떼어낸 날카로운 돌에 날을 세워 어떤 물건을 찍을 수 있도록 만든 것을 가리키며, 짐승을 잡아 해체하거나 굵은 뼈를 찍을 때 주로 사용하였습니다. 긁개는 돌에 날을 세운 것으로, 동물 가죽에 붙어 있는 살을 긁어내거나, 나무껍질을 벗길 때 주로 씁니다. 밀개는 긁개와 비슷한 것으로 어떤 물건을 밀기 위해 사용하는 도구입니다. 이 외에 찌르개, 뚜르개, 새기개 등이 있습니다.

〈긁개〉

〈밀개〉

〈찌르개〉

간석기 = 마제석기 磨製石器

간석기는 갈아서[磨] 만든[製] 석기[石器]를 말하며, 한자어로는 **마제석기**磨製石器라고 합니다. 구석기 시대에는 돌을 깨고 떼내어 썼다면, 신석기에는 이보다 발달하여 돌을 갈아서 만들었습니다. 이 도구는 청동기 시대에도 계속 사용했습니다.

· 磨製石器 [磨 **마** 갈다 製 **제** 만들다 石 **석** 돌 器 **기** 그릇, 기구]

〈간석기〉

반달돌칼 = 반월형 석도 半月形石刀

반달돌칼은 청동기 시대에 곡식의 낟알을 거두어들이는 데 쓰던 도구로, 그 생김새가 반달 모양입니다. 반달돌칼엔 한 개 또는 두 개의 구멍이 뚫려 있는데, 이 구멍 사이에 끈을 엮고 그 사이에 손가락을 집어넣어 사용했습니다. 한자어로는 **반월형 석도**半月形石刀라고 합니다.

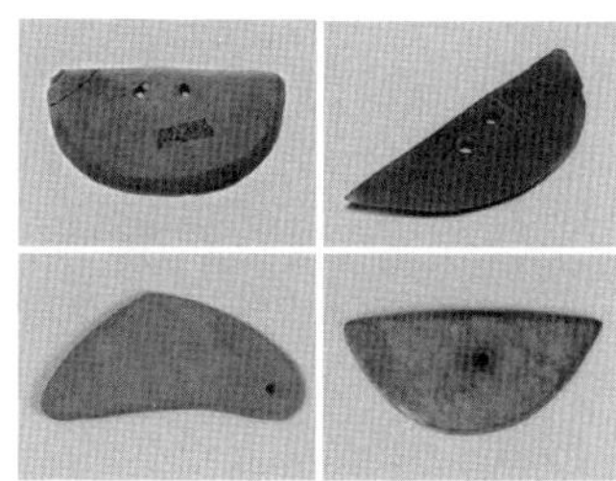
〈반달돌칼〉

· 半月形石刀 [半 **반** 반 月 **월** 달 形 **형** 모양 石 **석** 돌 刀 **도** 칼]

나. 토기

토기 土器 = 흙그릇

진흙으로[土] 만든 그릇[器]

土 **토** 흙
器 **기** 그릇

토기는 진흙을 그릇 모양으로 만든 다음, 말리거나 불에 구운 것을 말합니다.

빗살무늬토기 = 즐문토기 櫛文土器

〈빗살무늬토기〉

빗살무늬토기는 토기의 겉에 빗살[櫛] 무늬가[文] 새겨져 있는 토기로[土器], 한자로는 **즐문토기**櫛文土器라고 합니다. '櫛' 이 들어가는 용어 가운데 '빗살처럼 가지런하고 빽빽이 늘어서 있음' 을 뜻하는 '즐비櫛比하다' 의 '櫛比'

라는 말이 있습니다.

· 櫛文 [櫛 즐 빗 文 문 글, 무늬]

빗살무늬토기의 밑 모양이 뾰족한 이유

신석기 인들이 많이 모여 산 곳은 식량을 구하기 쉬운 강변 모래 언덕이었고, 모래더미에 그릇을 고정시키려면 평평한 것보다 계란을 절반으로 자른 것처럼 밑이 뾰족한 것이 편리했기 때문입니다.

이른민무늬토기 = 원시무문토기 原始無文土器

'민'은 민둥산(벌거숭이산)에서처럼 '꾸밈이나 딸린 것이 전혀 없다'는 뜻입니다.

이른민무늬토기는 겉에 아무 무늬가[文] 없는[無] 토기를 뜻하는 민무늬토기 중에 시기가 앞선[原始] 것을 말하며, 한자어로는 **원시무문토기**原始無文土器라고 합니다.

〈이른민무늬토기〉

· 原始無文 [原 **원** 근원 始 **시** 처음 無 **무** 없다 文 **문** 글, 무늬]

덧무늬토기 = 융기문토기 隆起文土器

덧무늬토기는 토기의 표면보다 높이 솟은[隆起] 띠 무늬의[文] 흙을 덧붙여 만든 토기로, 한자어로는 **융기문토기**隆起文土器라고 합니다. 이 토기는 빗살무늬토기와 함께 신석기 시대의 대표적인 토기입니다.

〈덧무늬토기〉

· 隆起文 [隆 륭 높다, 불룩하다 起 기 일어나다 文 문 글, 무늬]

민무늬토기 = 무문토기 無文土器

민무늬토기는 겉에 아무 무늬가[文] 없는[無] 토기를 말하며, 한자어로는 **무문토기**無文土器라고 합니다.

· 無文 [無 무 없다 文 문 글, 무늬]

〈민무늬토기〉

 **문文**

즐문櫛文, 융기문隆起文의 文 자를 지금은 '글'의 뜻으로 많이 사용하지만, 원래는 '무늬'를 뜻하는 한자였습니다. 그래서 '문신文身'은 '살갗을 바늘로 찔러서 먹물 따위로 글씨·그림·무늬 등을 만든다'는 말입니다. 무늬를 새긴다던가, 모양을 낸다는 것은 아름다움을 알고 그 아름다움을 표현하는 것으로, 이러한 행위는 인류가 다른 동물과 구분되는 고등의 지능 활동 및 예술 활동을 했다는 뜻입니다. 여기서 '문명文明·문화文化'라는 말이 나왔습니다. 요즘 '무늬'의 뜻으로는 주로 '紋[문 무늬]'을 씁니다.

다. 기타

골각기 骨角器

동물의 뼈[骨]나 뿔[角] 등으로 만든 도구[器]

骨 골 뼈
角 각 뿔
器 기 그릇, 기구

골각기는 동물의 뼈, 뿔, 이빨 등으로 만든 도구를 총칭하는 말입니다. 구석기 시대에는 석기 이외에 골각기도 사용했을 것으로 추정하고 있습니다.

〈골각기〉

가락바퀴 = 방추차 紡錘車

가락바퀴는 원시적인 방적紡績 기구의 하나로, 짧은 섬유를 꼬아 길게 이어 실을 만들었던 도구입니다. 중앙의 둥근 구멍에 축이 될 막대를 넣어 고정시켜 만듭니다. 한자로는 **방추차**紡錘車라고 합니다.

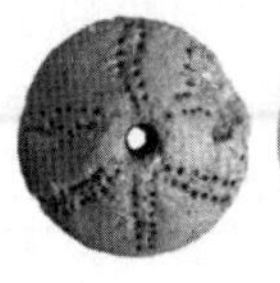

〈가락바퀴〉

· 紡錘車 [紡 **방** 실을 뽑다 錘 **추** 추 車 **거/차** 수레]

움집

'움'은 '땅을 파고 위를 거적 따위로 덮어서 추위나 비바람을 막게 한 곳'이라는 뜻입니다.

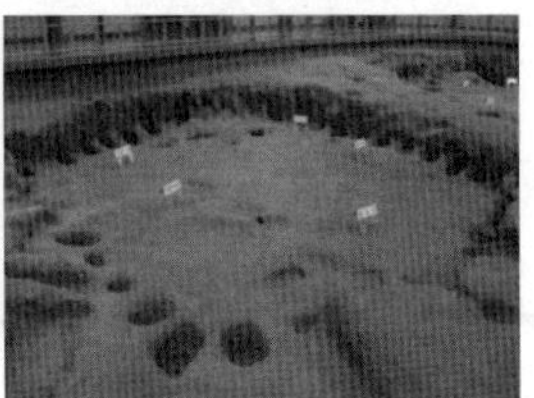
〈복원한 움집과 움집터〉

움집은 땅을 파 집터를 만들고 그 위에 원추형으로 기둥을 비스듬히 세운 집을 말하며, 신석기 인들이 정착 생활을 하던 집의 자리입니다. 크기는 부부와 자녀 둘 또는 셋이 생활할 수 있는 정도이고, 바닥은 원형, 혹은 모서리가 둥근 **방형**方形이었으며, 청동기에는 방형과 **장방형**長方形의 형태로 바뀝니다.

· 方形 [方 **방** 네모 形 **형** 모양] 네모반듯한 모양.

· 長方形 [長 **장** 길다 方 **방** 네모 形 **형** 모양] 긴 사각형. 즉

직사각형.

비파형 동검 琵琶形銅劍

비파[琵琶] 모양이며[形] 구리로[銅] 만든 칼[劍]

琵琶 악기 명칭
〈琵 **비** 비파 琶 **파** 비파〉
形 **형** 모양
銅 **동** 구리
劍 **검** 칼

비파형 동검은 청동기 시대의 대표적인 무기의 하나로, 칼몸의 형태가 비파 모양입니다. 이 동검의 특징은 조립식으로, 칼몸 · 손잡이 · 칼자루 맞추개 등으로 이루어졌고, 비파형이기 때문에 칼날이 S자 모양입니다. 우리나라의 청동기는 크게 두 가지로 구분되는데, 하나는 비파형 동검으로 불리는 중국 요녕식 동검이며, 다른 하나는 한국식인 **세형** 동검細形銅劍입니다. 세형 동검은 비파형 동검보다 가는 모양이고 날이 직선 형태입니다.

· 細形 [細 **세** 가늘다 形 **형** 모양]

〈요녕식 동검과 칼자루〉

〈세형 동검〉

| 도자기 |

도자기 용어의 이해

■ 도자기陶瓷器 : 도기陶器와 자기瓷器를 아울러 이르는 말.

■ 도기陶器 : 도토陶土를 가지고 만든 것을 가마에서 구워낸 것. 앞서 나온 토기는 도기의 한 종류로 봐야지 도기를 토기 다음의 제조 방식으로 생각하면 틀림. = 질그릇(진흙을 구워 만든 그릇).

■ 자기瓷器 : 자토瓷土(고령토=백토 : 순도 높은 흙)를 가지고 만든 것을, 가마에서 1,300℃ 전후의 고온으로 구워 돌과 같이 단단하게 된 것. 도기에서 발전한 제조 방식. = 사기그릇(청자=청사기, 분청자=분청사기, 백자=백사기). 瓷器 = 磁器.

가. 우리나라의 도자기

고려 자기 高麗瓷器

고려 시대의[高麗] 자기[瓷器]

高麗 국명
〈高 고 높다 麗 려 아름답다〉
瓷 자 사기그릇
器 기 그릇

고려 자기高麗瓷器는 백토白土 따위를 원료로 하여 1,300℃~1,500℃의 비교적 높은 온도로 구워 만든 자기를 말합니다. 이 자기는 겉면이 매끄럽고 단단하며, 두드리면 맑은 쇳소리가 납니다. 고려 자기는 고려 시대의 청자青瓷·백자白瓷 등 도자기의 총칭이지만, 일반적으로는 고려 청자를 가리킵니다.

청자 靑瓷

청색[靑] 자기[瓷]

靑 **청** 푸르다
瓷 **자** 사기그릇

청자는 백토白土로 원형을 만든 다음, 여기에 철분을 함유한 청록색 유약을 입힌 자기를 말합니다. 청자이기 때문에 푸른색으로 생각할 수 있으나, 실제는 초록과 푸른색이 섞인 비취색翡翠色에 가까워 고려 사람들은 비색翡色이라 불렀습니다. 12세기 전반기에는 순 청자純靑瓷가, 12세기 중엽부터 13세기에는 상감 청자象嵌靑瓷가 발달하였습니다. 청자의 종류는 상감象嵌 청자, 순純 청자, 화畵 청자, 퇴화堆花 청자가 있습니다.

〈고려 청자〉

분청사기 粉靑沙器 = 분장회청사기 粉粧灰靑沙器

회청색의[灰靑] 흙에 흰 흙가루를 바른[粉粧] 다음 다시 구워낸 자기[沙器]

粉 **분** 가루, 분을 바르다
粧 **장** 꾸미다
灰 **회** 재
靑 **청** 푸르다
沙 **사** 모래
器 **기** 그릇

분청사기는 고려 청자의 기법을 이어받아 새롭게 발전한 조선 전기의 자기로, 회청색 또는 회흑색의 태토胎土 위에 백토를 칠하고 무늬를 그린 다음 그 위에 유약을 입힌 자기를 말합니다. 고려 청자처럼 화려하고 정교하지는 못하였으나, 서민적인 멋을 보이며 조선 전기인 15~16세기에 주로 생산되었습니다. 분청사기의 종류는 상감象嵌 분청사기, 인화印花 분청사기, 귀얄 분청사기, 박지剝地 분청사기, 선각線刻 분청사기, 철화鐵畵 분청사기, 분장粉粧 분청사기가 있습니다.

〈분청사기〉

백자 白瓷

흰색[白] 자기[瓷]

白 **백** 희다
瓷 **자** 사기그릇

〈백자〉

백자는 백토白土(고령토)로 원형을 만든 다음, 철분이 거의 섞이지 않은 무색 투명의 장석질 유약을 입혀 구워 내면서 표면이 유리질화된 자기입니다. 고려 시대에는 청자가 주류를 이루었다면, 조선 시대에는 백자가 발달했습니다. 백자의 종류엔 청화靑華 백자, 순純 백자, 상감象嵌 백자, 철화鐵畵 백자, 진사辰砂 백자가 있습니다.

나전 칠기 螺鈿漆器

소라 조각을[螺] 세공하여[鈿] 만든 칠기[漆器]

螺 **라** 소라
鈿 **전** 자개 박다
漆 **칠** 옻칠, 검은 칠하다
器 **기** 그릇

나전 칠기는 자개(진줏빛을 내는 조개 껍데기) 조각을 여러 문양으로 박아 넣어 붙인 칠기입니다.

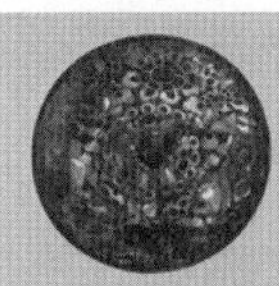
〈나전 칠기〉

화각 공예 畵/華角工藝

쇠뿔에[角] 그림을 그리는[畵/華] 공예[工藝] 기법

畵 **화** 그림
華 **화** 꽃, 그림
角 **각** 뿔
工 **공** 만들다
藝 **예** 재주

화각 공예는 쇠뿔(소의 뿔)을 얇게 펴서 채색 그림을 그린 뒤, 이것을 목기 위에 붙여 장식하는 한국 특유의 각질角質 공예 기법입니다.

〈화각 베갯모〉

나. 도자기의 이해

도자기 명칭 풀이법

청자靑瓷	상감象嵌	운학문雲鶴文	매병梅甁
종류	무늬를 그려 넣는 방법	무늬	형태

〈청자 상감 운학문 매병 靑瓷象嵌雲鶴文梅甁〉

1. 도자기의 종류

도자기는 크게 청자, 분청사기, 백자로 나누며, 다음의 내용은 무늬를 그려 넣는 방법에 따른 도자기의 종류 입니다.

‖ 청자의 종류 ‖

■ 상감 청자 象嵌靑瓷 [象 **상** 코끼리, 모양 嵌 **감** 새겨 넣다] 흙으로 자기를 만들고, 그릇이 마르기 전에 표면에 여러 가지 무늬를 새겨 파낸 다음, 거기에 백토白土, 흑토黑土를 메우고 청자 유약을 발라서 구운 청자.

〈상감 청자〉

■ 순 청자 純靑瓷 [純 **순** 순수하다] 채색이나 상감을 하지 않은 원래 상태의[純] 청자.

■ 화 청자 畵靑瓷 [畵 **화** 그림] **태토**胎土 위에 안료로 무늬를 그린 다음 청자 유약을 발라서 구운 청자.

· 胎土 [胎 **태** 태, 사물이 생겨나는 근원 土 **토** 흙] 도자기의 몸체를 만드는 흙.

〈화 청자〉

〈순 청자〉

■ 퇴화 청자 **堆花靑瓷** [堆 **퇴** 쌓이다 花 **화** 꽃, 무늬] 백토로 청자 표면에 점을 찍거나 선을 그려 무늬를 그린 청자.

〈퇴화 청자〉

‖ 분청사기의 종류 ‖

분청사기는 분장과 무늬를 나타내는 기법에 따라 7가지로 분류합니다.

〈상감 분청사기〉

■ 상감 분청사기 **象嵌粉靑沙器** [象 **상** 코끼리, 모양 嵌 **감** 새겨 넣다] 표면의 무늬를 상감 기법으로 만든 사기.

■ 인화 분청사기 **印花粉靑沙器** [印 **인** 도장, 찍다 花 **화** 꽃, 무늬] 무늬가 새겨진 도장을 찍은 뒤 그곳에 백토를 메워 넣는 기법으로 만든 사기.

〈인화 분청사기〉

〈꽃 무늬 도장을 새긴 모양〉

■ 귀얄 분청사기 – 귀얄로 백토를 바르고, 그 위에 다른 무늬는 더 이상 나타내지 않는 기법으로 만든 사기.

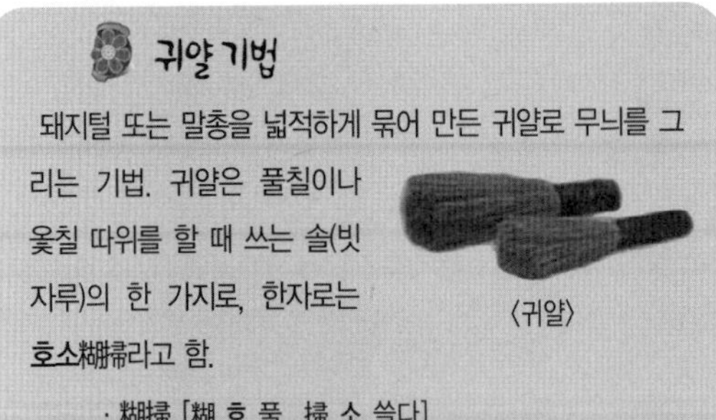

귀얄 기법

돼지털 또는 말총을 넓적하게 묶어 만든 귀얄로 무늬를 그리는 기법. 귀얄은 풀칠이나 옻칠 따위를 할 때 쓰는 솔(빗자루)의 한 가지로, 한자로는 **호소糊掃**라고 함.

〈귀얄〉

· **糊掃** [糊 **호** 풀 掃 **소** 쓸다]

〈귀얄 분청사기〉

■ 박지 분청사기 **剝地粉靑沙器** [剝 **박** 벗기다 地 **지** 땅, 흙] 표면에 백토를 칠한 다음 그 위에 그림을 그리고, 그림 이외의 백토를 벗겨내는 기법으로 만든 사기.

■ 선각 분청사기 線刻粉靑沙器 [線 선 줄 刻 각 새기다] 표면에 백토를 바른 뒤 무늬를 선으로 새겨 넣은 후, 선 부분의 백토를 긁어내는 방식의 사기. 선각을 음각陰刻이라고도 하며, 이러한 기법을 **조화 기법**彫花技法이라 함.

〈선각 분청사기〉

〈박지 분청사기〉

· 彫花 [彫 **조** 새기다 花 **화** 꽃, 무늬]

■ 철화 분청사기 鐵畵粉靑沙器 [鐵 **철** 쇠 畵 **화** 그림] 백토를 바른 뒤 철분이 많은 안료를 붓에 묻혀 그림을 붓으로 그려 넣은 사기.

〈철화 분청사기〉

〈분장 분청사기〉

■ 분장(=덤벙) 분청사기 粉粧粉靑沙器 [粉 **분** 가루, 분을 바르다 粧 **장** 꾸미다] 백토 물에 그릇을 덤벙 담갔다가 꺼내는 덤벙 기법으로 만든 사기. 담금분장 분청, 덤벙 분청이라고도 부름.

‖ 백자의 종류 ‖

■ 청화 백자 靑華白瓷 [靑 **청** 푸르다 華 **화** 꽃, 그림] 표면에 청색 안료로 그림을 그리고 구운 백자. '靑華'는 코발트를 비롯하여 여러 가지 금속 화합물로 구성된 청색 안료 및 도자기에 새긴 청색 그림을 통칭하는 말.

〈청화 백자〉

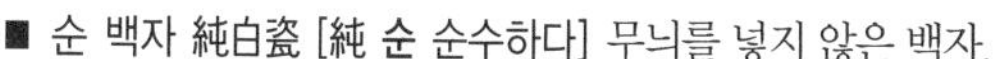

■ 순 백자 純白瓷 [純 **순** 순수하다] 무늬를 넣지 않은 백자.

■ 상감 백자 象嵌白瓷 [象 **상** 모양 嵌 **감** 새겨 넣다] 표면의 음각된 부분에 **자토**赭土를 메워 넣는 방식으로 만든 백자.

〈순 백자〉

· 赭土 [赭 **자** 붉은 흙 土 **토** 흙] 산화철을 많이 함유하여 빛이 붉은 흙.

〈상감 백자〉

■ 철화 백자 鐵畵白瓷 [鐵 **철** 쇠 畵 **화** 그림] 철분이 많은 안료로 그림을 그린 백자.

■ 진사 백자 辰砂白瓷 [辰 **진** 다섯째 지지 砂 **사** 모래] 도자기 바탕에 붉은색의 산화동酸化銅[진사辰砂] 채료彩料로 그림을 그리거나 칠한 뒤 백자 유약을 입혀서 구워내면, 산화동 채료(진사)가 붉은색으로 바뀌는 백자.

〈철화 백자〉

〈진사 백자〉

2. 도자기에 무늬를 그려 넣는 방법

■ 상감 象嵌 [象 **상** 코끼리, 모양 嵌 **감** 새겨 넣다] 금속 · 도자기 · 목재 등의 표면에 무늬를[象] 파고 그 속에 금 · 은 따위를 넣는[嵌] 기술. 이 기술은 나전 칠기나 은입사 공예에서 응용한 것으로, 12세기 중엽 고려의 도공에 의해 개발되어 전 세계에서 독보적인 장식 기법으로 인정받고 있음.

■ 퇴화 堆花 [堆 **퇴** 쌓이다 花 **화** 꽃, 무늬] 표면에 점을 찍거나 선을 그려 무늬를 그리는 방법으로, 그림 부분이[花] 약간 볼록 솟았기[堆] 때문에 퇴화라 함.

■ 인화 印花 [印 **인** 도장, 찍다 花 **화** 꽃, 무늬] 무늬가[花] 새겨진 도장을 찍은[印] 뒤, 그곳에 백토를 메워 넣는 기법.

■ 박지 剝地 [剝 **박** 벗기다 地 **지** 땅, 흙] 표면에 백토를 칠한 다음 그림을 그리고 난 뒤, 그림 이외의 백토를[地] 벗겨내는[剝] 기법.

■ 선각 線刻 / 조화 彫花 [線 **선** 줄 刻 **각** 새기다 / 彫 **조** 새기다 花 **화** 꽃, 무늬] 무늬를 선으로[線] 새겨[刻] 넣은 뒤, 선 부분의 백토를 긁어내는 방식.

■ 철화 鐵畵 [鐵 **철** 쇠 畵 **화** 그림] 철분이[鐵] 많은 안료를 그려 넣는[畵] 기법.

■ 분장 粉粧 [粉 **분** 가루, 분을 바르다 粧 **장** 꾸미다] 백토 물에 그릇을 덤벙 담갔다가 꺼내어 백토를 묻히는[粉粧] 기법. = 덤벙 기법.

■ 청화 靑華 = 청화 靑畵 [靑 **청** 푸르다 華 **화** 꽃, 그림 / 畵 **화** 그림] 청색[靑] 안료로 그림을 그리는[華] 기법.

■ 진사 辰砂 = 동화 銅畵 [辰 **진** 다섯째 지지 砂 **사** 모래 / 銅 **동** 구리 畵 **화** 그림] '辰砂'는 본래 붉은 색을 띠는 수은과 유황의 화합물로, 붉은색의 산화동酸化銅으로 무늬를 그리는 기법.

3. 도자기 무늬의 종류

무늬의 종류는 '○○문'이라 표현하며, ○○은 그 무늬에서 담으려는 내용을 상징적인 동식물 등을 이용해 여러 가지 형태로 장식됩니다. 여기서는 대표적인 무늬만 소개하겠는데, 대부분 길운吉運을 상징하는 자연과 동식물이 그려집니다. 한자는 紋, 文을 모두 혼용합니다.

■ 당초문 唐草紋(文) [唐 **당** 나라 이름 草 **초** 풀 紋 **문** 무늬] 여러 가지 덩굴풀이 꼬여 뻗어 나가는 모양의 무늬로, 당나라 풍 또는 이국적인 모양이라 해서 당초문이라 함.

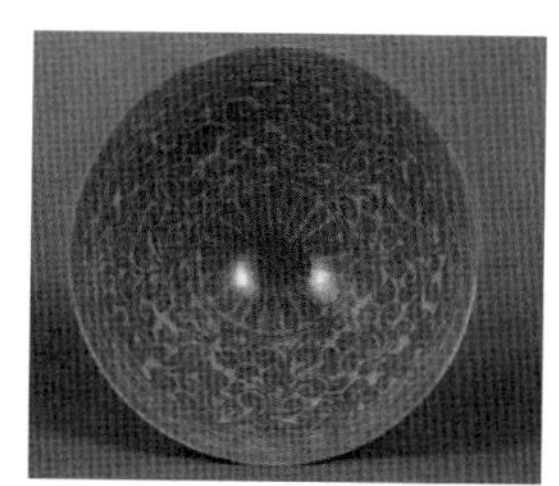
〈청자 상감 당초문 완 靑瓷象嵌唐草紋盌〉

■ 연화문 蓮花紋(文) [蓮 **련** 연꽃 花 **화** 꽃 紋 **문** 무늬] 연꽃

모양의 무늬로, 불교에서 대자대비大慈大悲 혹은 극락세계나 절, 윤회 등을 상징하기도 함.

〈분청사기 연화문 편호 粉靑沙器蓮花紋扁壺〉

■ 양류문 楊柳紋(文) [楊 양 버드나무 柳 류 버드나무 紋 문 무늬] 버드나무 무늬. 버드나무는 물가 어디서나 잘 자라는 나무로, 줄기찬 생명력을 상징하고 칼처럼 생긴 잎은 장수나 무기를 나타냄.

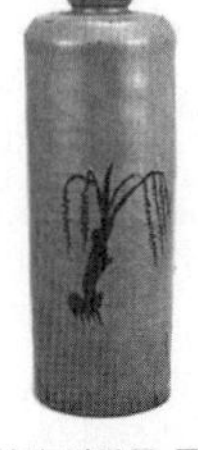
〈청자 철화 양류문 통형 병 靑瓷鐵畵楊柳文筒形甁〉

〈청자 상감 운학문 매병 靑瓷象嵌雲鶴文梅甁〉

■ 운학문 雲鶴紋(文) [雲 운 구름 鶴 학 두루미 紋 문 무늬] 구름에 학을 섞어서 만든 무늬. 학은 장수를 상징하는 짐승이고, 구름은 입신양명立身揚名(유교), 번뇌煩惱와 무상無常(불교), 세속을 멀리 떠난 초월의 경지(도교)를 상징함.

4. 도자기 형태에 따른 분류

■ 병 甁 [甁 병 병] 몸통에 비해 아가리가 아주 좁은 그릇으로, 화병花甁을 연상하면 이해하기 쉬움. 도자기 형태를 지닌 병에는 정병淨甁, 매병梅甁, 편병扁甁, 자라병 등이 있음.

· 淨甁 [淨 정 깨끗하다] 몸체 옆에 귀때가 붙어 있으며, 목이 길면서 위로 갈수록 뾰족해지는 형태의 병. 깨끗한[淨] 물을 담아 불단佛壇 앞에 올려놓는 병으로, 불교에서는 이 물이 중생들의 고통과 목마름을 해소해준다고 함.

· 梅甁 = 술담는 병 [梅 매 매화] 아가리는 작고, 어깨는 풍만하고 밑은 홀쭉한 모양. 매화주[梅]나 인삼주 같은 고급 술을 담는 데 사용함. 또는 주로 매화를 꽂아 두어서 붙여진 이름이라고도 함.

· 扁甁 [扁 편 납작하다] 둥근 몸체의 양옆을 납작하게[扁] 만든 모양.

〈정병〉

〈매병〉

· 자라병 – 자라 모양으로 둥글고 납작하며, 몸체의 한쪽 끝에 아가리가 달려 있음.

〈편병〉

〈자라병〉

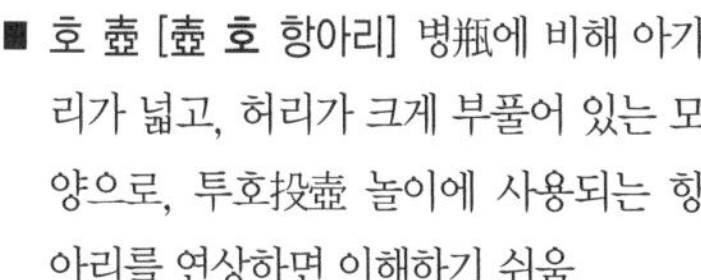

■ 호 壺 [壺 호 항아리] 병甁에 비해 아가리가 넓고, 허리가 크게 부풀어 있는 모양으로, 투호投壺 놀이에 사용되는 항아리를 연상하면 이해하기 쉬움.

〈호〉

■ 발 鉢 [鉢 발 바리때] 반원통형의 일반 공기 밥그릇 모양을 띤 것으로, 그 종류로는 사발(아래는 좁고 위는 넓은 밥그릇이나 국그릇), 종지(간장이나 고추장을 담는 작은 그릇), 술잔, 뚝배기(찌개같이 뜨거운 것을 끓이거나 담는 그릇) 등이 있음.

■ 완 盌 [盌 완 사발] 발鉢의 모양 가운데 작은 것.

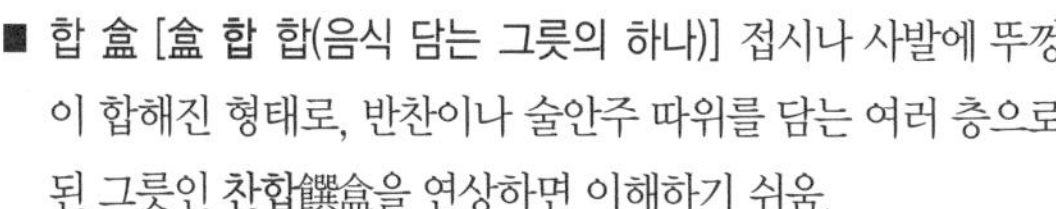

■ 합 盒 [盒 합 합(음식 담는 그릇의 하나)] 접시나 사발에 뚜껑이 합해진 형태로, 반찬이나 술안주 따위를 담는 여러 층으로 된 그릇인 찬합饌盒을 연상하면 이해하기 쉬움.

· 饌盒 [饌 찬 음식 盒 합 합]

〈발〉

■ 분 盆 [盆 분 동이] 화초를 키우는 그릇으로, 화분花盆을 연상하면 이해하기 쉬움.

〈완〉

〈합〉

〈분〉

■ 반盤 [盤 **반** 쟁반] 음식을 올려놓거나 물을 담는 그릇으로, 세숫대야나 쟁반錚盤을 연상하면 이해하기 쉬움.

· 錚盤 [錚 **쟁** 징 盤 **반** 쟁반]

〈반〉

■ 장군 = 부缶 [缶 **부** 장군] 물 · 술 · 간장 따위를 담아서 옮길 때 쓰는 그릇.

〈장군〉

■ 굽다리 접시 = 고배高杯 [高 **고** 높다 杯 **배** 잔] 몸통은 물이나 술을 담는 속이 깊은 잔 모양이고, 구두 밑바닥의 뒤축에 붙어 있는 굽처럼 긴 다리가 붙은 그릇. 삼국 시대 신라와 가야에서 대량으로 만들어진, 접시 형태의 몸체와 굽다리가 달린 토기. '杯'는 컵 모양의 우승트로피를 연상하면 이해하기 쉬움. '월드컵'을 중국어로는 '세계배世界杯'라 함.

〈굽다리 접시〉

■ 받침잔 = 탁잔托盞 [托 **탁** 밀다, 받침 盞 **잔** 잔] 잔과 잔받침이 짝을 이룬 그릇.

〈받침잔〉

■ 향로香爐 [香 **향** 향기, 향 爐 **로** 화로] 향을 피우는 화로. '화로'는 숯불을 담아두는 그릇.

■ 주자注子 [注 **주** 붓다 子 **자** 아들, 접미사(별 뜻 없음)] 술을 따르는 목이 갸름하고 아가리가 좁은 병. 지금의 주전자보다 아가리와 목이 긴 것. '注'는 다른 그릇에 물을 따르기 위해 물을 넣어두는 그릇을 가리키는 말.

■ 통筒 [筒 **통** 통] 대나무 토막 모양의 둥글거나 네모난 그릇. 예컨대 붓을 꽂아두는 것을 붓통이라 하고, 종이를 꽂아두는 것을 지통紙筒[紙 **지** 종이]이라 함.

〈향로〉

〈주자〉

〈통〉

박물관이나 도록圖錄의 도자기 설명문 이해법

粉靑沙器剝地蓮魚文扁甁
朝鮮 15世紀 高22.7 口徑 4.8 底徑 8.4㎝
國寶 179號 湖林博物館 所藏

명칭

분청사기 박지 연어문 편병 조선 15세기 고 22.7 구경 4.8 저경 8.4㎝ 국보 179호 호림박물관 소장

- 분청사기: 종류
- 박지: 무늬를 그려 넣는 방법
- 연어문: 무늬:연꽃 · 물고기 무늬
- 편병: 형태
- 조선 15세기: 만든 나라와 시기
- 고 22.7: 높이
- 구경 4.8: 입구 지름
- 저경 8.4㎝: 바닥 지름
- 호림박물관 소장: 보관 장소

| 금속 공예품 |

칠지도 七支刀

일곱 개의[七] 가지로[支] 이루어진 칼[刀]

七 **칠** 일곱
支 **지** 갈라져 나오다
刀 **도** 칼

칠지도는 곧은 중심 칼날 하나와 좌우에 가지 칼날이 세 개씩 뻗어 있어 '칼날이 모두 7개인 칼' 이란 뜻에서 붙여진 이름입니다. 칠지도에 관한 여러 학설이 있지만 일반적으로 백제의 근초고왕이 왜왕에게 준 선물로 알려져 있습니다. 즉 백제의 발전 시기에 왜와 친교가 있었다는 것을 나타내는 유물입니다. 특이한 것은 현대의 제철 기술로 만든 철은 수십 년이 지나면 녹이 슬어 못 쓰게 되지만, 고대의 제철 기술로 만든 이 유물은 천 년이 넘은 지금도 거의 완벽하게 보존되고 있다는 점입니다. 또한 칼 양면에 금을 상감하여 글자를 새긴 기술은 높이 평가되고 있습니다. 현재 일본 나라현 덴리시 이소노카미 신궁에 소장되어 있습니다.

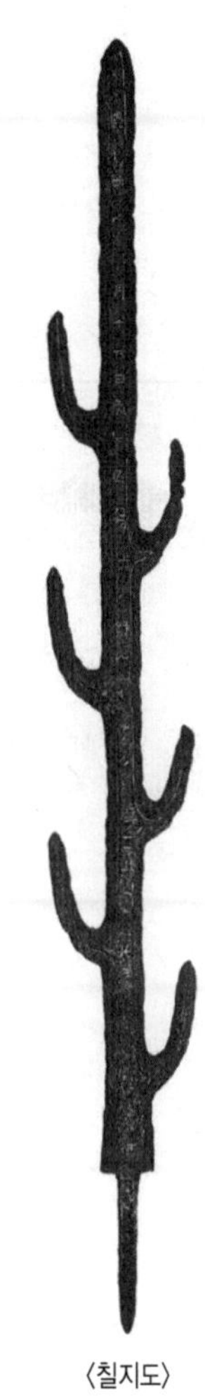
〈칠지도〉

칠지도에 새겨진 내용

: 지워진 부분 때문에 해석이 다양함.

[앞면] 泰□ 四年 □月十六日丙午 正陽造百練鋼七支刀 □辟百兵 宜供□侯王□□□□作
태□ 4년 □월 16일 병오일 정오에 쇠를 수없이 두드려 칠지도를 만들었다. (이 칼은) 모든 병기를 물리칠 수 있으니, 공손한 (왜의) 후왕侯王에게 주는 것이 알맞다.

[뒷면] 先世以來 未有此刀 百濟王世子奇生聖音 故爲倭王旨造 傳示後世
이제까지 아직 이런 칼이 없었는데 백제 왕세자인 기생奇生이 성스럽고 …(?)… 까닭에 왜왕인 지旨를 위해 만든다. 후세에 전하여 보이기를 바란다.

백제 금동대향로 百濟金銅大香爐 = 백제 금동용봉봉래산향로 百濟金銅龍鳳蓬萊山香爐

백제 때 [百濟] 만들어졌으며, 재질은 금동이며[金銅] 용과 봉황[龍鳳], 봉래산이[蓬萊山] 새겨져 있는 향로[香爐]

'蓬萊山' 은 신선이 살고 있다는 산의 이름입니다. '香爐' 는 냄새 제거, 종교 의식 등에서 향을 피우는 도구입니다.

백제 금동대향로는 지난 1993년 12월 충남 부여 능산리 절터에서 출토되었습니다. 윗부분은 봉황, 아랫부분에는 용이 조각되어 있으며, 뚜껑에는 봉래산, 몸체에는 연꽃 무늬가 새겨져 있습니다. 크게 4개 부분으로 되어 있으며 총 높이는 64㎝입니다. 도교와 불교의 색채가 강하게 드러난 매우 훌륭한 공예품으로 학계에서는 발견된 곳을 백제 시대 왕족의 무덤으로 추정하고 있습니다. 국보 제287호이며, 국립부여박물관에 보관되어 있으며, 정확한 이름은 부여 능산리 출토 백제 금동대향로입니다.

百濟 국명
〈百 **백** 백 濟 **제** 구제하다〉
金 **금** 쇠, 금
銅 **동** 구리
龍 **룡** 용
鳳 **봉** 봉황
蓬萊山 지명
〈蓬 **봉** 쑥 萊 **래** 풀 이름
山 **산** 산〉
香 **향** 향기, 향
爐 **로** 화로

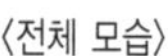
〈전체 모습〉

1. 아랫부분의 용
2. 윗부분의 봉황
3. 뚜껑의 봉래산
4. 몸체의 연꽃 무늬

| 과학 기술 |

석빙고 石氷庫

얼음을[氷] 보관하는, 돌로[石] 만든 창고[庫]

石 **석** 돌
氷 **빙** 얼음
庫 **고** 창고

석빙고는 얼음을 저장하기 위해 돌로 만든 창고입니다. 얼음 저장 창고는 삼국 시대부터 이미 있었으며, 조선 건국 초기에 목재로 만든 동빙고東氷庫와 서빙고西氷庫가 서울에 있었으나 현재는 남아 있지 않습니다. 경북 경주의 석빙고는 현재 남아 있으며, 보물 제66호입니다.

〈경주 석빙고와 내부〉

혼천의 渾天儀

천체의[天] 운행을 둥근 공 모양의 물체에[渾] 반영한 기계[儀]

渾 **혼** 흐리다, 둥근 공
天 **천** 하늘
儀 **의** 예의, 본떠 만든 기계

'渾'은 '둥근 공'을 뜻하는 한자입니다.

혼천의는 천체의 운행을 관측하던 공 모양의 기계로, 추와 톱니바퀴를 이용한 시계 장치와 연결되어 일종의 천문 시계 기능을 하고 있습니다. 이 기계는 1433년 이천李蕆과 장영실蔣英實 등이 목재로 만든 것이 최초라 하지만, 조선 시대 이전에도 만들었을 것으로 추정하고 있습니다. 줄여서 혼의渾儀라고도 합니다.

〈혼천시계〉

〈혼천의〉

간의 簡儀

혼천의의 문제점을 줄여[簡] 만든 기계[儀]

簡 **간** 대쪽, 줄이다
儀 **의** 예의, 본떠 만든 기계

간의는 천문 관측 기구의 하나로 중국 원나라 때 곽수경이 혼천의의 결점을 보완하여 1279년에 처음 만든 기계로, 조선에서도 1432년 이천 · 장영실이 목재로 만들었으며, 나중에는 구리로도 제작하였습니다.

앙부일구 仰釜日晷

해를 우러러보고 있는[仰] 솥[釜] 모양의 해시계[日晷]

仰 **앙** 우러러보다
釜 **부** 가마솥
日 **일** 날, 해
晷 **구** 그림자

'仰釜' 는 '해를 우러러보고 있는 솥' 이란 뜻으로, 이렇게 부른 이유는 네 개의 다리가 가마솥을 떠받치고 있는 모양이기 때문입니다. '日晷' 는 '해시계' 란 뜻으로, 이렇게 부른 이유는 해의 그림자로 시간을 알아맞히기 때문입니다. '일구' 라는 명칭은 해시계 외에도 그림자를 이용한 각종 기기에 거의 붙여집니다.

앙부일구는 1434년(세종 16)에 장영실이 세종의 명령으로 만든 것으로, 시간과 절기를 동시에 알게 해주는 여러 기능이 있으며, 중국에 없었던 발명품으로 대중들이 이용할 수 있도록 종묘 앞 등에 비치하였다고 합니다. 앙부일구의 위대성은 모양이 반구라는 점인데, 이는 당시의 학자들이 태양의 움직임을 정확히 알고 있었다는 것을 뜻합니다. 서울 궁중유물전시관에 있는 앙부일구는 보물 제845호입니다.

〈앙부일구〉

앙부일구를 '해시계' 라는 표현으로만 번역하는 것은 오류

어려운 한자 용어를 쉬운 순 우리말 용어로 바꾸는 것은 바람직하지만, 앙부일구仰釜日晷를 '해시계' 로 번역하는 것은 오류입니다. 해시계에는 반구형의 앙부일구 외에 다양한 유형의 평면형 해시계가 있었기 때문입니다. 앙부일구는 '솥모양 해시계' 등의 평면형 해시계와는 구분되는 명칭으로 구체화해야 합니다.

자격루 自擊漏

스스로[自] 종을 치는[擊] 물시계[漏]

自 자 스스로
擊 격 치다
漏 루 새다, 물시계

'漏'는 보통 '물이 새다'라는 뜻으로 쓰이지만, 여기서는 물의 흐름을 이용하는 '물시계'란 뜻으로 쓰였습니다.

자격루는 물의 힘으로 작동하는 자동 시보 장치로, 1438년(세종 20)에 장영실 등이 세종의 명령으로 만들었습니다. 이 시계에 흐르는 물을 집어넣으면 점점 차 오르면서 일정한 시간이 되었을 때, 그 부력으로 지렛대를 움직이고, 지렛대는 다시 구슬을 떨어뜨려 매 시각마다 종과 북을 쳐 시각을 알리는 동시에 12간지에 따른 동물 인형이 각 시각에 맞게 나타나도록 만들어졌습니다. 서울 궁중유물전시관에 있는 보루각자격루報漏閣自擊漏는 국보 제229호입니다.

〈자격루〉

측우기 測雨器

비의[雨] 양을 측정하는[測] 기구[器]

測 측 재다
雨 우 비
器 기 그릇, 기구

측우기는 1441년(세종 23)에 만들어진 세계 최초의 강우량降雨量 관측 장비입니다. 그릇에 담긴 빗물의 양을 잰다는 것은 아주 평범한 일 같지만 당시 세계 어느 나라에서도 생각해내지 못한 획기적인 발명품입니다. 기상청에 보관중인 금영측우기錦營測雨器는 보물 제561호입니다.

〈측우기(좌)와 측우대(우)〉

수표 水標

물[水] 높이를 표시하는[標] 기구

水 수 물
標 표 표시

수표는 하천, 호수, 저수지 등의 물 높이를 측정하던 기구입니다. 1441년(세종 23) 가뭄과 홍수에 대비하기 위해서는 강우량의 측정이 필요했는데, 이때 측우기를 고안하면서 함께 발명하였습니다. 서울 동대문구 세종대왕기념관에 있는 수표는 보물 제838호입니다.

〈수표와 눈금자〉

풍기대 風旗臺

깃발로[旗] 바람의[風] 방향과 세기를 측정하는 기구를 설치한 대[臺]

風 풍 바람
旗 기 깃발
臺 대 높고 평평한 곳

풍기대는 바람의 세기와 부는 방향을 측정하는 풍기를 세웠던 대입니다. 조선 세종 때는 대나무를 이용하여 측정한 적이 있었는데, 1770년(영조 46)에 이르러 돌로 제작하였습니다. 창경궁 풍기대는 보물 제846호이고, 경복궁 풍기대는 보물 제847호입니다.

◁〈풍기대〉

인지의 印地儀

땅을[地] 측량하던[印] 기구[儀]

印 인 도장, 찍다
地 지 땅
儀 의 예의, 본떠 만든 기계

인지의는 토지의 원근 · 고저를 측량하던 기구로, 1466년(세조 12)에 제작되었지만 현재 전해지지 않아 정확한 내용을 알 수 없습니다.

규형 窺衡

땅을 측량하던[窺] 기구[衡]

窺 **규** 보다
衡 **형** 저울

규형은 토지의 원근을 측량하던 기구로, 1466년(세조 12)에 제작되었지만 현재 전해지지 않아 정확한 내용을 알 수 없습니다.

도량형 度量衡 [度 **도** ~한 정도, 자 量 **량** 헤아리다, 되 衡 **형** 저울]

국가는 백성들에게 세금을 정확히 걷기 위해 도량형의 통일이 필요했습니다. '度'는 길이를 재는 '자', '量'은 부피를 재는 그릇 모양의 도구인 '되', '衡'은 무게를 재는 '저울'을 말합니다. 다음에 제시하는 도량형 가운데 전통적 표현의 수치는 『경국대전經國大典』을 기준으로 한 것입니다.

· 도度(길이)

분分(푼) $\xrightarrow{10배}$ 촌寸(치) $\xrightarrow{10배}$ 척尺(자) $\xrightarrow{10배}$ 장丈(길) : 1尺은 30.303㎝

1㎝ $\xrightarrow{100배}$ 1m $\xrightarrow{1000배}$ 1km

1인치 : 2.54㎝ / 1피트 : 30.48㎝ / 1야드 : 91.438㎝ / 1마일 : 1.609m

· 량量(부피)

합合(홉) $\xrightarrow{10배}$ 승升(되) $\xrightarrow{10배}$ 두斗(말) : 1되는 1.8039ℓ

1㎤ $\xrightarrow{1000배}$ 1ℓ $\xrightarrow{1000배}$ 1㎥ : 1ℓ 는 5.54352홉

· 형衡(무게)

분分 $\xrightarrow{10배}$ 전錢 $\xrightarrow{10배}$ 량兩 $\xrightarrow{16배}$ 근斤 : 1斤은 600g

1g $\xrightarrow{1000배}$ 1kg $\xrightarrow{1000배}$ 1t

1파운드 : 453.59g / 1돈 : 3.75g / 1관貫 : 3,750g

| 화폐貨幣 |

貨 **화** 돈
幣 **폐** 예물, 화폐

명도전 明刀錢

'明' 자가[明] 새겨져 있는 칼[刀] 모양의 돈[錢]

明 **명** 밝다
刀 **도** 칼
錢 **전** 돈

명도전은 중국 춘추전국春秋戰國 시대에 연燕나라와 제齊나라에서 사용한 청동 화폐로, '明' 자 비슷한 표시가 볼록하게 나와 있고, 칼 모양이기 때문에 명도전이라 부릅니다. 오수전, 반량전과 함께 고조선 때 중국과의 교류가 있었음을 알게 하는 화폐입니다.

〈명도전〉

오수전 五銖錢

'五銖' 라는[五銖] 글자가 새겨진 돈[錢]

五 **오** 다섯
銖 **수** 무게 단위
錢 **전** 돈

오수전은 중국 한漢나라에서 수隋나라에 걸쳐 사용된 화폐로, 우리나라에서는 무령왕릉 등에서 발견되고 있습니다. '五銖' 라는 두 글자가 표시되어 있어 오수전이라 부릅니다.

〈오수전(좌)과 상평오수전(우)〉

반냥전 半兩錢

'半兩' 이라는[半兩] 글자가 새겨진 돈[錢]

半 **반** 반
兩 **량** 둘, 화폐 단위
錢 **전** 돈

반냥전은 중국 진秦나라에서 사용한 청동 화폐로, '半兩' 이란 글자가 새겨져 있습니다.

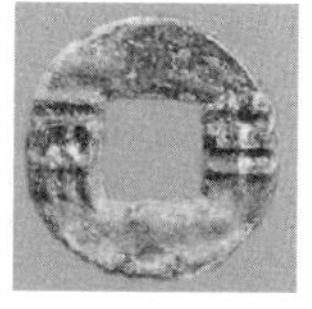

◁〈반냥전〉

화폐의 명칭

○○중보重寶 [重 **중** 무겁다, 중요하다 寶 **보** 보배, 돈]
○○통보通寶 [通 **통** 통하다 寶 **보** 보배, 돈]

'○○' 엔 주로 해동, 동국, 삼한 등 우리나라의 별칭을 쓰고, '重寶' 는 '귀중한 돈', '通寶' 는 '두루 통용되는 돈' 이라는 뜻입니다.

건원중보 乾元重寶

최초의[乾元] 귀중한[重] 돈[寶]

乾元 연호
〈乾 **건** 하늘 元 **원** 으뜸〉

'乾元' 은 중국과 신라에서 사용한 최초의 연호年號로, '처음으로 연호를 정한다' 는 의미가 담겨있습니다. 여기서 '乾' 은 '天' 을 뜻하고 '元' 은 '大' 를 뜻하는 한자로, '乾元' 은 '하늘의 도道' 라는 뜻입니다.

건원중보는 996년(고려 성종 15)에 만들어진 화폐로, 관官에서 만든 최초의 화폐입니다.

〈건원중보〉

활구 闊口

입구가[口] 넓은[闊] 은병

闊 **활** 넓다
口 **구** 입, 드나드는 곳

활구는 본래 은 1근으로 우리나라의 지형을 본떠 만든 은병銀甁입니다. 그러나 입구가 좁은 일반 병에 비해 은병은 입구가 넓었기 때문에 일반인들은 활구라 불렀습니다. 고려 시대에 처음 화폐 유통을 시도했으나 효과가 없자 곧 중단했었는데, 다시 필요성이 제기되면서 활구를 만들게 되었습니다. 1101년(고려 숙종 6) 은 1근으로 처음 만들어 발행했습니다.

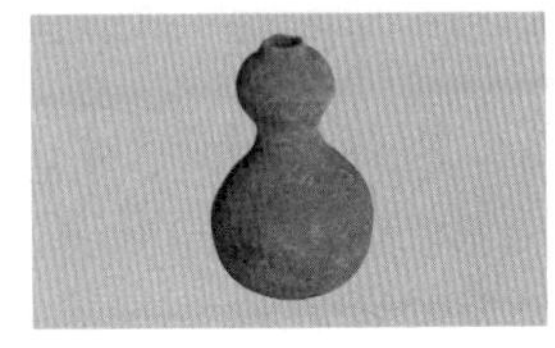

〈은병〉

해동통보 海東通寶

우리나라에[海東] 두루 통용되는[通] 돈[寶]

海東 우리나라의 별칭
〈海 해 바다 東 동 동쪽〉

'海東'은 우리나라를 가리키는 옛 이름입니다.

해동통보는 1102년(고려 숙종 7)에 만든 동전으로, 우리나라에서 처음 사용한 엽전입니다.

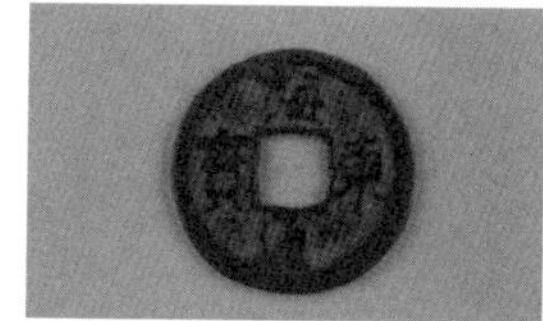
〈해동통보〉

해동중보 海東重寶

우리나라의[海東] 귀중한[重] 돈[寶]

海東 우리나라의 별칭
〈海 해 바다 東 동 동쪽〉

'海東'은 우리나라를 가리키는 옛 이름입니다.

해동중보는 고려 때 만들어진 화폐로, 정확한 제작 시기는 알 수 없습니다. 우리나라에서 최초로 만들어진 철전鐵錢(쇠로 만든 동전)의 하나이며, 상하좌우에 '海東重寶'라고 쓰여 있습니다.

〈해동중보〉

삼한통보 三韓通寶

우리나라에[三韓] 두루 통용되는[通] 돈[寶]

三韓 우리나라의 별칭
〈三 삼 셋 韓 한 나라 이름〉

'三韓'은 우리나라를 가리키는 옛 이름입니다.

삼한통보는 1102년(고려 숙종 7)에 만들어진 화폐입니다.

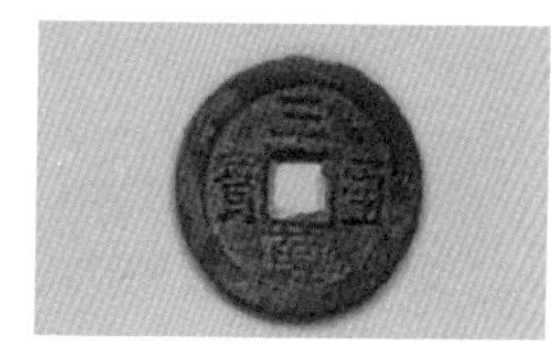
〈삼한통보〉

저화 楮貨

종이[楮] 돈[貨]

楮 저 닥나무, 종이
貨 화 돈

저화는 고려 말에서 조선 초에 사용된 돈으로, 일반 사회에까지 널리 유통되지는 못하였습니다. 당시 교역의 매개는 주로 쌀과 면포(명주)였습니다.

상평통보 常平通寶

물가를 항상[常] 일정하게[平] 유지하도록 두루 통용시키는[通] 돈[寶]

常 **상** 항상
平 **평** 평평하다
通 **통** 통하다
寶 **보** 보배, 돈

'常平'은 중국 한나라 때 물가를 조절하고, 어려운 사람을 도와주던 제도를 일컫던 말입니다.

상평통보는 조선 후기에 사용되던 화폐로, 일반적으로 엽전葉錢이라고 합니다. 1633년(인조 11)에 처음 만들어졌으나 유통되지 않아, 1678년(숙종 4)에 다시 만들어 유통시켰습니다. 상평통보에는 당일전當一錢, 당이전當二錢, 당오전當五錢이 있으며, 흥선대원군이 당백전當百錢을 발행하였습니다.

앞면은 상하우좌에 '常平通寶'라 새겨져 있고, 뒷면의 위는 주조한 관청 표시(戶-호조戶曹, 平-평양감영平壤監營), 좌우나 아래는 액수 표시가 새겨져 있습니다. 좌우에 액수 표시가 있고 아래에 숫자나 기호가 찍히면 아래 것은 주조 번호이고, 좌우에 아무것도 없고 아래에 숫자가 있으면 그 숫자는 액수 표시입니다.

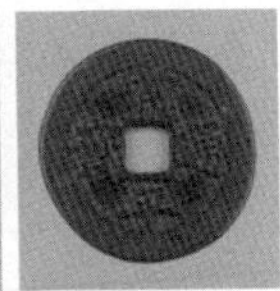

〈상평통보의 앞면(좌)과 뒷면(우)〉

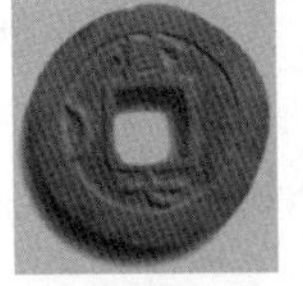
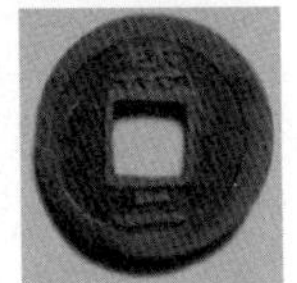

〈어영청 발행 당일전〉 〈금위영 발행 당이전〉

〈균역청 발행 당오전〉 〈호조 발행 당백전〉

엽전葉錢 [葉 **엽** 잎 錢 **전** 돈]

상평통보는 구리 물을 부어 화폐를 만들어내는 거푸집의 모양이 나뭇가지에 달린 열 개의 잎과 같아서 '엽전'이라 불렀습니다.

또 엽전의 둘레는 둥글고 안의 구멍이 네모난 이유는 전통 사상인 **천원지방天圓地方**과 관련이 깊습니다. 옛 사람들은 하늘은[天] 둥글고[圓] 땅은[地] 네모[方]라고 생각했는데, 이러한 생각을 엽전의 모양에 실었습니다. 이러한 예는 여러 곳에 나타나는데, 그 가운데 단군의 흔적이 남아 있는 강화도 마니산[마리산摩利山]의 참성단塹星壇에도 보입니다. 이곳 기단의 하단은 원형圓形이고 상단은 방형方形입니다.

· 天圓地方 [天 **천** 하늘 圓 **원** 둥글다 地 **지** 땅 方 **방** 방향, 모]

가. 일반 서체書體

전서 篆書

전서체의[篆] 글씨[書]

篆 **전** 서체書體의 하나
書 **서** 책, 글씨

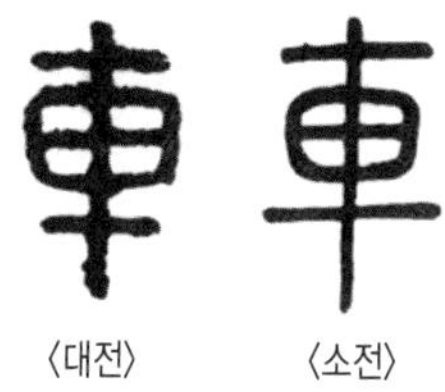

〈대전〉 〈소전〉

'篆' 자에 대해서는 여러 해석이 있습니다. 첫째 '인서引書'이니 글자를 길게 늘여[引] 쓴다는[書] 뜻이며, 둘째 '掾[연 하급관리]'이니 문서를 취급하는 하급관리의 글씨란 뜻이며, 셋째 '瑑[전 새기다]'이니 종이가 발명되기 이전에 글씨를 금석金石 따위에 새겼기 때문입니다.

중국 주周나라 선왕宣王 때 태사太史 주籒는 **갑골문**甲骨文 · **금석문**金石文 등의 옛 글자를 정비하여 '대전大篆'이라는 서체를 만들었습니다. 그 뒤 진시황제秦始皇帝 때 재상 이사李斯가 대전보다 간략한 소전小篆을 만들어 당시 다양하게 쓰이던 여러 글자체를 통일하였습니다.

· 甲骨文 [甲 **갑** 첫째 천간, 껍질 骨 **골** 뼈 文 **문** 글, 글자] 거북의 배껍질[甲]이나 짐승의 뼈에[骨] 새긴 상형 문자[文].
· 金石文 [金 **금** 쇠 石 **석** 돌 文 **문** 글, 글자] 쇠로[金] 만든 종, 또는 돌로[石] 만든 비석 따위에 새겨진 글자[文].

예서 隸書

노예[隸] 이름을 쓰던 글씨[書]

隸 **례** 딸리다, 서체書體의 하나
書 **서** 책, 글씨

〈예서〉

예서는 중국 한漢나라 때에 주로 쓰던 서체로, 전서의 자획字畫을 쓰기에 편하도록 만든 것입니다. 진秦나라의 강력한 법 집행으로 죄수(노예)가 늘어나고, 이들의 이름을 쓰는 양이 늘어나자 간편하게 만들어 썼다 하여 붙여진 이름이라는 설이 있습니다.

해서 楷書

반듯하게[楷] 쓰는 글씨[書]

楷 **해** 바르다, 서체書體의 하나
書 **서** 책, 글씨

해서는 예서에서 발전한 것으로 점과 획을 따로따로 하여 반듯하게 쓰는 글씨입니다. 중국 위魏 · 진晉 이후에 가장 일반적인 서체로 쓰이게 되었습니다.

〈해서〉

행서 行書

붓 가는 대로[行] 쓰는 글씨[書]

行 **행** 다니다, 서체書體의 하나
書 **서** 책, 글씨

행서는 반듯하게 쓰는 해서楷書보다 더욱 자연스럽게 획이 가는 대로 흘려 쓰는 서체로, 초서草書와 해서의 가운데 모양입니다. 붓 가는 대로 쓰는 글씨라 하여 붙여진 이름이라는 설이 있습니다.

〈행서〉

초서 草書

초고草稿에[草] 쓰는 글씨[書]

草 **초** 풀, 서체書體의 하나
書 **서** 책, 글씨

초서는 한자의 전서篆書와 예서隸書의 자획을 생략하고, 이를 흘려 쓰는 서체입니다. 뒤에는 간략하게 쓰는 목적 외에 초서 나름대로 독특한 서체의 아름다움을 만들었습니다. '草'는 '초고草稿(맨 처음 쓴 원고)'의 뜻으로, 빨리 쓴다는 의미가 있어 붙여진 이름이라는 설이 있습니다.

〈초서〉

나. 유명한 서화가書畫家 및 독특한 서체書體

‖ 우리나라 ‖

신품 4현 神品四賢

신의[神] 품격을[品] 지닌 네[四] 현인[賢]

옛사람들은 붓글씨의 품격을 신품神品 · 묘품妙品 · 절품絕品, 혹은 신품 · 묘품 · 능품能品 · 일품逸品 등으로 나누었다고 합니다. 이 가운데 가장 뛰어난 것은 신품으로, 고려 시대까지 신품 수준에 이른 네 사람을 가리켜 신품 4현이라 했습니다. 신품 4현은 신라의 김생金生(711~791)과 고려의 유신柳伸(?~1104), 탄연坦然(1070~1159), 최우崔瑀(?~1249)입니다.

神 **신** 귀신, 신
品 **품** 물건, 품격
四 **사** 넷
賢 **현** 어질다

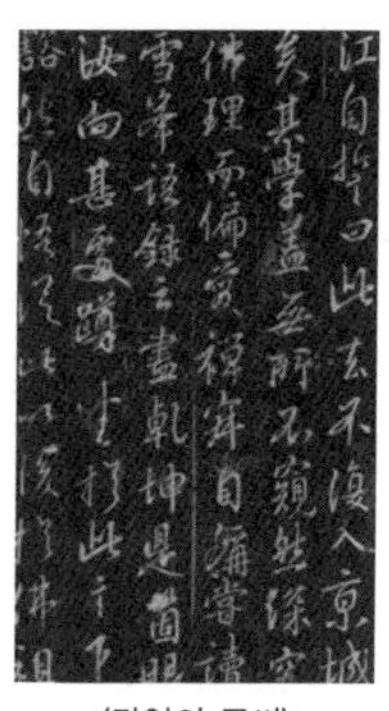

〈탄연의 글씨〉

안평대군 安平大君(1418~1453)

'大君'은 조선시대 왕의 적자嫡子를 이르던 말입니다. 안평대군(이름은 이용李瑢)은 세종대왕의 셋째 아들로 시詩 · 서書 · 화畵에 모두 능하며, 글씨는 조맹부趙孟頫체를 잘 썼고 대표작으로 몽유도원도夢遊桃源圖 **발문**跋文(안견에게 몽유도원도를 그리게 한 동기가 적힌 글)이 있습니다.

〈안평대군의 글씨〉

安平 호칭
〈安 **안** 편안하다 平 **평** 평평하다〉
大君 왕자의 등급
〈大 **대** 크다, 존경 · 찬미하는 말 君 **군** 임금〉

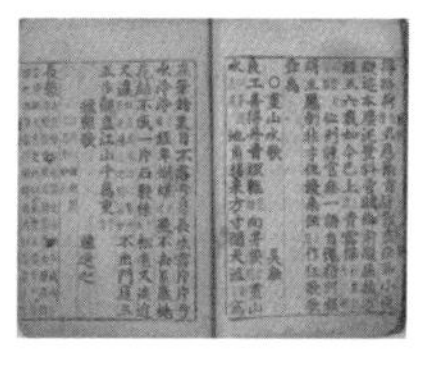

◁〈안평대군의 글씨를 바탕으로 주조한 경오자庚午字 본 『상설고문진보대전詳說古文眞寶大全』〉

· 跋文 [跋 **발** 날뛰다, 책 끝에 붙이는 글 文 **문** 글] 책의 끝에 붙여 그 책의 내용과 그에 관계되는 일을 적은 글. 뒷글.

→ 몽유도원도(p196) 참조.

석봉체 石峯體

한호의[石峯] 서체[體]

石峯 호

〈石 **석** 돌 峯 **봉** 산봉우리〉

體 **체** 몸, 모양

석봉체는 조선 중기 한호韓濩(1543~1605)의 글씨체로, 그의 호가 석봉石峯이기 때문에 석봉체라 합니다. 한석봉은 송설체松雪體 · 왕희지체王羲之體를 배워 독자적인 글씨체를 만들었습니다.

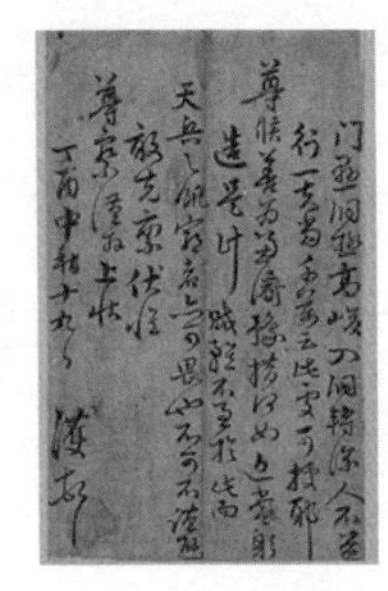

◁〈한호의 글씨〉

동국진체 東國眞體

우리나라의[東國] 진정한[眞] 서체[體]

東國 우리나라의 별칭

〈東 **동** 동쪽 國 **국** 나라〉

眞 **진** 참

體 **체** 몸, 모양

동국진체는 조선 초기에 송설체松雪體 등의 중국 서체가 유행을 하다가, 중기에 접어들면서 우리 것을 찾자는 의식이 팽배해지면서 나온 서체입니다. 대표적인 인물로는 서예가이자 양명학자인 원교圓嶠 이광사李匡師(1705~1777)가 있습니다. 이광사는 정제두鄭齊斗(1649~1736)에게서 양명학을 배웠고, 윤순尹淳(1680~1741)의 문하에서 필법을 익혀 원교체圓嶠體라는 독특한 서체를 만들었습니다.

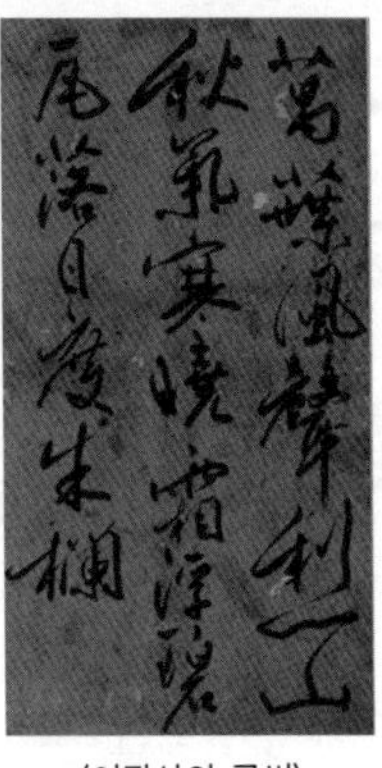

〈이광사의 글씨〉

추사체 秋史體

김정희의[秋史] 서체[體]

秋史 호
〈秋 추 가을 史 사 역사〉
體 체 몸, 모양

추사체는 김정희金正喜(1786~1856)가 동국진체東國眞體의 전통 위에서 청의 고증학을 수용하여 성립시킨 독특한 글씨체로, 그의 호가 추사秋史(완당阮堂이란 호도 많이 사용함)이기 때문에 추사체라고 합니다. 대표작으로는 세한도歲寒圖(국보 제180호) 등이 있으며, 금석학자로서 진흥왕순수비를 비롯하여 여러 비문을 고증하였고 불교학 · 전각 등 다방면에 걸쳐 조예가 깊었습니다.

→ 세한도(p 198) 참조.

〈김정희의 글씨〉

‖ 중국 ‖

왕희지체 王羲之體

왕희지의[王羲之] 서체[體]

王羲之 인명
〈王 왕 임금, 성씨 羲 희 숨 之 지 ~의〉
體 체 몸, 모양

왕희지체는 중국 동진東晋 시대의 서예가인 왕희지(307~365)의 글씨체로, 왕희지는 해서楷書 · 행서行書 · 초서草書를 예술로 승화시켜, '서성書聖'이라는 호칭과 함께 중국 최고의 서예가로 인정받고 있습니다.

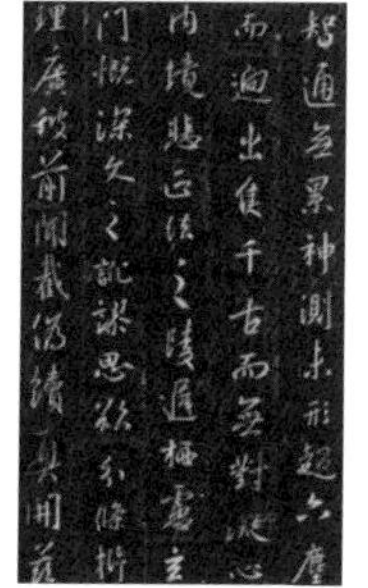

◁〈왕희지의 글씨〉

안진경체 顔眞卿體

안진경의[顔眞卿] 서체[體]

顔眞卿 인명
〈顔 안 얼굴, 성씨 眞 진 참 卿 경 벼슬〉
體 체 몸, 모양

안진경체는 중국 당唐나라 안진경(709~785)의 글씨체로, 당대唐代 이후의 중국 서도書道를 지배하였다고 합니다.

◁〈안진경의 글씨〉

송설체 松雪體

조맹부의[松雪] 서체[體]

松雪 호
〈松 송 소나무 雪 설 눈〉
體 체 몸, 모양

송설체는 중국 원元나라 조맹부趙孟頫(1254~1322)의 글씨체로, 그의 호가 송설도인松雪道人이고, 서실 이름이 송설재松雪齋였다 하여 송설체라고 부릅니다.

◁〈조맹부의 글씨〉

다. 낙관

낙관 落款 = 낙성관지 落成款識

작품이 모두 완성된[落成] 다음에 새겨 넣는 글자[款識]

落 락 떨어지다, 공사가 완공되다
成 성 이루다
款 관 항목, 음각자陰刻字
識 식 알다 / 지 양각자陽刻字

'落成'는 공사를 다 이루었다는 준공竣工과 같은 말로, 여기서는 작품을 완성했다는 의미입니다. '款識'는 중국의 옛 돌이나 청동기 등에 새겨진 글자 가운데 음각자陰刻

字를 '款', 양각자陽刻字를 '지識'라고 부른 데서 유래하였으며, 여기서는 작품 옆에 따로 써 넣는 글자의 의미로 보면 됩니다.

낙관은 낙성관지의 줄임말로, 글씨나 그림을 완성한 다음, 필자 스스로 그 작품에 성명·연월, 또는 시구詩句·발문跋文 등을 기입하고, 또한 자신의 호號나 이름을 새긴 도장을 찍는 일을 말합니다.

낙관을 쓰는 정해진 규칙은 없지만, 자세하게 쓸 경우 대체로 시구詩句, 연월年月, 간지干支, 쓴 장소, 쓴 이유, 자기 이름, 도장의 순서를 지킵니다. 또한 글씨의 모양은 행서行書나 해서楷書로, 연월은 약간 작게 쓴다는 관례가 있습니다.

낙관에는 작품 완성 계절에 대해 별칭을 이용해서 쓰는 경우가 많은데, 다음은 가장 많이 사용되는 별칭입니다. 음력 1月은 맹춘孟春[孟 맹 맹자, 맏], 2月은 중춘仲春[仲 중 버금], 3月은 계춘季春[季 계 계절, 끝]이라 하여 孟·仲·季를 이용하는 경우입니다. 이 세 한자를 이용하여 음력 4~6(여름[하夏]), 7~9(가을[추秋]), 10~12(겨울[동冬])월에 같은 원리로 적용하면 됩니다.

낙관의 도장 파는 일을 전각篆刻[篆 전 벌레, 서체의 하나 刻 각 새기다]이라고 하는데, 이는 한자 문화권에서 독자적인 예술 분야로 자리잡았습니다. 전각은 이름에도 나타나듯이 글씨체를 전서체篆書體로 조각하는 것입니다. 반드시 전서체를 쓰란 법은 없지만 전서체를 주로 이용하는 이유는 조그만 네모 바닥에 글자의 예술적 가치를 높이는 데는 전서가 가장 유리하기 때문입니다.

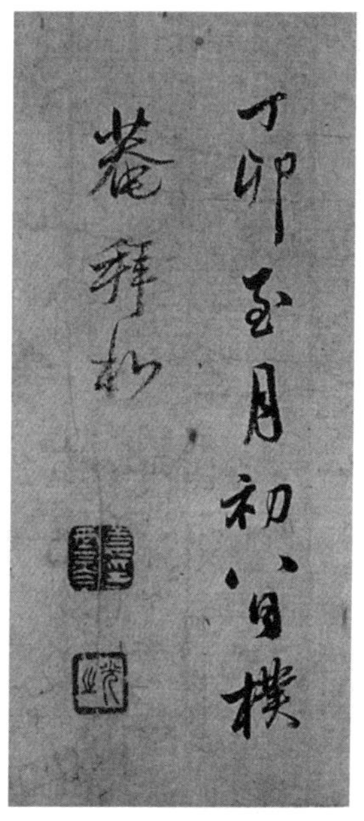
〈낙관 부분(강세황)〉

라. 족자, 병풍, 편액

글씨나 그림을 어떤 방식으로 꾸미는가에 따라 크게 족자, 병풍, 편액으로 나뉩니다.

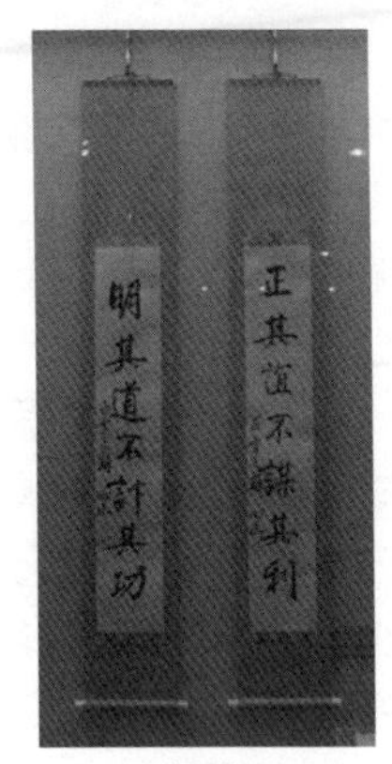

〈족자〉

■ 족자 簇子 [簇 **족** 족자 子 **자** 아들, 접미사의 하나] 글씨나 그림 등을 **표구表具**하여, 벽이나 기둥에 걸거나 두루마리처럼 말아두게 만든 물건. '簇'은 가는 대나무나 싸리를 엮어 조그만 삼태기 모양으로 만들어, 쌀을 이는 데 쓰는 '조릿대'를 뜻하는 한자.

· **表具** [表 **표** 겉 具 **구** 갖추다] 종이 · 천 따위를 써서 족자나 병풍 등을 꾸며 만드는 일.

■ 병풍 屛風 [屛 **병** 병풍 風 **풍** 바람] 바람을 막거나 물건을 가리기 위하여 방 안에 치는 물건으로, 여기에 글씨나 그림을 그려 모양을 내는 경우가 많음. '屛'에는 '담, 가리다'의 뜻이 있음.

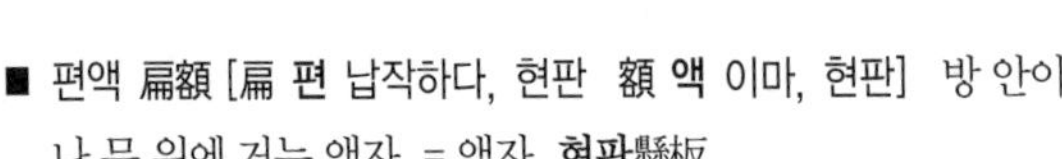
■ 편액 扁額 [扁 **편** 납작하다, 현판 額 **액** 이마, 현판] 방 안이나 문 위에 거는 액자. = 액자, **현판懸板**.

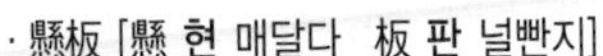
· 懸板 [懸 **현** 매달다 板 **판** 널빤지]

〈병풍〉

〈편액〉

마. 주련

주련 柱聯

나무 판자에 새겨, 기둥에[柱] 짝을 이루는 시구詩句[聯]를 매달아놓은 것.

柱 **주** 기둥
聯 **련** 잇다

'聯'은 '시에서, 짝을 이루는 두 구句를 하나로 묶는 것'을 가리키는 말입니다.

주련은 사찰이나 일반 민간 가옥의 기둥에 글귀를 새긴 나무 판자를 연이어서 매달아놓은 것을 말합니다. 사찰에서는 주로 고승들이 말한 좋은 글귀를 걸어두고, 민간에서는 유명한 한시 구절을 새겨서 걸어둡니다.

〈해인사 법보전 주련〉

원 각 도 량 하 처　현 금 생 사 즉 시
圓覺道場何處　現今生死卽是

원각도량이 어느 곳인가?
지금 살고 죽는 곧 이 때(자리)라네.

(부처님의 깨달음을 위한 수행의 장소가 따로 있지 않고,
지금 우리가 살고 있는 이곳이 바로 그곳이다.)

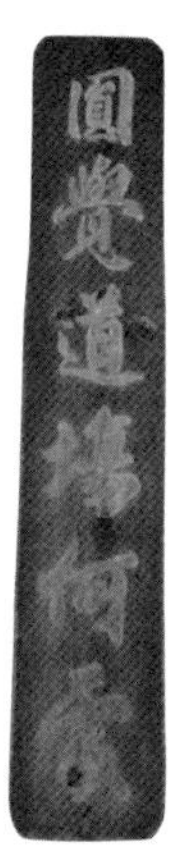

- 圓覺 [圓 **원** 둥글다　覺 **각** 깨닫다] 석가여래의 각성. 부처의 원만한 깨달음.
- 道場 [道 **도** 길, 도리　場 **장→량** 마당] 불도를 닦는 곳.
- 何處 [何 **하** 어찌, 어느　處 **처** 곳]
- 現今 [現 **현** 나타나다, 지금　今 **금** 지금] 이제. 지금.
- 生死 [生 **생** 살다　死 **사** 죽다]
- 卽是 [卽 **즉** 곧　是 **시** 이것] 바로 이곳(것).

| 그림 |

그림의 역사는 아주 오래되었는데, 선사 시대의 **암각화**巖刻畵로부터 초기 역사 시대의 **고분벽화**古墳壁畵에서는 주로 주술에 관계된 것이나 생활 풍속을 그렸고, 고려 시대 이후로 순수한 감상을 목적으로 하는 **산수화**山水畵나 실용적인 목적을 띤 그림들이 그려졌습니다.

〈울산 반구대 암각화〉

· 巖刻畵 [巖 **암** 바위 刻 **각** 새기다 畵 **화** 그림] 바위에 새긴 그림으로, 주로 풍요로운 사냥을 기원하며 동물을 그림.

· 古墳壁畵 [古 **고** 옛 墳 **분** 무덤 壁 **벽** 벽 畵 **화** 그림] 고분 안의 벽에 그린 그림.

· 山水畵 [山 **산** 산 水 **수** 물 畵 **화** 그림] 자연의 경치를 그린 그림.

진경산수화 眞景山水畵

眞 **진** 참
景 **경** 경치
山 **산** 산
水 **수** 물
畵 **화** 그림

산수를[山水] 사실 그대로의[眞] 경치대로[景] 그린 그림[畵]

진경산수화는 조선 후기 18세기에 실학의 유행과 함께, 화단에서도 관념적인 문인화를 비판하면서 유행한 화풍입니다. 즉, 우리나라의 자연을 직접 눈으로 보고 사실적으로 그려내는 화풍이며, 겸재謙齋 정선鄭敾(1676~1759)이 대표적인 인물입니다. → 인왕제색도, 금강전도 (p 197) 참조.

〈정선의 진경산수화〉

풍속화 風俗畵

風 **풍** 바람, 풍습
俗 **속** 풍속
畵 **화** 그림

풍속을[風俗] 그린 그림[畵]

풍속화는 조선 후기에 유행한 그림으로, 왕실이나 조정

의 각종 행사를 비롯하여 일반 백성들의 생활상과 풍속 등 다양한 삶의 모습이 묘사되어 있습니다. 18세기 전반에 만들어진 풍속화풍은 18세기 후반 김홍도金弘道(1745～?) · 김득신金得臣(1754～1822) · 신윤복申潤福(1758～?) 등의 화가들에 의해 절정기를 맞이하였습니다.

〈김홍도의 풍속화〉

〈신윤복의 풍속화〉

민화 民畵

일반 백성이[民] 그린 그림[畵]

民 **민** 백성
畵 **화** 그림

민화는 말의 뜻대로 풀이하면 일반 백성의 창작물에 국한되지만, 사회 계층이나 신분에 관계없이 우리 민족이 오랜 세월을 살아오는 동안 지녔던 염원과 생활 주변의 모습을 솔직하고 자연스럽게 표현한 그림이라고 보는 것이 바람직합니다. 즉, 민화는 예술적 감상보다는 생활 공간을 장식하기 위한 그림으로, 민중의 기복적 염원과 미의식을 잘 표현하고 있습니다.

〈민화, 까치호랑이〉

사신도 四神圖

네[四] 신을[神] 그린 그림[圖]

四 **사** 넷
神 **신** 귀신, 신
圖 **도** 그림

사신도는 동서남북의 방위를 나타내고 우주의 질서를 수호하는 상징적인 동물을 그린 벽화로, 평안남도 강서군에 있는 강서고분江西古墳에서 출토되었습니다.

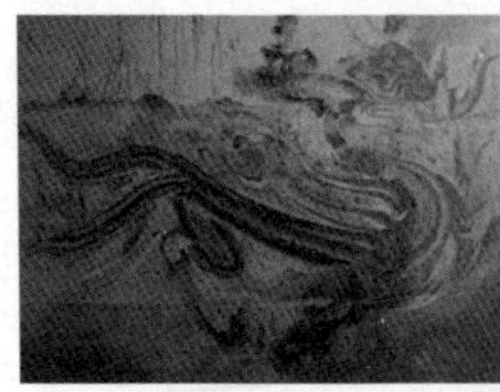
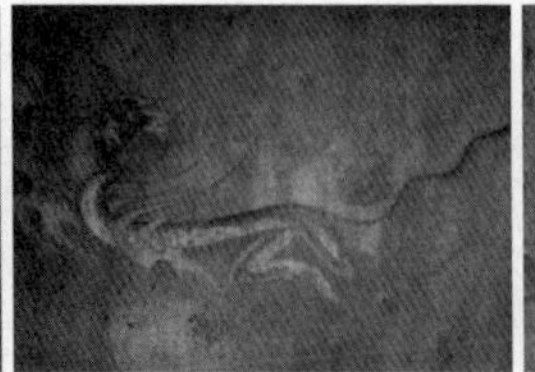
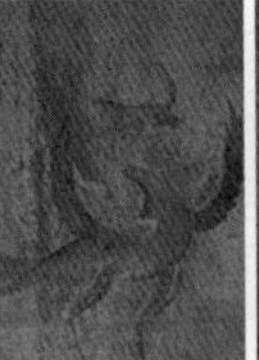
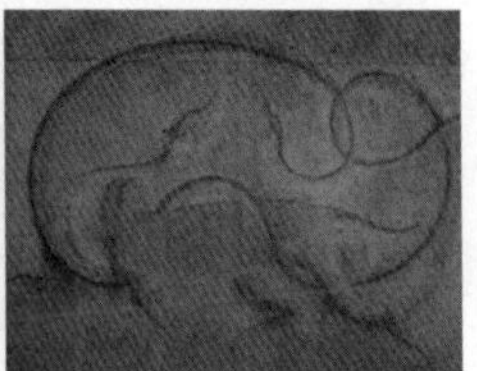

〈강서고분 벽화의 사신도(왼쪽부터 청룡, 백호, 주작, 현무)〉

사신도

■ 東(左) : 청룡靑龍 [靑 **청** 푸르다 龍 **룡** 용] 몸에 뱀의 비늘로 무늬를 넣고, 눈을 부리부리하게 뜨고 머리에 뿔이 한 개 혹은 두 개 돋아 있으며, 화염을 뿜고 있는 것이 통례.

■ 西(右) : 백호白虎 [白 **백** 희다 虎 **호** 호랑이] 혀를 내밀어 위용을 과시하는 모습을 하고 있음.

■ 南 : 주작朱雀 [朱 **주** 붉다 雀 **작** 참새, 봉황과 비슷한 모양의 새] 봉황의 모습과 유사하며 보통 한 쌍으로 등장함.

· 주작대로 朱雀大路 : 주작이라는[朱雀] 이름의 큰[大] 길[路]. 발해의 수도인 상경용천부上京龍泉府에 있던 중앙 대형 도로로, 오늘날 중국 헤이룽장성[흑룡강성黑龍江省], 닝안현[영안현寧安縣], 동경성[東京城] 일대에 있음. 남방의 수호신이자 상서로운 의미를 가진 새 '주작'을 이름에 넣은 것으로 보아, 당시에 음양오행 사상에 따라 도시가 건설되었음을 알 수 있음.

■ 北 : 현무玄武 [玄 **현** 검다 武 **무** 군사, 뱀의 비늘과 거북이의 두꺼운 껍질을 가리키는 말] 거북과 뱀이 몸을 휘감고 엉켜져 그려지며, 다른 것과는 달리 실존하는 동물로 구성되어 있음.

천마도 天馬圖

하늘을[天] 나는 말이[馬] 그려진 그림[圖]

天 **천** 하늘
馬 **마** 말
圖 **도** 그림

천마도는 경주 황남동 천마총天馬塚에서 나온 그림입니다. 자작나무 껍질로 만든 겉면에 상상의 동물인 천마를 그려 넣었으며, 신라의 힘찬

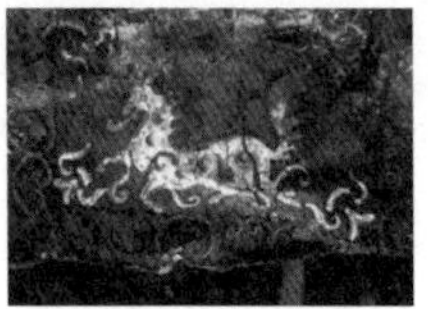

◁〈천마도〉

화풍을 보여 줍니다.

천산대렵도 天山大獵圖

천산에서[天山] 많은 사람이 사냥하는[大獵] 장면이 그려진 그림[圖]

天 **천** 하늘
山 **산** 산
大 **대** 크다
獵 **렵** 사냥하다
圖 **도** 그림

천산대렵도는 고려 공민왕恭愍王(1330~1374)이 그린 것으로 전해지며, 천산天山에서 말을 타고 짐승을 쫓아 활을 쏘면서 달리는 장면이 그려져 있어 붙여진 이름입니다. 현재 국립중앙박물관에 보관되어 있습니다.

· 天山[天 **천** 하늘 山 **산** 산] 중국 감숙성에 있는 기련산祁連山을 말하며, 기련祁連은 몽골어로 '하늘[天]'이란 뜻. 백산白山 · 설산雪山으로도 불림.

〈천산대렵도〉

고사관수도 高士觀水圖

고매한[高] 선비가[士] 물을[水] 바라보고 있는[觀] 장면을 그린 그림[圖]

高 **고** 높다
士 **사** 선비
觀 **관** 보다
水 **수** 물
圖 **도** 그림

고사관수도는 조선 시대 초기에 강희안姜希顔(1417~1464)이 그린 산수인물화로, 고매한 선비가 물을 바라보고 있는 모습이 그려진 그림입니다. 이 그림은 간결하고 호방한 필치로 자연 속에 파묻혀 깊은 사색에 빠진 인간의 내면 세계를 그려낸 걸작으로 꼽히고 있습니다. 현재 국립중앙박물관에 보관되어 있습니다.

〈고사관수도〉

몽유도원도 夢遊桃源圖 = 꿈속에서 여행한 복사꽃 마을

꿈속에[夢] 무릉도원에서[桃源] 놀 때의[遊] 경관을 그린 그림[圖]

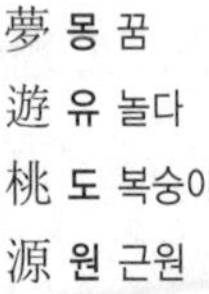
夢 몽 꿈
遊 유 놀다
桃 도 복숭아
源 원 근원
圖 도 그림

몽유도원도는 조선 초기 안견安堅의 대표적인 산수화로 1447년에 그려졌습니다. 몽유도원도라고 이름을 붙인 이유는 안견의 독실한 후원자인 안평대군安平大君이 무릉도원武陵桃源에서 여행하는 꿈을 꾸고 난 뒤, 그 경관을 그림으로 그리도록 하였기 때문입니다. 이 그림의 웅장한 구도와 섬세한 필치는 높이 평가되고 있습니다. 현재 일본 덴리대 중앙도서관에 보관되어 있으며, 국립중앙박물관에는 복사본이 전시되어 있습니다. → 안평대군(p 185) 참조.

· 武陵桃源 [〈武 무 군사 陵 릉 큰 언덕〉 지명 桃 도 복숭아 源 원 근원] 무릉 땅의[武陵] 복사꽃이[桃] 만발한 물의 근원지[源]. 중국 도연명陶淵明의 「도화원기桃花源記」에 나오는 곳으로 사람들이 행복하게 살 수 있는 이상적인 곳을 말함.

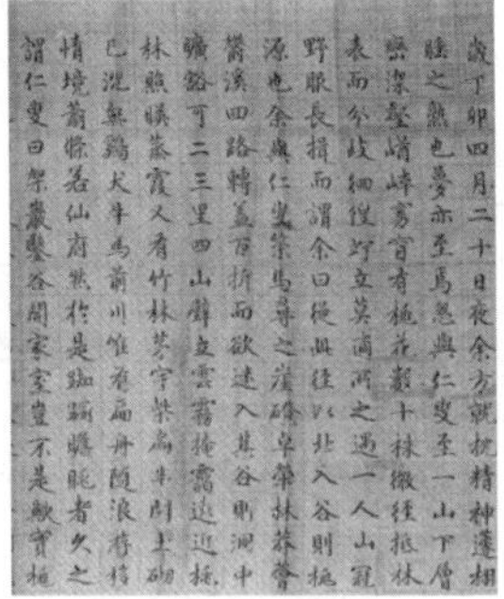
〈안평대군의 발문(부분)〉

〈몽유도원도〉

송하보월도 松下步月圖

달밤에[月] 소나무[松] 아래를[下] 걷는[步] 장면을 그린 그림[圖]

松 송 소나무
下 하 아래
步 보 걸어가다
月 월 달
圖 도 그림

송하보월도는 조선 초기의 화가 이상좌李上佐의 그림이

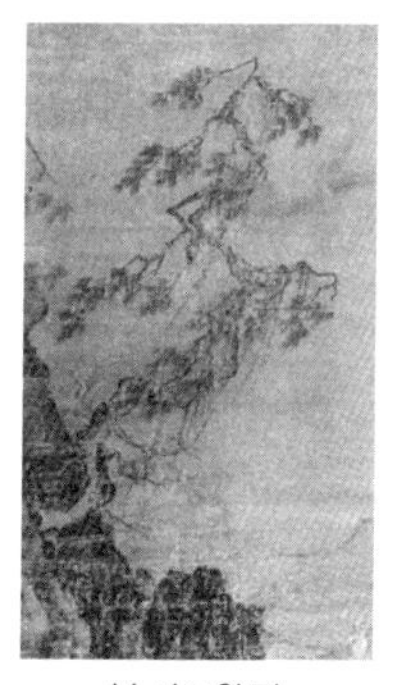

〈송하보월도〉

라고 알려졌으나 확실한 것은 알 수 없는 산수화로, 15세기 말~16세기 초에 그려졌습니다. 이 그림에는 선비가 달밤에 굽은 소나무 아래를 동자와 함께 산책하는 모습이 그려져 있습니다. 현재 국립중앙박물관에 보관되어 있습니다.

> **그림의 제목을 붙이는 법**
>
> 처음부터 제목을 그리는 사람이 짓는 경우도 있지만, 대부분 그림에 제목이 나타나 있지 않습니다. 그래서 제목은 거의 감상자(보관자 혹은 전시자)가 붙이는데, 대개 제재를 활용하여 제목을 붙였습니다.

인왕제색도 仁王霽色圖

인왕산의[仁王] 비 온 뒤에 개어 있는[霽色] 풍경을 그린 그림[圖]

仁王 지명
〈仁 인 어질다 王 왕 임금〉
霽 제 개다
色 색 색깔
圖 도 그림

'仁王'은 서울의 '인왕산'을 말하고, '霽色'은 '하늘이 개었다'는 뜻으로, 인왕산에 비가 온 뒤 개어 있는 모습을 그렸기 때문에 붙인 이름입니다.

'王' 자를 '旺[왕 왕성하다]' 자로도 쓰는데, 일제시대 때 일본[日] 왕이[王]으로 파자破字되는 '旺' 자로 바꾸었다는 설도 있으나, 우리의 옛 문헌에도 '旺'으로 표기된 사례가 있습니다.

인왕제색도는 1751년 정선鄭敾(1676~1759)이 그린 산수화입니다. 국보 제216호이며, 현재 경기도 용인의 호암미술관에 보관되어 있습니다.

〈인왕제색도〉

금강전도 金剛全圖

금강산[金剛] 전체를[全] 그린 그림[圖]

금강전도는 1734년 정선鄭敾이 금강산金剛山의 만폭동

萬瀑洞을 중심으로 내금강의 풍경을 그린 산수화입니다. 전체적으로 원형 구도이며 그림 윗부분에 비로봉이 있고, 가운데 만폭동, 그리고 아랫부분 끝에는 장안사의 비홍교가 그려져 있습니다. 국보 제217호이며, 현재 경기도 용인의 호암미술관에 보관되어 있습니다.

金剛 지명 〈金

〈금강전도〉

세한도 歲寒圖

추운[寒] 시절을[歲] 상징적으로 담아낸 그림[圖]

금 쇠 剛 **강** 굳세다〉
全 **전** 온전하다, 모두
圖 **도** 그림

세한도는 김정희가 제주도에서 유배 생활을 할 때, 북경에서 귀한 책을 갖다준 제자 이상적李尙迪에게 답례로 준 그림입니다. 이상적의 인품을 송백松柏의 지조에 비유한 것으로, 메마른 묵선墨線에 세상과 인간을 담아낸 문인화의 정수로 손꼽힙니다. 세한은 『논어論語』「자한子罕」에서 따온 말입니다[子曰 歲寒然後知松柏之後彫也 : 공자께서 "날이 차가워진 이후라야 소나무, 잣나무가 (다른 나무에 비해) 뒤늦게 시듦을 알게 된다" 하였다. 즉 세상이 혼란해진 다음에야 그 사람이 군자君子인지 아닌지를 알 수 있다는 의미]. 국보 제180호이며, 서울의 한 개인이 소장하고 있습니다.

歲 **세** 해
寒 **한** 차다
圖 **도** 그림

△〈세한도〉
◁〈세한도 발문〉

| 음악과 무용 |

가. 음악 音樂

音 음 소리

樂 락 즐겁다 / 악 음악

국악의 구분은 보통 우리 고유의 음악인 **속악**俗樂 혹은 **향악**鄕樂, 당나라에서 들어온 **당악**唐樂, 그리고 송나라에서 들어온 **대성악**大晟樂이 궁중 음악으로 발전한 **아악**雅樂, 이렇게 세 가지로 분류합니다.

- 俗樂 [俗 **속** 풍속, 속세]
- 鄕樂 [鄕 **향** 시골, 우리나라 고유의]
- 唐樂 [唐 **당** 나라 이름] 원래 '중국 당나라 때의 음악' 이란 뜻으로, 넓게는 우리나라 고유의 음악인 향악鄕樂에 대하여 부른 중국 음악을 가리키고, 좁게는 송나라 때의 속악을 말하기도 함.
- 大晟樂 [大 **대** 크다, 존경 · 찬미하는 말 晟 **성** 밝다] 중국 송나라 때의 음악으로 고려 · 조선 시대 아악의 기초가 됨.
- 雅樂 [雅 **아** 아름답다]

정간보 井間譜

우물처럼[井] 생긴 칸에[間] 음 이름을 기록하는 악보[譜]

井 **정** 우물

間 **간** 사이, 칸

譜 **보** 계통 있게 적다, 악보

정간보는 세종대왕이 창안한 악보로, 井[**정** 우물] 자 모양의 각 네모 칸에 율명律名을 기입하였습니다. 간間은 음의 길이로 한 간(칸)이 한 박이며, 율명은 음의 높이를 나타냅니다. 한 장단의 박자 수에 따라 6간, 10간, 12간, 16간, 20간으로 나뉘어 쓰입니다.

서양 악보와 달리 왼쪽에서 오른쪽으로 보는 것이 아니

라, 위에서 아래로 우측에서 좌측으로 읽습니다.

악보에는 율명의 첫 글자를 한자로 적으며, 옥타브의 표시는 한자의 변에 따라 구분됩니다. 즉 옥타브가 하나 올라가면 '氵' 하나를, 두 옥타브가 올라가면 두 개인 '氵氵' 붙입니다. 반대로 한 옥타브가 내려가면 '亻', 두 옥타브 내려가면 '彳'을 붙입니다. '氵'은 청성淸聲(맑은 소리)의 淸에서, '亻'은 배성倍聲(배로 늘어나는 소리)의 倍에서 따왔습니다.

중국 주周나라 때부터 사용된 율명은 모두 12개인데, **황종**黃鍾, **대려**大呂, **태주**太蔟 , **협종**夾鍾, **고선**姑洗, **중려**仲呂, **유빈**蕤賓, **임종**林鍾, **이칙**夷則, **남려**南呂, **무역**無射, **응종**應鍾이며, 모두 음력 표기법에서 따왔습니다. 악보에 적을 때는 모두 첫 글자만 적는데, 이 가운데 주로 쓰이는 음은 황黃, 태太, 협夾, 중仲, 임林, 남南, 무無 정도입니다.

淋	뱃	淋	어	淋	어
淋	놀	淋	기	淋	기
氵仲	이	淋	야	淋	야
汰	가	潕	디	潕	디
		淋	야	氵仲	여
潕	잔	潕	아	汰	어
淋	다	潢	어	淋	차
		潢	기		
		潕	|		
		淋	여		
		潢	|		
		汰	차		

〈뱃노래(굿거리장단) 일부-정간보〉

· **黃鍾** [黃 **황** 노랗다 鍾 **종** 종] 음력 11월의 별칭. 중국 주周나라는 이때가 정월.
· **大呂** [大 **대** 크다 呂 **려** 음률] 음력 12월의 별칭.
· **太蔟** [太 **태** 크다 蔟 **족** 누에섶 / **주** 음률 이름] 음력 정월(1월)의 별칭.
· **夾鍾** [夾 **협** 끼다 鍾 **종** 종] 음력 2월의 별칭.
· **姑洗** [姑 **고** 시어머니 洗 **세** 씻다 / **선** 깨끗하다, 새롭다] 음력 3월의 별칭. '姑'는 '故'[**고** 옛]와 같으며, '舊'[**구** 옛]의 뜻이고, '洗'는 '鮮'[**선** 신선하다]으로 '新'[**신** 새롭다]의 뜻이므로, 곧 '모든 옛 것을 보내고 새 것을 맞는 달'이라는 의미.
· **仲呂** [仲 **중** 가운데 呂 **려** 음률] 음력 4월의 별칭. = 中呂.
· **蕤賓** [蕤 **유** 꽃 드리워지다 賓 **빈** 손님] 음력 5월의 별칭.
· **林鍾** [林 **림** 숲 鍾 **종** 종] 음력 6월의 별칭.
· **夷則** [夷 **이** 오랑캐 則 **칙** 법칙] 음력 7월의 별칭.
· **南呂** [南 **남** 남쪽 呂 **려** 음률] 음력 8월의 별칭.
· **無射** [無 **무** 없다 射 **사** 쏘다 / **역** 음률] 음력 9월의 별칭.
· **應鍾** [應 **응** 응하다 鍾 **종** 종] 음력 10월의 별칭.

악학궤범 樂學軌範

음악학에[樂學] 관한 본보기[軌範]

樂 **락** 즐겁다 / **악** 음악
學 **학** 배우다, 학문
軌 **궤** 길, 법
範 **범** 모범

'樂學'은 '음악에 관한 학문'이고, '軌範'은 '모범', '본보기'라는 뜻입니다. 그래서 악학궤범은 '음악과 관련된 의식이나 악보 등의 본보기'라는 뜻입니다.

『악학궤범』은 1493년에 성현成俔(1439~1504) 등이 편찬한 것으로 음악의 원리와 쓰임새, 악기의 구조·연주법·제작법, 궁중 무용의 종류와 공연 절차 등을 그림과 함께 상세히 기록한 종합 음악서입니다.

〈악학궤범〉

나. 무용 舞踊

舞 **무** 춤추다
踊 **용** 뛰다, 춤추다

처용무 處容舞

처용의[處容] 춤[舞]

處容 인명
〈處 **처** 곳 容 **용** 받아들이다〉
舞 **무** 춤추다

처용무는 신라 헌강왕 때의 〈처용설화處容說話〉에서 비롯된 것으로, 처용 탈을 쓴 5인이 등장하여 추는 춤입니다. 이 춤은 궁중의 **나례**儺禮·**연례**宴禮 때 추었습니다. 중요무형문화제 제39호.

◁〈처용무(『진찬의궤』)〉

· 儺禮 [儺 나 역귀 쫓다 禮 례 예절] 귀신 쫓는 의식.
· 宴禮 [宴 연 잔치 禮 례 예절] 궁중의 잔치.

 처용

처용은 동해 용왕의 아들로 신라 도성에 머물러 왕정王政을 돌보고 있었는데, 어느 날 그가 없는 사이에 역신疫神이 그의 아내를 빼앗아 동침同寢하는 것을 보고 노래를 부르니, 역신이 탄복하여 사과하고 물러갔다 합니다. 이 설화에서 유래하여 훗날 처용의 초상화를 그려 문 앞에 달아놓으면 귀신을 쫓아낸다고 믿었습니다.

승무 僧舞

승려처럼[僧] 차리고 추는 춤[舞]

僧 승 스님
舞 무 춤추다

승무는 승려처럼 차리고 추는 춤으로, 불교 색채가 강한 한국의 민속 무용입니다. 고깔을 쓰고 장삼을 입어 승려처럼 차리고, 때때로 법고를 치며 풍류에 맞추어 춥니다. 중요무형문화재 제27호.

산대놀이 山臺놀이

산 모양의[山] 무대에서[臺] 하는 놀이

山 산 산
臺 대 높고 평평한 곳

'山臺'는 '산 모양으로 꾸민 무대'란 뜻이고, '산대극' 혹은 '산대놀이'는 이 무대에서 펼쳐지는 가면극을 말합니다.

〈양주 별산대놀이 탈〉

산대놀이는 고려 때 비롯되어 조선을 거쳐 오늘날까지 전해오는 우리나라 고유의 가면극입니다. 민속적인 놀이의 성격을 띠었으며, 양반이나 파계승에 대한 조롱 등을 풍자적으로 나타냅니다. 양반 사회를 신랄하게 꼬집으며 민중의 한을 표현한 양주 별산대놀이는 지금까지 전해져 오고 있으며 중요무형문화재 제2호로 지정되었습니다. 송파산대놀이는 중요무형문화재 제49호입니다.

나례춤 儺禮춤

역귀疫鬼를 쫓아내는[儺] 의식에서[禮] 추던 춤

儺 나 역귀 쫓다
禮 례 예절

나례춤은 음력 섣달 그믐날에 민가와 궁중에서 묵은해의 잡귀를 몰아내기 위하여 벌이던 의식에서 추던 춤입니다.

· 疫鬼 [疫 역 전염병 鬼 귀 귀신] 전염병을 옮기는 귀신.

| 신앙信仰 |

信 **신** 믿다
仰 **앙** 우러러보다

솟대 = 장간 長竿

長 **장** 길다
竿 **간** 장대

솟대는 옛날 성스러운 나무를 숭상하던 신앙에서 유래된 것으로, 풍년을 빌거나 과거에 급제한 사람이 자신을 과시하거나 가문의 행운을 빌기 위하여 세웠으며, 마을의 수호신으로 성역을 상징하기도 합니다.

〈솟대〉

장승

장승은 민간 신앙의 한 형태로, 마을 입구나 길가에 세워 마을의 수호신 구실을 하며, 혹은 사찰이나 지역간의 경계, 이정표에 이용됩니다.

〈장승〉

촌락제 村落祭

마을에서[村落] 지내는 제사[祭]

촌락제는 그 마을의 가장 대표적인 신앙으로, 높이 20여m 되는 나무 아래 제사 지내는 작은 집을 짓고, 여기에 마을의 수호신인 **성황신**城隍神과 토지 신을 모시고 1년에 한 번씩 마을의 안녕을 위해 굿하는 것을 말합니다. 동제洞祭라고도 합니다.

村 **촌** 마을
落 **락** 떨어지다, 마을
祭 **제** 제사

· 城隍神 [城 **성** 성　隍 **황** 해자　神 **신** 귀신] 성을 보호하는 해자(성둘레 못)처럼 마을을 수호하는 신. '서낭신'의 본딧말.

별신굿 別神굿

신을[神] 특별히[別] 모시는 굿

別 별 다르다, 따로
神 신 귀신

'別神' 은 '신을 특별히 모신다' 는 뜻과 서라벌의 벌에서처럼 평야나 들을 상징하는 '들신' 을 말하기도 하는 등 여러 설이 있지만 정확한 것은 없습니다.

별신굿은 큰 규모의 마을 굿을 통틀어 말하는 것으로, 유래는 확실하지 않습니다. 진행은 먼저 유교식으로 제관이 축문을 읽고 조용히 끝내며, 다음엔 사제가 무당으로 교체되어 굿 형식으로 흥겹게 진행됩니다. 특히 지배 계층인 양반과 선비의 허위성을 폭로하고, 지배 계층과 피지배 계층 간의 갈등적 관계를 극화하면서 상민들의 삶과 애환을 풍자적으로 그리고 있는 하회 별신굿 탈놀이(중요무형문화재 제69호)가 유명합니다.

동제洞祭는 마을 사람 가운데 뽑힌 제관이 주재를 하지만, 별신굿은 무당이 주재한다는 점이 다릅니다.

〈하회탈〉

탈의 유래와 탈춤의 다른 명칭들

마을 굿판에서 흉년을 오게 하는 귀신 탈과 풍년을 오게 하는 귀신 탈을 서로 싸우게 한 뒤, 풍년 귀신이 이기도록 하는 데서 유래하여, 나중에는 양반을 풍자하기 위해 양반 탈을 만드는 등 다양한 탈이 만들어지게 되었습니다.

- 서울 · 경기 : 산대놀이
- 경상도 낙동강 동편 : 야류野遊
- 경상도 낙동강 서편 : 오광대五廣大(예 : 통영 오광대)
- 경상북도 : 별신굿(예 : 하회 별신굿놀이)
- 강원도 : 관노놀이(예 : 강릉 관노놀이)
- 황해도 : 탈춤(예 : 봉산탈춤)
- 함경도 : 사자놀이(예 : 북청 사자놀이)
- 유랑 예인 집단 : 남사당 덧뵈기
- 처용무나 학춤도 일종의 탈춤으로 볼 수 있음.

제2부 세계문화유산

1. 세계유산의 이해

| 세계유산(World Heritage)이란? |

세계유산이란 인류 전체를 위해 보호되어야 할 보편적 가치가 있다고 인정될 만한 유산입니다. 1972년 유네스코 세계 문화 및 자연 유산 보호 협약에 따라, 정부간 회의인 세계유산위원회에 의해 결정됩니다. 크게 자연유산, 문화유산, 복합(자연+문화)유산으로 나뉩니다.

■ 유네스코란?

유네스코는 United Nations Educational Scientific and Cultural Organization을 줄인 말로 국제연합교육과학문화기구國際聯合教育科學文化機構란 뜻입니다. 즉, 교육 · 과학 · 문화의 보급 및 교류를 통하여, 국가간의 협력 관계를 촉진하는 기구입니다.

| 여러 나라의 세계유산 |

■ 우리나라의 세계유산

○세계문화유산

· 1995년 독일의 베를린(세계유산위원회 제19차 회의) : 〈종묘〉, 〈불국사와 석굴암〉, 〈해인사 팔만대장경 및 경판전〉.

· 1997년 이탈리아 나폴리(제21차 회의) : 〈수원 화성〉, 〈창덕궁〉.

· 2000년 호주 케언즈(제24차 회의) : 〈경주 일대의 역사유적지구〉와 〈고창, 화순, 강화의 고인돌 군〉.

○세계자연유산

· 2007년 뉴질랜드 크라이스트처치(제31차 회의) : 제주 화산섬과 용암 동굴.

■ 주변 나라의 세계유산(2007년 현재)

· 중국 : 〈자금성〉, 〈만리장성〉, 〈돈황석굴〉, 〈진시황릉〉 등 문화유산 21개, 자연유산 3개, 복합유산 4개.

· 일본 : 〈법륭사 불교 유적〉 등 문화유산 9개, 자연유산 2개.

이 밖에 인도, 이탈리아, 프랑스, 스페인 등이 매우 많은 세계유산을 보유하고 있음.

| 문화유산의 이해 |

문화유산 감상법

문화유산은 부모님에게 받은 소중한 선물과도 같습니다. 앞으로 우리나라의 문화유산을 감상할 때는 다음과 같은 자세를 가집시다.

- 직접 그려본다.
- 어떤 과정을 거쳐 만들어졌는가를 상상한다.
- 어떻게 보존할 것인가를 생각한다.

이 과정을 통해 문화유산은 쉽게 만들어지는 것이 아니라는 것을 알게 되고, 또한 잘 보존해야 할 필요성을 느끼게 될 것입니다.

유적과 유물의 차이

- 유적遺蹟 [遺 유 남기다 蹟 적 자취] 옛사람들의 행위가 공간적으로 집중된 물질적 증거로, 인간들의 행동이 행해진 흔적이 남아 있는 곳.
- 유물遺物 [遺 유 남기다 物 물 사물] 옛사람들의 행동 결과로 남아 있는 물건. 그 안에는 당시 사람들의 생활과 의식이 담겨 있음.

‖ 문화유산의 구분 ‖

유형문화재 有形文化財

- 국보國寶 [國 국 나라 寶 보 보배] 보물급 문화재 가운데 국가가 법적으로 지정한 유형문화재. 2007년 현재 308호까지 지정.

有 유 있다
形 형 모양
文 문 글, 예악제도
化 화 되다
財 재 재물

a. 제작 연대가 오래되거나 그 시대를 대표하는 것.
b. 뛰어난 기술력에 의해 만들어지거나, 형태 · 품질 · 용도가 특이한 것.
c. 역사적 인물이 만들거나 그와 관련이 깊은 것 등등.

■ **보물寶物 [寶 보 보배 物 물 사물]** 유형문화재 가운데 중요한 것으로 문화재위원회의 심의를 거쳐 결정된 것을 통틀어 말함. 2007년 현재 1475호까지 지정.(보물은 지정 종목 숫자의 변동이 많기 때문에 문화재청 등의 홈페이지를 자주 열람해야 함.)

■ **사적史蹟 [史 사 역사 蹟 적 자취]** 기념물 가운데 역사적 · 학술적 · 관상적 · 예술적 가치가 큰 것으로, 국가가 법적으로 지정한 문화재. 2007년 현재 475호까지 지정.

■ **사적 및 명승** 역사적 가치와 경관적 가치가 혼재된 곳으로서 중요한 곳. 2007년 현재 9호까지 지정.

명승 · 천연기념물

■ **명승名勝 [名 명 이름 勝 승 이기다, 뛰어나다]** 경치가 뛰어나 보존을 지정받은 곳. 2007년 현재 21호까지 지정.

■ **천연기념물天然記念物 [天 천 하늘, 자연 然 연 그러하다 記 기 적다, 외우다 念 념 생각 物 물 사물]** 보존 가치가 높아 그 보호를 법률로써 지정한 동물 · 식물 · 지질이나 광물 등. 2007년 현재 473호까지 지정.

중요무형문화재 重要無形文化財

연극 · 음악 · 무용 · 공예 · 기술 등 역사적으로 또는 예술적으로 가치가 큰 것을 지정. 2007년 현재 119호까지 지정.

重 **중** 무겁다, 중요하다
要 **요** 구하다, 중요하다
無 **무** 없다
形 **형** 모양
文 **문** 글, 예악제도
化 **화** 변화하다
財 **재** 재물

중요민속자료 重要民俗資料

우리 민족의 기본적 생활 문화의 특색을 나타내는 것 가운데 전형적인 것을 지정. 2007년 현재 246호까지 지정.

重 **중** 무겁다, 중요하다
要 **요** 구하다, 중요하다
民 **민** 백성
俗 **속** 풍속, 속세
資 **자** 재물, 바탕
料 **료** 헤아리다, 재료

지방문화재 地方文化財(시 · 도 지정 문화재)

국가가 지정하지 않은 문화재 가운데 보존 가치가 있다고 인정되는 것을 그 시 · 도에서 문화재로 지정함. 지방문화재도 역시 유형문화재 · 무형문화재 · 기념물 · 민속자료 순으로 구분하고 있음.

地 **지** 땅
方 **방** 네모, 지방
文 **문** 글, 예악제도
化 **화** 되다
財 **재** 재물

2. 우리나라의 세계문화유산

| 종묘宗廟 |

종묘宗廟

임금이나 제후의 사당[宗廟]

宗 **종** 근본, 사당
廟 **묘** 사당

'廟'는 '조상의 얼굴 모양을 봄과 같다'는 뜻의 '貌[모 모양]'와 같은 의미로 씁니다. 그래서 '묘'는 조상의 신위神位를 모시는 곳을 의미하며, 왕의 신위를 모시는 곳을 종묘宗廟, 집안 조상의 신위를 모시는 곳은 가묘家廟라 부릅니다.

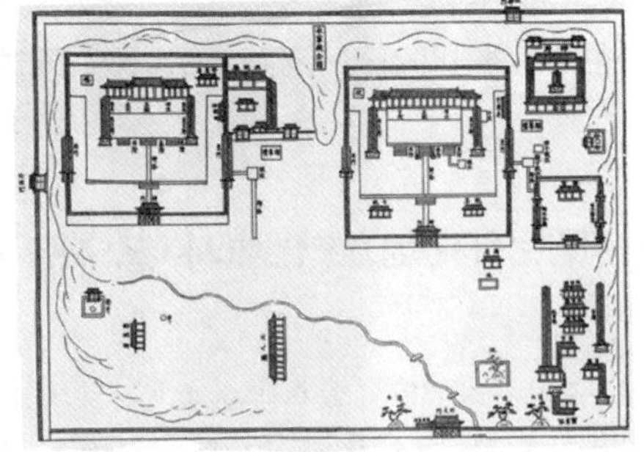

〈종묘전도〉

종묘는 조선 시대 역대 왕과 왕비, 그리고 추존追尊된 왕비의 신위神位를 모셔놓은 사당으로, 현재 서울특별시 종로구 훈정동에 있습니다. 궁궐 건설 원칙인 좌묘우사左廟右社에 의해 궁궐(경복궁)의 왼쪽에 자리잡고 있습니다(오른쪽에는 사직단社稷壇).

절제된 건축미와 엄숙한 분위기가 감도는 조선 시대 대표적인 건축물로, 조선 초기부터 현재까지 매년 종묘제례(중요무형문화재 제56호)가 이뤄지는 살아 있는 역사의 현장입니다. 이에 대해 유네스코 세계유산위원회는 16세기 이래로 원형이 보존되고 있으며, 제왕을 기리는 유교적 사당의 표본이 되며, 전통 의식과 행사가 현재까지 이어지고 있어 세계문화유산으로 선정하였습니다. 사적 제125호.

· 追尊 [追 **추** 쫓다 尊 **존** 높이다] 죽은 뒤에 높임.
· 社稷壇 [社 **사** 모이다, 토지 신 稷 **직** 기장, 곡식 신 壇 **단** 높

고 평평한 곳] 종묘가 조상에게 제사를 드리는 곳이라면, 사직단은 토지 신과 곡식 신에게 제사를 드려 나라의 풍요를 비는 곳.

사직단 社稷壇

'社'는 '토지 신[토신土神]'을 말하고, '稷'은 '곡식 신[곡신穀神]'을 말합니다. 社와 稷에 제사를 지내는 이유는 사람은 흙이 아니면 설 수 없고, 곡식이 아니면 먹을 것이 없기 때문입니다. 그래서 나라에서는 흙으로 단을 만들어 社와 稷을 세우고 제사를 지냅니다. 동쪽에는 사단, 서쪽에는 직단을 두는데, 2월(중춘仲春) · 8월(중추仲秋) · 동지冬至(납월臘月) · 정월의 기곡제祈穀祭 이외에 기우제祈雨祭 등을 드려야 할 때 이곳에서 제사를 바쳤습니다. 종로구 사직동에 있으며, 본래 기능을 상실했기 때문에 현재는 공원으로 이용되고 있습니다. 사적 제121호입니다. 종묘와 사직은 너무나 중요한 것이었기 때문에, 뒷날에는 '국가' 또는 '주권'과 같은 의미로 쓰이게 됩니다.

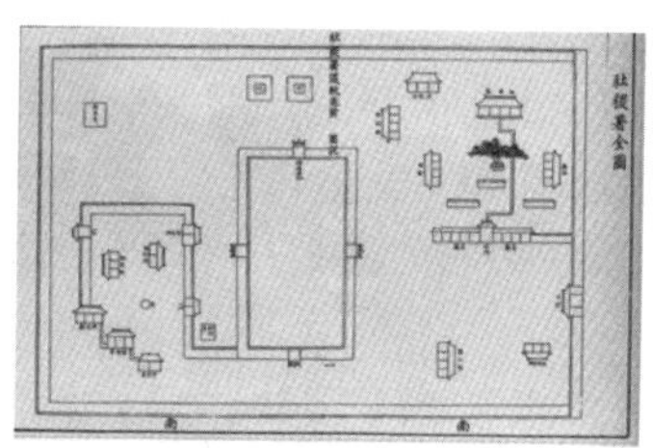
〈사직서전도〉

〈사직단〉

가. 주요 건물

정전 正殿

중심이 되는[正] 전각[殿]

正 정 바르다, 주되다
殿 전 큰 집

정전은 영녕전永寧殿과 함께 조선 시대에 역대 임금과 왕비의 신위를 모시는 건물입니다. 정면 19칸으로 되어 있는데, 각 칸에 19분의 왕과 그 왕비가 모셔져 있습니다. 그 밖에 나머지는 서쪽에 있는 영녕전에 봉안되어 있습니다. 한 칸의 구성을 보면 우선 제일 뒤에 신위를 모신 **감실龕室**이 있고, 그 앞에 제사 지낼 공간이 마련되어 있습니다. 건물은 신의 거처이기 때문에 단청을 화려하게 하지 않고 단순한 형태로 만들어졌습니다. 그래서 소박하면서도 장엄한 분위기가 감돕니다. 국보 제227호.

· **龕室** [**龕 감** 감실 **室 실** 방] 사당 안에 신주를 모셔두는 장롱.

〈정전〉

종묘 건물에 현판이 없는 이유

종묘에는 여러 건물이 있지만, 다른 건물과 달리 건물의 이름을 나타내는 현판이 없습니다. 종묘 제도 자체가 고대 중국에서 유래했는데, 중국의 종묘에도 현판이 없었다고 합니다. 현판이 없는 정확한 이유는 알 수 없지만, 대체로 종묘는 신神들이 사는 곳이기 때문이라고 합니다. 사람들은 건물의 이름을 통해 그 용도를 구분하지만, 신神은 그럴 필요가 없었을 겁니다.

신주를 모시는 풍속

죽은 왕의 신주를 모시는 풍속은 중국의 고대 국가 때부터 있었습니다. 이 풍속이 우리나라에 전해지면서 신라 시대에는 5대, 고려 시대에는 7대까지만 정전에 모시고 차례가 밀리면 영녕전으로 옮겨 모셨습니다. 그러나 업적이 큰 왕은 7대가 지나도 정전에 모셨습니다. 그래서 정전에 모셔진 왕을 보면 뒤의 7대를 제외하고는 모두 업적이 컸던 왕들입니다.

정전 배치도

西 | 1 | 2 | 3 | 4 | 5 | 6 | 7 | 8 | 9 | 10 | 11 | 12 | 13 | 14 | 15 | 16 | 17 | 18 | 19 | 東

1 태조고황제太祖高皇帝, 신의고황후 한씨神懿高皇后韓氏, 신덕고황후 강씨神德高皇后康氏

2 태종대왕太宗大王, 원경왕후 민씨元敬王后閔氏

3 세종대왕世宗大王, 소헌왕후 심씨昭憲王后沈氏

4 세조대왕世祖大王, 정희왕후 윤씨貞熹王后尹氏

5 성종대왕成宗大王, 공혜왕후 한씨恭惠王后韓氏, 정현왕후 윤씨貞顯王后尹氏(계비繼妃)

6 중종대왕中宗大王, 단경왕후 신씨端敬王后愼氏, 장경왕후 윤씨章敬王后尹氏(계비), 문정왕후 윤씨文定王后尹氏(계비)

7 선조대왕宣祖大王, 의인왕후 박씨懿仁王后朴氏, 인목왕후 김씨仁穆王后金氏(계비)

8 인조대왕仁祖大王, 인열왕후 한씨仁烈王后韓氏, 장열왕후 조씨莊烈王后趙氏(계비)

9 효종대왕孝宗大王, 인선왕후 장씨仁宣王后張氏

10 현종대왕顯宗大王, 명성왕후 김씨明聖王后金氏

11 숙종대왕肅宗大王, 인경왕후 김씨仁敬王后金氏, 인현왕후 민씨仁顯王后閔氏(계비), 인원왕후 김씨仁元王后金氏(계비)

12 영조대왕英祖大王, 정성왕후 서씨貞聖王后徐氏, 정순왕후 김씨貞純王后金氏(계비)

13 정조선황제正祖宣皇帝, 효의선황후 김씨孝懿宣皇后金氏

14 순조숙황제純祖肅皇帝, 순원숙황후 김씨純元肅皇后金氏

15 문조익황제文祖翼皇帝(헌종의 아버지, 추존), 신정익황후 조씨神貞翼皇后趙氏

16 헌종성황제獻宗成皇帝, 효현성황후 김씨孝顯成皇后金氏, 효정성황후 홍씨孝定成皇后洪氏(계비)

17 철종장황제哲宗章皇帝, 철인장황후 김씨哲仁章皇后金氏

18 고종태황제高宗太皇帝, 명성태황후 민씨明成太皇后閔氏

19 순종효황제純宗孝皇帝, 순명효황후 민씨純明孝皇后閔氏, 순정효황후 윤씨純貞孝皇后尹氏(계비)

· 皇帝 : 1897년(광무 1) 국호를 대한제국으로 고치고 고종이 황제에 오름에 따라 조선의 종묘는 대한제국의 종묘로 승격되었음. 그래서 99년 이전 조상의 추존의 옛 예법에 따라 태조를 원조고황제元祖高皇帝로 추존하고, 나머지 99년 이내의 호칭을 황제로 바꿨음.

· 繼妃 [繼 계 잇다 妃 비 왕비] 이전의 왕비가 먼저 죽거나 쫓겨나 새로 왕비가 된 사람.

영녕전 永寧殿

'영원토록[永] 편안히[寧] 쉬다' 라는 의미를 담고 있는 전각[殿]

永 **영** 영원하다
寧 **녕** 편안하다
殿 **전** 큰 집

영녕전은 정전의 축소판으로 정전에 모신 왕들보다 격이 떨어지는 왕과 왕비의 신주를 모시는 건물입니다. 즉 조천祧遷된 신주神主를 모시는 곳입니다. 지금 이곳에는 태조 선대 4조祖와 기타 추존된 왕과 왕비 등 32위의 위패를 15개의 실에 봉안하고 있습니다. 보물 제821호.

〈영녕전〉

· 祧遷 [祧 **조** 먼 조상을 합사合祀하는 사당 遷 **천** 옮기다] 종묘 정전 안의 위패를 영녕전으로 옮겨 모시던 일.

영녕전 배치도

西	5	6	7	8	9	10		1	2	3	4		11	12	13	14	15	東

1 목조대왕穆祖大王(태조의 고조, 추존), 효공왕후 이씨孝恭王后李氏
2 익조대왕翼祖大王(태조의 증조, 추존), 정숙왕후 최씨貞淑王后崔氏
3 도조대왕度祖大王(혹은 탁조라고도 부름, 태조의 조부, 추존), 경순왕후 박씨敬順王后朴氏
4 환조대왕桓祖大王(태조의 아버지, 추존), 의혜왕후 최씨懿惠王后崔氏
5 정종대왕正宗大王, 안정왕후 김씨安定王后金氏
6 문종대왕文宗大王, 현덕왕후 권씨顯德王后權氏
7 단종대왕端宗大王, 정순왕후 송씨定順王后宋氏
8 덕종대왕德宗大王(성종의 아버지, 추존), 소혜왕후 한씨昭惠王后韓氏
9 예종대왕睿宗大王, 장순왕후 한씨章順王后韓氏, 안순왕후 한씨安順王后韓氏(계비)
10 인종대왕仁宗大王, 인성왕후 박씨仁聖王后朴氏
11 명종대왕明宗大王, 인순왕후 심씨仁順王后沈氏
12 원종대왕元宗大王(인조의 아버지, 추존), 인헌왕후 구씨仁獻王后具氏
13 경종대왕景宗大王, 단의왕후 심씨端懿王后沈氏, 선의왕후 어씨宣懿王后魚氏(계비)
14 진종소황제眞宗昭皇帝(정조의 양부, 추존), 효순소황후 조씨孝純昭皇后趙氏
15 장조의황제莊祖懿皇帝(정조의 생부, 추촌), 헌경의황후 홍씨獻敬懿皇后洪氏
16 의민황태자영친왕懿愍皇太子英親王(고종의 일곱째 아들, 순종의 이복동생)

조선 시대 왕의 순서와 호칭

태조 – 정조 – 태종 – 세종 – 문종 – 단종 – 세조 – 예종 – 성종 – 연산군 – 중종 – 인종 – 명종 – 선조

광해군 – 인조 – 효종 – 현종 – 숙종 – 경종 – 영조 – 정조 – 순조 – 헌종 – 철종 – 고종 – 순종

조祖, 종宗, 군君 묘호廟號의 차이

조공종덕祖功宗德이라 하여 공功이 있는 경우에는 '祖'라 하고, 덕德이 있는 경우에는 '宗'이라 했습니다.

'祖'는 새로 나라를 세우거나, 나쁜 임금을 폐하고 즉위한 왕, 위기에 처한 나라를 되살려낸 경우에 사용합니다. 태조太祖는 조선을 세웠고, 세조世祖는 조카 단종을 물리쳤으며, 선조宣祖는 임진왜란을 극복했고, 인조仁祖는 반정反正에 성공하여 창업의 공이 있다고 본 것입니다. 그리고 영조英祖 · 정조正祖 · 순조純祖는 처음에는 宗이었다가, 고종이 황제가 되어 직계 조상 5대를 추증할 때 격을 높이기 위해 祖로 바꾼 경우입니다. 참고로 이때의 직계 조상 5대는 영조英祖, 장조莊祖(정조의 아버지, 추존), 정조正祖, 순조純祖, 문조文祖(헌종의 아버지, 추존)입니다. 고종은 철종哲宗이 후사 없이 승하하자 추존된 익종翼宗(뒤에 문조로 바뀜)의 대통을 계승하는 것으로 지명되어 즉위하였기 때문에, 헌종과 철종을 제외하고 그 위의 5대를 祖로 바꾸었습니다.

'宗'은 '성인聖人의 덕이 있다'는 뜻입니다. 어떤 덕이 있는가에 따라 세종, 문종, 성종 등으로 하였습니다. 백제의 성왕成王, 고려나 조선의 성종成宗은 문물제도를 완성하여[成] '成'으로 정하였고, 이외에 문종文宗은 글을[文] 잘해서, 인종仁宗은 성품이 어질어서[仁] '文'과 '仁'으로 정하였습니다.

'君'은 왕위에서 쫓겨나 시호가 없는 경우입니다. 조선 시대에 모두 세 왕이 있었는데, 노산군 · 연산군 · 광해군입니다. 노산군은 숙종 때(1698) '단종'으로 복위되었습니다. 광해군은 이후에 복위되지 못했지만, 현재 복위되어야 마땅했다는 평가를 받고 있습니다.

이렇게 태조太祖 · 세종世宗 등, 왕이 죽은 뒤 그의 공덕을 칭송하여 종묘에 신위를 모실 때 올리는 칭호를 **묘호廟號**라고 합니다.

· 廟號 [廟 **묘** 사당 號 **호** 이름]

나. 기타 건물

〈정문〉

■ **정문** – 외대문外大門으로 불리기도 함. 정면 3칸, 측면 2칸의 맞배지붕이며, 삼문형식三門形式으로 간결하게 마련됨.

■ **정전 동문東門과 서문西門** – 정전 동문은 헌관獻官인 왕이 출입하는 문이고, 서문은 악공이 드나들던 문. 그래서 동문은 서문에 비해 규모가 훨씬 큼. 서문의 경우 문 밖 좌우 기둥의 주춧돌 모양이 다른데, 이는 하늘[천天]과 땅[지地]을 의미하며, 사람[인人]이 지나다님으로 해서 천 · 지 · 인의 삼위일체를 이루도록 만듦.

〈정전의 동문〉

〈정전의 서문〉

· 獻官 [獻 **헌** 바치다 官 **관** 벼슬, 벼슬아치] 나라에서 제사를 지낼 때 임시로 임명하던 관리.

〈서문의 좌우 기둥 주춧돌〉

■ **월대 月臺 [月 월 달 臺 대 높고 평평한 곳]** 동서가 109미터, 남북이 69미터로 우리나라에서 가장 큼. 2중으로 구성되어 있어, 위쪽은 상월대, 아래쪽은 하월대라 하는데, 각기 정면 세 군데에 계단이 설치되어 있음. 여기서 가운데 계단은 신과 통하는 것으로 혼백만 오르내릴 수 있고 사람이 오르내릴 수 없다고 함.

〈월대〉

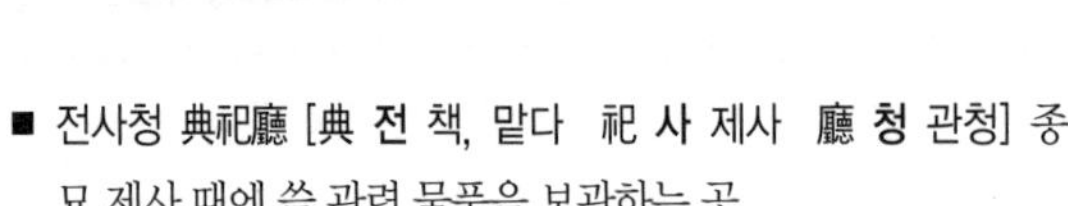

■ **전사청 典祀廳 [典 전 책, 맡다 祀 사 제사 廳 청 관청]** 종묘 제사 때에 쓸 관련 물품을 보관하는 곳.

■ **향대청 香大廳 [香 향 향기, 향 大 대 크다 廳 청 관청]** 향축香祝을 보관하는 곳.

· 香祝 [香 **향** 향기, 향 祝 **축** 빌다] 제사에 쓰는 향과 축문.

〈전사청〉

■ 악공청 樂工廳 [樂 **락** 즐겁다 / **악** 음악 工 **공** 만들다, 장인 匠人 廳 **청** 관청] 제례祭禮 때 악공들이 기다리는 곳. 이곳의 기둥은 둥근 것, 4각 · 8각 · 16각 등으로 다양하게 깎았고, 대칭으로 설치되지도 않는 등, 산술적인 계산이 숨어 있다고는 하지만 그 의미는 정확히 알 수 없음.

〈정전 악공청〉

■ 어로 御路 [御 **어** 임금 路 **로** 길] 어숙실과 정전의 동문 사이에 마련된 길. 왕이나 제관들이 제사 때 이 길을 걷게 되어 있음. 양쪽을 **장대석**長臺石으로 쌓고 네모반듯한 벽돌을 여섯 장씩 깔았는데, 왕이 통행하는 중앙의 두 줄은 약간 높여 위계를 설정함.

〈영녕전 악공청〉

· 長臺石 [長 **장** 길다 臺 **대** 높고 평평한 곳 石 **석** 돌] 섬돌 층계나 축대에 쓰이는 길게 다듬은 돌.

〈어로〉

■ 제정 祭井 [祭 **제** 제사 井 **정** 우물] 제례 때 사용하던 우물. 원형으로 돌을 다듬어 설치하고 주위에는 담으로 둘러침.

■ 수복방 守僕房 [守 **수** 지키다 僕 **복** 종 房 **방** 방] 종묘를 지키는 종들이 머무는 곳. 수복은 묘廟 · 사社 · 능陵 · 원園 · 서원書院 등에서의 제사를 맡아 보던 사람들을 뜻하는 말.

〈제정〉

■ 칠사당 七祀堂 [七 **칠** 일곱 祀 **사** 제사 堂 **당** 집] 한 해 동안 절기에 맞추어 일곱 신에게 제사 지내는 곳으로, 정전의 정문으로 들어서자 마자 왼쪽에 있는 건물. 七祀는 사명司命, 호戶, 조竈, 문門, 여厲, 행行, 중류中霤.

〈칠사당〉

〈수복방〉

칠사七祀

칠사七祀란 좁게는 왕과 궁궐의 생활을, 넓게는 만백성의 삶과 생활을 수호하는 신들에게 지내는 제사로, 유교적 자연관과 우주관을 반영한 것이라 할 수 있습니다. 칠사에 대해 『세종실록』「오례五禮」조에 다음과 같은 설명이 있습니다.

"칠사는 봄에 **사명**司命과 **호**戶에 제사 지내고, 여름에 **조**竈에 제사 지내고, 가을에 **문**門과 **여**厲에 제사 지내고, 겨울에 **행**行에 제사 지내고, 계하季夏의 **토왕일**土旺日에는 별도로 **중류**中霤에 제사 지낸다."

그리고 그 주석에 다시 이런 설명이 있습니다.

"『의례경전통해儀禮經傳通解』의 속주續註에, '사명司命은 궁중宮中의 소신小神이요, 문門과 호戶는 출입出入을 주관하고, 행行은 도로의 통행을 주관하고, 여厲는 죽이고 벌 주는 것을 주관하고, 조竈는 음식의 일을 주관하고, 중류中霤는 당실堂室의 거처를 주관한다."

- 司命 [司 **사** 맡다 命 **명** 목숨] 사람의 삼명三命(사람이 타고나는 세 가지의 운명)을 주관하는 신.
- 戶 [戶 **호** 집, 문] 집이나 방의 출입구를 주관하는 신.
- **竈** [竈 **조** 부엌, 부엌신] 부엌과 음식을 주관하는 신.
- 門 [門 **문** 문] 국문國門, 곧 나라의 문을 주관하는 신.
- 厲 [厲 **려** 갈다, 귀신] 죽어서 후사가 없는 영혼. 이 가운데 태려泰厲는 옛날 제왕으로서 후사가 없는 사람, 공려公厲는 옛날 제후로서 후사가 없는 사람, 족려族厲는 옛날 대부로서 후사가 없는 사람을 가리킴.
- 行 [行 **행** 다니다] 나라의 도로를 주관하는 신.
- 土旺(王)日 [土 **토** 흙, 땅 旺 **왕** 왕성하다 (王 **왕** 임금, 왕성하다) 日 **일** 날] 토왕지절土旺之節이라고도 함. 오행五行에서, 땅의 기운이 왕성하다는 절기. 일 년에 네 번으로, 입춘·입하·입추·입동 전 각 18일 동안임. 여기서는 계하季夏(음력 6월)의 토왕일이라 했으므로, 입추 전 18일 동안을 말함.
- 中霤 [中 **중** 가운데 霤 **류** 낙숫물] 당실堂室의 거처를 주관하는 신. 고대의 혈거 시대穴居時代에는 위쪽에 창문을 내어 빛을 받았으나, 비가 오면 낙숫물이 거기에 떨어졌으므로 '霤'를 방의 뜻으로 썼음. 고대의 경대부卿大夫의 집에서는 토신土神을 여기에 모셨음.

■ 공신당 功臣堂 [功 **공** 공로 臣 **신** 신하 堂 **당** 집] 조선 왕조 역대 공신들의 위패를 모신 곳으로, 정전의 정문으로 들어서자마자 오른쪽에 있는 건물.

〈공신당〉

■ 망묘루 望廟樓 [望 **망** 바라다, 바라보다 廟 **묘** 사당 樓 **루** 다락집] 임금이 제사를 지내러 왔다가 휴식을 취하는 곳으로, '사당을[廟] 바라보며[望] 선왕先王과 종묘사직宗廟社稷을 생각한다' 는 뜻으로 붙여진 이름.

〈망묘루〉

■ 공민왕 신당 恭愍王神堂 [〈恭 **공** 공손하다 愍 **민** 불쌍하다〉 시호 王 **왕** 임금 神 **신** 귀신 堂 **당** 집] 공민왕의 초상화를 모신 사당으로, 망묘루 동쪽에 있는 별당. 고려 제31대 공민왕을 위하여 종묘 창건 시에 건립되었다고 전함.

〈공민왕 신당〉

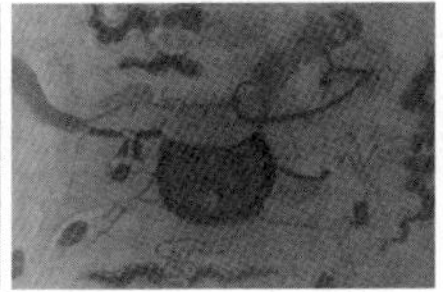
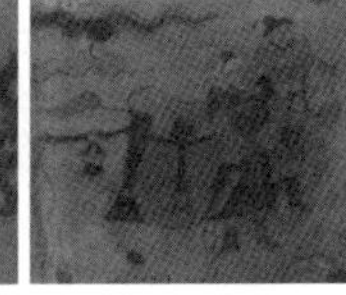
〈공민왕 신당 내부의 준마도〉

〈공민왕과 노국공주〉

■ 어숙실 御肅室 [御 **어** 임금 肅 **숙** 삼가다 室 **실** 방] 국왕이 제사를 준비하기 위해 머물거나 목욕을 하던 곳.

〈어숙실〉

■ 판위대 版位臺 [版 **판** 널빤지 位 **위** 자리 臺 **대** 높고 평평한 곳] 제례 때 제관인 왕과 왕세자가 제사의 예를 갖추는 자리. 왕의 자리는 전하판위殿下版位, 세자의 자리는 세자판위世子版位라 함.

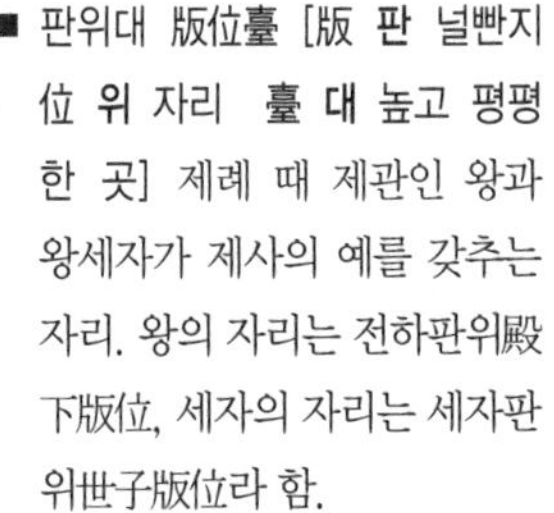

〈영녕전 판위대〉

| 석굴암石窟庵과 불국사佛國寺 |

석굴암은 통일신라 시대 불교 예술의 정수로 극동 아시아 불교 예술의 걸작품이며, 불국사는 불교 교리가 사찰 건축물을 통해 잘 형상화된 대표적인 사례로 불교 문화권 내에서도 그 유례를 찾기 어려운 독특한 건축미를 보여줍니다. 즉 불국사의 구조와 모든 조형물 하나하나가 부처님 나라를 표현하는 상징과 의미가 담겨 있는 이상적인 피안의 세계입니다. 이러한 이유로 석굴암과 불국사는 세계문화유산으로 선정되었습니다.

석굴암과 불국사가 생긴 유래

『삼국유사三國遺事』에 다음과 같은 이야기가 기록되어 있습니다.

신라에 김대성金大城이라는 효성이 지극한 아이가 있었는데, 그 이름은 태어날 때(신문왕 2년, 682) 머리가 크고[大] 정수리가 평평한 게 성처럼[城] 생겨서 붙여진 것이다. 집안이 가난하여 복안福安이라는 사람의 집에서 머슴살이를 하며, 밭 몇 마지기를 얻어 살다가 어느 날 점개漸開라는 스님으로부터 부처님에게 시주하면 복이 있을 것이란 말을 들었다. 이에 어머니와 함께 밭을 시주하였다. 얼마 뒤 대성은 18세라는 어린 나이에 죽었다.

대성이 죽던 날 밤, 재상 김문량金文亮의 집에 '모량리에 살던 대성이 너희 집에 환생하리라' 하는 하늘에서 외치는 소리가 들렸다. 문량이 괴이하게 여겨 사실을 알아보았더니 실제로 그때 대성이 죽었다는 것이었다. 그날 문량의 아내는 임신하였고, 뒷날 아기를 낳았는데 왼손을 꼭 쥐고 펴지 않았다. 아기는 7일 만에 주먹을 폈는데 손에 '大城'이란 두 글자가 새겨져 있었고, 이에 다시 대성이라는 이름을 지었다.

대성은 성장하면서 그의 전생 어머니도 집에 맞아들여 함께 봉양했다. 그는 장성할수록 사냥을 좋아하였다. 하루는 토함산에 올라가 곰 한 마리를 잡은 뒤 산 밑 마을에 내려와 묵었는데, 꿈에 곰이 귀신으로 변하여 '네가 무엇 때문에 나를 죽이느냐, 내가 너를 잡아먹어야겠다' 했다. 대성이 겁에 질려 사죄하자, 귀신이 절을 지어달라고 했다. 이에 대성은 승낙을 하여 그 곰을 잡았던 자리에 절을 세웠고, 이름은 장수사長壽寺라 하였다.

이 일이 있은 뒤 중생을 구원하려는 마음이 발하여 현세의 부모를 위하여 불국사를 건립하고, 또한 전생의 부모를 위해 석불사石佛寺(석굴암)를 창건하였다.

〈석굴암 일주문〉

가. 석굴암

석굴암 石窟庵

석굴[石窟] 속 암자[庵]

石 석 돌
窟 굴 굴
庵 암 암자

석굴암은 경상북도 경주시 토함산吐含山에 있는 불국사의 부속 암자로, 751년에 김대성金大城에 의하여 창건되었으며, 그 안에는 본존불상本尊佛像을 중심으로 보살상菩薩像, 나한상羅漢像, 금강역사상金剛力士像, 사천왕상四天王像 등이 배치되어 있습니다.

석굴암의 원래 이름은 석불사石佛寺라고 합니다. 석굴암은 크고 작은 석재를 쌓아올려 만든 인공 석굴 사원입니다. 처음에는 과학적인 구조로 만들어져 잘 보전되어 오다가, 일제 시대에 일본 도굴꾼에 의해 물건을 도난당하고, 총독부에서 석굴암을 재시공하는 바람에 원형이 훼손당하고 상태가 더욱 불량해졌습니다.

석굴암은 창건 설화와 달리 개인의 의지보다는 왕실과 당시 신라인의 염원으로 만들어진 것으로 추정하고 있습니다. 그 이유는 석굴암이 문무왕文武王의 대왕암大王巖을 향해 있기 때문입니다. 즉 석굴암은 신라의 호국 정신을 담은 국찰國刹과도 같았습니다. 또한 조형적인 면에서도 최고의 석조 미술품으로 꼽히고 있습니다. 국보 제24호.

〈석굴암〉

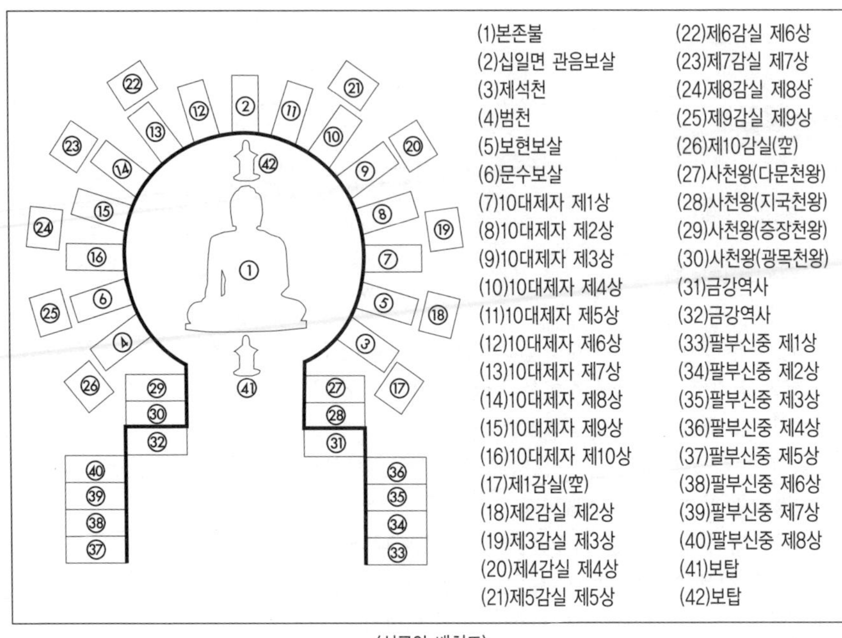

〈석굴암 배치도〉

석굴암 석굴의 구조는 입구인 직사각형의 전실前室과 원형의 주실主室이 **비도**(복도 역할을 하는 통로)로 연결되어 있으며, 360여 개의 돌로 원형 주실의 천장을 교묘하게 구축한 건축 기법은 세계에 유례가 없는 뛰어난 기술입니다. 석굴암 석굴의 입구에 해당하는 전실 석벽 좌우에 4구씩 **팔부신중상**이 있고, 통로 좌우 입구에는 **금강역사상**이 조각되어 있으며, 좁은 통로에는 좌우로 2구씩 동서남북 사방을 수호하는 **사천왕상**이 조각되어 있습니다. 원형의 주실 입구에는 좌우로 8각의 돌기둥을 세우고, 주실 안에는 **본존불상**이 중심에서 약간 뒤쪽에 안치되어 있습니다. 주실의 벽면에는 입구에서부터 **천부상** 2구, **보살상** 2구, **십대제자상** 10구가 있고, 본존불 뒷면에는 석굴 안에서 가장 정교하게 조각된 **십일면 관음보살상**이 서 있습니다. 십일면 관음보살상 위로 본존불의 **광배**가 새겨져 있으며, 광배 양옆으로 각 다섯 개의 **감실**이 있습니다.

■ 비도 扉道 [扉 **비** 문짝 道 **도** 길] 사바 세계의 더러움을 씻어내고, 천상 세계에 떠도는 악귀들의 위협에서 벗어나는 길. '扉'는 '집[戶] 안으로 들어가는 사다리[非]'를 뜻함.

■ 팔부신중상 八部神衆像 [八 **팔** 여덟 部 **부** 갈래 神 **신** 귀신, 신 衆 **중** 많은 사람 像 **상** 모양, (사람의) 형상] 인도 재래의 신으로 부처님에게 귀의하여 불법을 수호하는 여덟 신(천, 용, 야차, 아수라, 가루라, 건달바, 긴나라, 마후라가). '神衆'은 불법을 지키는 신장神將[장 장군]이란 뜻.

〈팔부신중상〉

■ 금강역사상 金剛力士像 [金 **금** 쇠 剛 **강** 굳세다 力 **력** 힘 士 **사** 선비 像 **상** 모양, (사람의) 형상] 금강저金剛杵(금강으로 만든 방망이)를 손에 들고 불법을 수호하는 신.

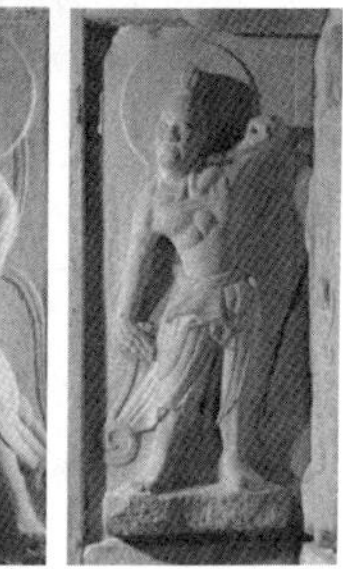
〈금강역사〉

■ 사천왕상 四天王像 [四 **사** 넷 天 **천** 하늘 王 **왕** 임금 像 **상** 모양, (사람의) 형상] 본존불이 모셔진 주실主室을 지키는 역할을 함. 불교에서는 하늘의 중앙에 수미산須彌山이 있고, 그 산의 중턱에는 동서남북에 각 천왕天王이 있는데, 사천왕은 그 지역을 관장하며 온갖 귀신들을 다스리며 불법佛法을 수호하는 역할을 함.

〈사천왕상〉

■ 본존불상 本尊佛像 [本 **본** 근본 尊 **존** 높이다, 불상佛像 佛 **불** 부처 像 **상** 모양, (사람의) 형상] 신앙의 중심이 되며, 절의 본당에 안치한 부처. 석굴암 본존불은 이전에 일본 학자들에 의해 석가여래로 통칭되어 왔으나, 연구 결과 아미타불阿彌陀佛로 입증되었음. 손 모양[수인手印]은 항마촉지인降魔觸地印을 하고 있음.

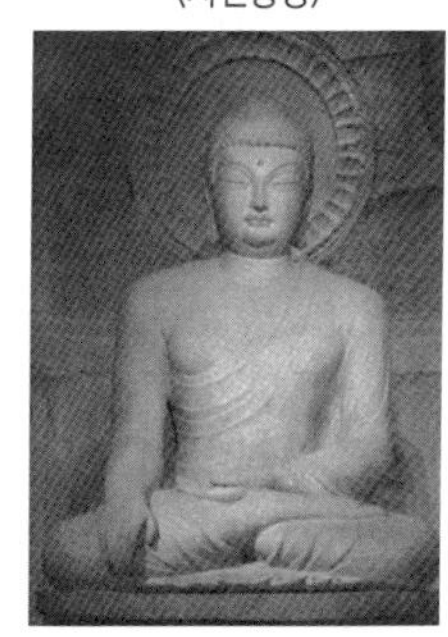
〈본존불상〉

■ 천부상 天部像 [天 **천** 하늘 部 **부** 갈래 像 **상** 모양, (사람의) 형상] 불법佛法을 지키는 하늘의 신. 들어가는 방향으로 왼쪽

에 범천梵天이 있고, 오른쪽에 제석천帝釋天이 있음.

〈범천(좌)과 제석천(우)〉

■ **보살상 菩薩像** [〈**菩 보** 보리 **薩 살** 보살〉 범어 **像 상** 모양, (사람의) 형상] '菩薩'은 범어 'Bodhisattva'의 음역으로, '보리살타'의 줄임말. 석굴암에는 제석천과 범천 다음에 들어가는 방향으로 왼쪽에 문수보살상文殊菩薩像이 있고, 오른쪽에 보현보살상普賢菩薩像이 있음.

〈문수보살(좌)과 보현보살(우)〉

■ **십대제자상 十大弟子像** [**十 십** 열 **大 대** 크다, 존경·찬미하는 말 **弟 제** 아우, 제자 **子 자** 아들, 사람 **像 상** 모양, (사람의) 형상] 석가모니의 제자 가운데 수행과 지혜가 뛰어난 10명을 이르는 말. 지혜智慧 제일 사리불舍利佛, 신통神通 제일 목건련目犍連, 두타頭陀 제일 가섭迦葉, 해공解空 제일 수보리須菩提, 설법說法 제일 부루나富樓那, 논의論議 제일 가전연迦旃延, 천안天眼 제일 아나율阿那律, 지계持戒 제일 우바리優婆離, 밀행密行 제일 나후라羅睺羅, 다문多聞 제일 아난타阿難陀의 10명을 이름.

■ **십일면 관음보살 十一面觀音菩薩** [**十 십** 열 **一 일** 하나 **面 면** 얼굴 〈**觀 관** 보다 **音 음** 소리 **菩 보** 보리 **薩 살** 보살〉 보살 명칭] 관세음보살의 한 변형으로써 얼굴이 11개인 보살.

〈십일면 관음보살〉

〈십대제자상의 일부〉

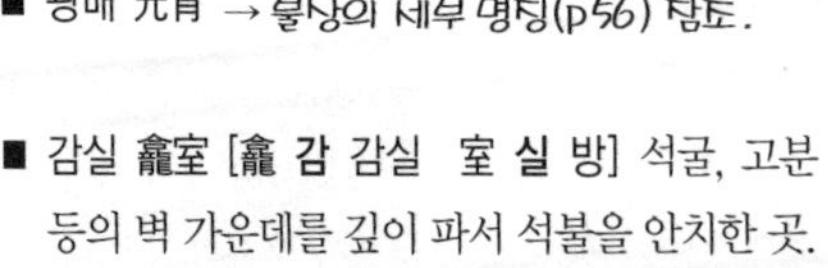

■ 광배 光背 → 불상의 세부 명칭(p56) 참조.

■ **감실 龕室** [**龕 감** 감실 **室 실** 방] 석굴, 고분 등의 벽 가운데를 깊이 파서 석불을 안치한 곳.

〈감실 보살상의 일부〉

나. 불국사

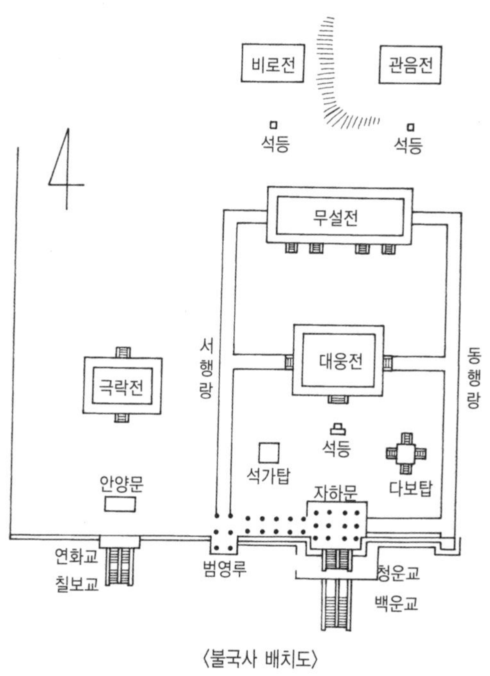

〈불국사 배치도〉

〈불국사 옛 모습〉

〈불국사 현판〉

불국사 佛國寺

부처[佛] 나라를[國] 형상화한 절[寺]

佛 불 부처
國 국 나라
寺 사 절

불국사는 경상북도 경주시 진현동 토함산 기슭에 있는 절로, 부처의[佛] 나라[國] 즉, 신라인이 그린 이상적 피안의 세계라 할 수 있습니다. 불국사는 크게 3등분할 수 있는데, 이는 모두 불경에 근거한 세 부처의 나라를 형상화한 것입니다. 그 하나는 『법화경法華經』에 근거한 석가여래의 사바 세계娑婆世界, 다른 하나는 『무량수경無量壽經』

또는 『아미타경阿彌陀經』에 근거한 아마타불의 극락 세계, 또 하나는 『화엄경華嚴經』에 근거한 비로자나불의 연화장 세계蓮華藏世界로 나뉩니다. 경내에는 다보탑多寶塔(국보 제20호), 석가탑釋迦塔(국보 제21호), 연화교蓮華橋 · 칠보교七寶橋(국보 제22호), 청운교靑雲橋 · 백운교白雲橋(국보 제23호), 금동비로자나불좌상金銅毘盧遮那佛坐像(국보 제26호), 금동아미타여래좌상金銅阿彌陀如來坐像(국보 제27호), 사리탑舍利塔(보물 제61호) 등 많은 문화유산이 있습니다. 불국사 경내는 사적 및 명승 제1호입니다.

연화교 蓮華橋 · 칠보교 七寶橋

연꽃이[蓮華] 새겨진 다리[橋]
'일곱 가지[七] 보석[寶]' 이란 의미를 담고 있는 다리[橋]

蓮 련 연꽃
華 화 꽃
七 칠 일곱
寶 보 보배
橋 교 다리

'七寶' 는 『무량수경無量壽經』에 금 · 은 · 유리琉璃 · 파리玻璃 · 마노瑪瑙 · 거거硨磲 · 산호, 『법화경法華經』에는 금 · 은 · 마노 · 유리 · 거거 · 진주 · 매괴玫瑰라고 나와 있습니다.

아래쪽 계단인 연화교는 계단에 연꽃 잎이 새겨져 있어 붙여진 이름이며, 연화 세계蓮華世界라 하면 극락 세계를 뜻하는 말로도 쓰입니다. 칠보교는 일곱 가지 보석의 다리라는 의미입니다. 연화 · 칠보는 아미타불이 오르내리는 층계라는 의미가 담겨 있다고도 합니다. 국보 제22호.

〈연화교 · 칠보교〉

〈연화교 위에 새겨진 연꽃 잎〉

연화교 · 칠보교 · 청운교 · 백운교는 계단

연화교 · 칠보교 · 청운교 · 백운교는 모두 계단이지만 '橋[교 다리]'를 쓰는 이유는 부처님 세계, 혹은 피안으로 건너가는 것을 상징하기 때문입니다.

안양문 安養門

'마음을 편안히 하며[安] 몸을 기르게 하다[養]' 라는 의미를 담고 있는 문[門]

安 **안** 편안하다
養 **양** 기르다
門 **문** 문

'安養' 은 불교에서 '마음을 편안하게 지니고 몸을 쉬게 한다' 는 의미이며, '극락極樂' 의 또 다른 이름입니다.

안양문은 연화교와 칠보교를 걸어 오르면 다다르는 곳이며, 이 문을 지나면 극락전極樂殿에 이릅니다. 즉 안양문은 '극락 세계로 들어가는 문' 이라는 뜻입니다.

〈안양문〉

청운교 靑雲橋 · 백운교 白雲橋

'푸른[靑] 구름[雲], 흰[白] 구름[雲]' 이란 의미를 담고 있는 다리[橋]

靑 **청** 푸르다
白 **백** 희다
雲 **운** 구름
橋 **교** 다리

청운교 · 백운교는 정문의 돌계단입니다. 청운과 백운의 다리를 모두 합하면 33개인데, 불교의 33천을 나타낸 것입니다. 이는 '계단을 오르면서 속세의 어리석음과 고통을 버리고 부처의 세계로 가는 희망 · 기쁨 · 축복을 누리는 다리' 라는 뜻입니다. 위쪽과 아래쪽 가운데 어느 쪽이 청운이고 백운인지는 아직 의견이 분분합니다. 국보 제23호.

〈청운교 · 백운교〉

자하문 紫霞門

'자줏빛[紫] 금색이 안개(노을)처럼[霞] 서려 있다' 는 의미가 담겨 있는 문[門]

紫 **자** 자주색
霞 **하** 노을
門 **문** 문

'紫' 는 부처님의 몸을 가리키는 '자금광신紫金光身(자줏빛 금색이 나는 몸)' 에서 유래한 말입니다.

〈자하문〉

자하문이란 '부처님 몸에서 나오는 자줏빛 금색이 안개처럼 서려 있는 문' 이라는 뜻입니다. 청운교 · 백운교를 걸어 오르면 다다르는 곳이며, 이 문을 지나면 부처님 세계인 대웅전에 이릅니다. 도교에서는 신선이 사는 궁에 끼는 안개를 자하紫霞라고 합니다.

'紫' 의 여러 의미

1. 불교 : 염불 수행한 사람이 죽을 때 아미타불이 자색 구름을 타고 맞이하러 온다고 함.
2. 도교 : 도교에서 자하紫霞는 '신선이 사는 곳' 을 의미함.
3. 노자 : 자기동래紫氣東來는 '자줏빛 기운이 동쪽에서 온다' 는 말로, 자줏빛 기운은 '성인聖人' 을 의미하는 것으로 노자의 고사에서 유래함.
4. 자금성紫禁城 : 중국 베이징에 있는 고궁 자금성의 '紫禁' 은 '임금이 거처하는 곳' 이라는 의미이며, 북두北斗의 북쪽에 있는 별 이름 가운데 자미궁紫微宮이 있는데, 이곳은 임금이 거처하는 곳임.
5. 자운서원紫雲書院 : 율곡栗谷 이이李珥를 모신 서원. 여기서 '紫' 는 주자朱子(주희朱熹)가 살았던 자양紫陽(주자를 모신 서원은 자양서원紫陽書院)에서 유래한 이름이라고 함. 그래서 '紫雲' 은 '성덕군자가 있을 때 끼는 구름' 이란 뜻으로, 여기서 성덕군자는 주자이며, 자운서원은 '조선의 성리학과 유교 문화를 포괄하는 곳' 이라는 의미를 담고 있음.

다보탑 多寶塔 · 석가탑 釋迦塔

다보여래의[多寶] 사리를 모신 탑[塔]
석가여래가[釋迦] 항상 머무르며 설법하는 것을 상징하는 탑[塔]

多 **다** 많다
寶 **보** 보배
釋迦 범어
〈釋 **석** 풀다 迦 **가** 막다〉
塔 **탑** 탑

다보탑은 『법화경法華經』에 "부처가 영취산靈鷲山에서 『법화경』을 설파할 때 **다보여래**多寶如來의 **사리**舍利를 모셔둔 탑이 땅 밑에서 솟아나오고, 다보여래가 그 탑 속에서 소리를 내어 부처의 설법을 찬탄하고 증명하였다"는 내용을 표현한 탑입니다. 국보 제20호.

〈다보탑〉

〈석가탑(불국사 삼층석탑)〉

석가탑의 공식 명칭은 불국사 삼층석탑佛國寺三層石塔이며, 원래 이름은 '석가여래상주설법탑釋迦如來常住設法塔(석가여래가 항상 머무르며 설법하는 탑)' 인데 줄여서 '석가탑' 이라 합니다. 국보 제21호.

두 개의 탑을 나란히 세운 이유는 '현재의 부처' 인 석가여래가 설법하는 것을 '과거의 부처' 인 다보여래가 옆에서 옳다고 증명한다는 『법화경』의 내용에 근거했기 때문입니다.

석가탑에서는 1966년 탑의 상층부를 해체할 때 세계에서 가장 오래된 목판 인쇄물 「무구정광대다리니경無垢淨光大陀羅尼經(국보 제126-6호)」이 발견되었습니다. 석가탑은 석탑의 건립 설화와 관련지어 **'무영탑無影塔'** 이라고도 부릅니다.

· **多寶如來** [多 **다** 많다 寶 **보** 보배 〈如 **여** 같다 來 **래** 오다〉 부처 명칭] 다보라는 이름을 가진 여래. 다보는 여래가 되면 전신사리全身舍利(온몸이 그대로 사리인 것)로 변하기를 바랬다고 함. 그런데 실제 여래가 된 뒤 누군가 『법화경』을 말하는 자가 있으면 그곳에서 보탑寶塔이 솟아나게 하여 그 설법을 증명해 보였다고 함.

· **舍利** [〈舍 **사** 집 利 **리** 이롭다〉 범어] 참된 불도 수행의 결과로 생긴다는 구슬 모양의 유골.

· **無影** [無 **무** 없다 影 **영** 그림자] 그림자가 없음.

무영탑 이야기 – 아사달阿斯達과 아사녀阿斯女

김대성이 불국사를 세우고, 대웅전 앞의 탑을 세울 석공을 구해달라는 기도를 한 지 100일 만에, 최고의 석공은 백제의 아사달이라는 말을 듣게 되었습니다. 대성은 백제로 가서 간신히 아사달을 찾아서 탑 건립을 요청하였고, 아사달은 부인 아사녀와의 이별을 감수하며 허락했습니다. 대성이 아사달에게 『법화경』에 나오는 다보탑과 석가탑을 대웅전 뜰 앞에 세우고 싶다고 하여, 아사달은 『법화경』을 읽으며 다보탑과 석가탑을 머릿속에 그려보고, 먼저 다보탑을 만들고 이어서 석가탑을 만드는 데 열중했습니다.

한편 아사녀는 남편을 그리워하다 그만 병이 나고 말았습니다. 그래서 죽기 전에 한 번만이라도 봐야겠다는 심정으로 서라벌을 향해 길을 떠났습니다. 불국사에 도착한 아사녀는 아사달을 만나려 했으나, 문지기 스님이 탑을 만드는 동안 여자는 들어갈 수 없다고 하였습니다. 아사녀는 아사달이 돌을 쪼는 소리만이라도 들으려고 불국사 문 앞을 떠나지 않았습니다. 문지기 스님은 이 모습을 보고 꾀를 내어 아사녀에게 이 절 아래 조그마한 연못에 가서 지성으로 빌면 공사가 끝날 때 탑의 그림자가 연못에 비칠 것이라 하였고, 아사녀는 연못에 탑의 그림자가 비치기만을 학수고대했습니다.

석가탑을 만든 지 3년이 지나면서 연못에 석가탑 모습이 서서히 비치기 시작했습니다. 아사녀는 연못 속에 비친 석가탑과 아사달을 보고 달려갔다가 그만 빠져 죽고 말았습니다. 대신 그 자리에는 연꽃이 피었습니다.

탑을 모두 완성한 아사달은 문지기 스님에게 아사녀의 소식을 듣고 연못으로 달려갔으나 찾지 못하고, 어디선가 자신을 부르는 소리가 들리자 토함산 중턱에 올랐으나 보이지 않았습니다. 이에 아사달은 그 바위에 아사녀의 모습을 새기고 쓰러져 죽었습니다.

무설전 無說殿

無 **무** 없다
說 **설** 말하다
殿 **전** 큰 집

'말[說] 없이[無] 침묵하다' 라는 의미를 담고 있는 전각[殿]

'無說' 은 '침묵' 을 가리키는 말로, 불교의 진리는 언어로는 도달할 수 없는 경지임을 표현한 말입니다.

〈무설전〉

무설전은 불교 경론經論을 강술講述하는 장소이며, 『유마경維摩經』에서 모든 보살들이 각기 불이不二에 대하여 의견을 말하는데, 유마만이 오직 침묵으로 답했다는 데서 유래했습니다.

· 維摩經 [〈維 **유** 줄 摩 **마** 문지르다〉 범어 經 **경** 날실, 성인이 지은 책] 『유마경』은 구마라습鳩摩羅什이 번역한 대승불교 경전. 이 책에는 유마거사가 법력이 매우 높았는데, 그가 병을 앓자, 부처가 여러 제자들에게 문병을 권했으나 모두 꺼렸고, 문수보살이 가서 유마거사의 침묵을 통해 대승의 깊은 교리인 불이不二 법문을 깨우치게 된다는 내용이 실려 있음.

범영루 泛影樓

'그림자처럼[影] 소리가 널리 퍼지다[泛]' 라는 의미를 담고 있는 누각[樓]

泛 **범** 널리
影 **영** 그림자
樓 **루** 다락집

'泛影' 은 '범종의 소리가 온 누리에 번져서 넘치는 것을 그림자에 비유한 것' 입니다.

범영루는 불국사에 있는 범종각梵鐘閣의 이름입니다.

〈범영루〉

좌경루 左經樓

왼쪽에 있으며[左] 불경을[經] 보관했던 누각[樓]

左 **좌** 왼쪽
經 **경** 날실, 성인이 지은 책
樓 **루** 다락집

대웅전에서 오른쪽에 있는 누각을 범영루라 하고 왼쪽에 있는 누각을 좌경루라 합니다. 이곳은 원래 불경을 보관하던 장경각藏經閣이었다고 합니다. 지금은 운판雲版과 목어木魚만 남아 있습니다.

| 수원 화성 水原華城 |

수원 화성 水原華城

水原 지명
〈水 수 물 原 원 근원〉
華城 지명
〈華 화 꽃, 지명 城 성 성〉

『장자莊子』「천지天地」편에 '華는 요 임금 같은 성인이 덕으로 다스리는 곳'이라는 내용이 있는데, 화성의 '華'는 당시 임금인 정조를 훌륭한 임금의 대명사이던 요 임금에 비유하기 위해 지은 지명이라 합니다.

〈정조〉

수원 화성은 정조의 명에 의해 1794년부터 2년 반 걸려 1796년에 완성된 성입니다. 정조는 억울하게 죽은 아버지 사도세자思悼世子의 능을 명당 자리로 옮기려 했습니다. 뿐만 아니라 사도세자의 죽음이 당파의 권력 쟁탈에서 비롯되었다고 판단하여 왕권을 강화하려 했습니다. 그리고 당시의 도읍인 한양은 기득권 세력이 뿌리를 내린 곳이었기 때문에, 새로운 도시를 건설하고 여기에서 파생되는 군사력과 경제력을 이용하여 권력을 강화하려 했습니다. 이에 따라 사도세자의 능을 이전하면서 계획적인 새로운 도시와 도시의 규모에 맞는 성을 만들었습니다.

정조로부터 화성 축성의 책임을 부여받은 다산 정약용은 우리나라, 중국, 그리고 유럽 성의 장단점들을 비교하여 새로운 성을 쌓는데 반영하였고, 거중기擧重機라는 첨단 기계까지 발명하였습니다.

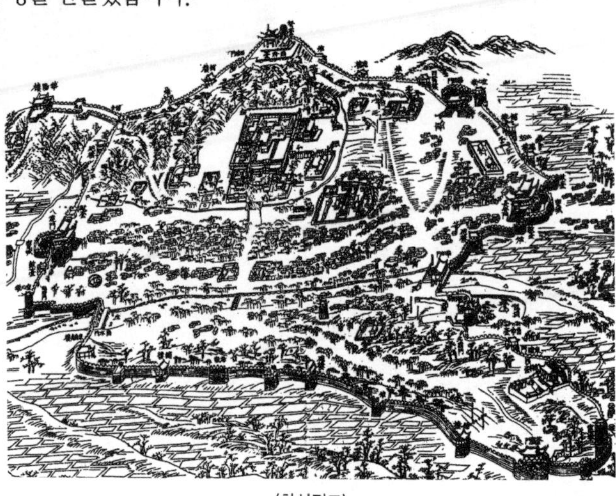
〈화성전도〉

그 뒤 6 · 25 전쟁 등으로 많은 시설이 파괴되었는데, 화성 축성에 관한 모든 기록이 담긴 『화성성역의궤華城城役儀軌』라는 책을 통해 현재와 같이 복원할 수 있었습니다. 이렇게 복원된 화성은 18세기에 완공된 것으로 짧은 역사를 갖고 있지만, 동서양의 군사 시설 이론을 잘 배합시킨 독특한 성이며, 모든 건조물의 모양과 디자인이 각기 다른 다양성을 가지고 있기 때문에 세계문화유산으로 선정되었습니다. 사적 제3호이며, 규모는 둘레 5,743m, 길이는 5,520m, 높이는 4.9m~6.2m입니다.

〈정약용〉

· **擧重機** [**擧 거** 들다 **重 중** 무겁다 **機 기** 기계] 무거운[重] 돌을 쉽게 들어올릴 수 있도록[擧] 정약용이 고안하여 만든 기계[機]로, 요즘의 크레인이라 생각하면 됨.
· **華城城役儀軌** [〈**華 화** 꽃, 지명 **城 성** 성〉 지명 **城 성** 성 **役 역** 일하다 **儀 의** 예의, 법 **軌 궤** 길, 법] '儀軌'는 '본보기' 또는 '의식의 규범'이란 뜻으로, 나라에 큰 행사가 있을 때 그 내용을 자세히 기록한 책. 『화성성역의궤』는 1794~96년(정조 18~20) 경기도 화성에 성을 쌓고 새로운 도시를 건설한 일을 정리한 책.

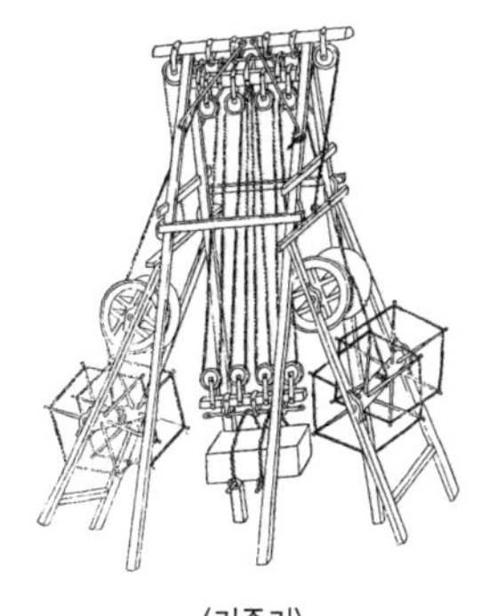
〈거중기〉

가. 화성華城의 전체 시설물

· 성문城門 : 창룡문蒼龍門(동문), 화서문華西門(서문), 팔달문八達門(남문), 장안문長安門(북문)
· 암문暗門 : 북암문, 동암문, 서암문, 서남암문, 〈남암문〉
· 수문水門 : 북수문(화홍문), 〈남수문〉
· 적대敵臺 : 북동적대, 북서적대, 〈남동적대, 남서적대〉
· 장대將臺 : 동장대(연무대), 서장대
· 노대弩臺 : 동북노대, 서노대
· 공심돈空心墩 : 동북공심돈, 서북공심돈, 〈남공심돈〉

※〈 〉는 소멸된 시설물.

· 봉돈烽墩
· 각루角樓 : 동북각루(방화수류정), 서북각루, 서남각루(화양루), 동남각루
· 포루砲樓 : 북동포루, 북서포루, 서포루, 남포루, 동포루
· 포루鋪樓 : 동북포루(각건대), 북포루, 서포루, 동포루, 제2동포루
· 치성雉城 : 서1치, 서2치, 서3치, 남치, 동1치, 동2치, 동3치, 북동치
· 포사鋪舍 : 중포사, 내포사, 서남암문포사

나. 사대문 四大門

창룡문 蒼龍門

'푸른[蒼] 용[龍]' 이라는 의미를 담고 있는 문[門]

蒼 **창** 푸르다
龍 **룡** 용
門 **문** 문

창룡문은 화성의 동쪽 문으로, '蒼龍' 은 청룡靑龍과 마찬가지로 '동쪽' 을 상징합니다. 『회남자淮南子』「천문훈天文訓」에 '동쪽은 木과 창룡蒼龍, 남쪽은 火와 주조朱鳥, 중앙은 土와 황룡黃龍, 서쪽은 金과 백호白虎, 북쪽은 水와 현무玄武' 라는 내용이 있습니다.

〈창룡문〉

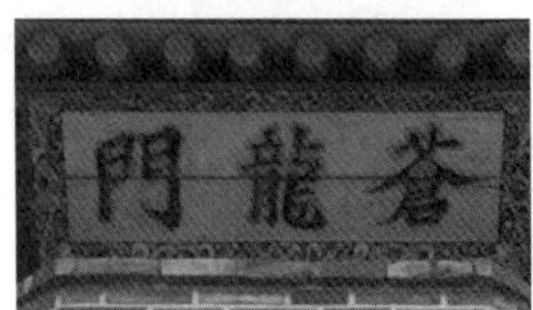

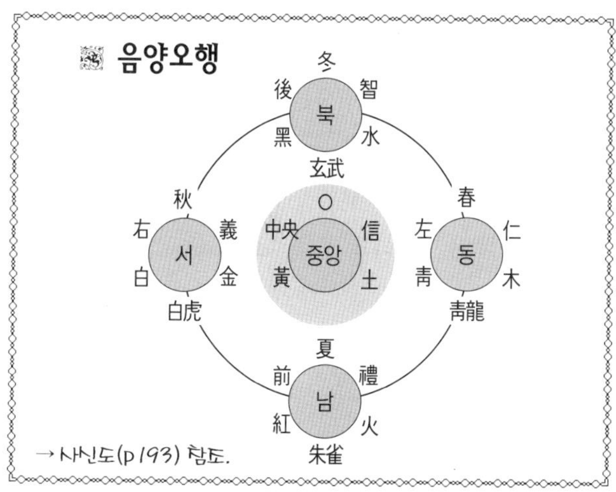

화서문 華西門

'화성의[華] 서쪽[西]' 이라는 의미를 담고 있는 문[門]

華 화 꽃, 지명
西 서 서쪽
門 문 문

화서문은 화성의 서쪽 문으로, 보물 제403호입니다.

〈화서문〉

팔달문 八達門

'여덟[八] 방향으로 통하다[達]' 라는 의미를 담고 있는 문[門]

八 팔 여덟
達 달 통하다
門 문 문

팔달문은 화성의 남쪽 문으로, 문의 이름은 '사방팔방으로 길이 열린다' 는

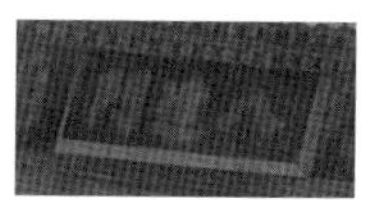

뜻을 담고 있습니다.

돌로 쌓은 **홍예**虹霓 위에 2층 문루를 세웠으며, 장안문과 비슷한 구조입니다. 문루 주위에는 낮은 담을 쌓고 밖으로는 성문을 보호하는 반원형의 **옹성**甕城을 쌓았으며, 좌우에는 **적대**敵臺가 있었으나 복원하지 못하였습니다. 화성의 4대문 가운데 화서문과 함께 원형을 유지하고 있어 보물 제402호로 지정하였습니다.

〈팔달문〉

· **虹霓** [虹 **홍** 무지개 霓 **예** 무지개] 무지개. 흔히 홍예다리라 하면 두 끝이 처지고 가운데가 무지개처럼 굽은 다리를 말하고, 홍예문이라 하면 문의 윗머리가 무지개처럼 굽은 문, 즉 아치 형태의 문을 말함.

· 甕城 → 옹성(p95) 참조.

· 敵臺 → 적대(p242) 참조.

장안문 長安門

'오랫동안[長] 편안하길[安] 염원하다' 라는 의미가 담겨 있는 문[門]

長 **장** 길다
安 **안** 편안하다
門 **문** 문

장안문은 화성의 북쪽 문으로, 문의 이름에는 국가의 안녕을 염원하는 뜻이 담겨 있습니다.

〈장안문〉

다. 기타 시설물

암문 暗門

비밀 통로로[暗] 가는 문[門]

暗 **암** 어둡다, 몰래
門 **문** 문

암문은 성곽의 중요 지점에 축조한 성의 비밀 통로로 성곽이 굴곡된 부분이나 후미진 곳, 수목에 가려서 잘 보이지 않는 곳 등에 설치되어 있습니다. 이 암문은 적에게 보이지 않게 양식이나 무기, 물자 등을 반입하거나 사람들이 은밀히 내왕하는 용도로 만들어졌습니다. 문의 크기도 겨우 말 한 필이 다닐 수 있을 정도로 좁고, 문 위는 벽돌 원여장圓女墻으로 되어 있습니다.

〈동암문〉

여장 女墻 = 성가퀴

여자처럼[女] 낮은 담[墻]

女 **녀** 여자
墻 **장** 담

여장이란 성벽 위에 설치한 높이가 낮은 담으로, 적으로부터 몸을 보호할 목적으로 설치합니다. 성벽에 딸린 낮은 담이란 뜻 때문에 '女'라는 한자를 썼습니다. 고유어로 '성가퀴'라고도 합니다.

여장은 그 형태에 따라 평여장平女墻, 철형여장凸形女墻, 원여장圓女墻이 있습니다. 평여장은 전체를 평평하게 한 것으로 화서문의 옹성에 보입니다. 철형여장은 凸 모양이며 남 · 북 성문의 옹성에 설치되어 있습니다. 원여장은 반원형으로 화성에서는 동암문과 북암문에 설치되어 있습니다.

〈평여장(화서문)〉

〈원여장(북암문)〉

〈철형여장(팔달문)〉

수문 水門

물[水] 흐르는 곳에 두는 문[門]

水 수 물
門 문 문

수문은 성을 관통하는 하천이 흐르는 곳에 감시 초소를 두는 곳입니다. 화성을 흐르는 하천의 이름은 대천大川입니다. 화성에서는 북수문만 남아 있고 남수문은 홍수로 자주 무너져서 나중에 자취를 감추었습니다. 북수문에는 홍예가 7개인 다리가 있고, 그 위에는 **화홍문**華虹門이라는 누각이 있습니다.

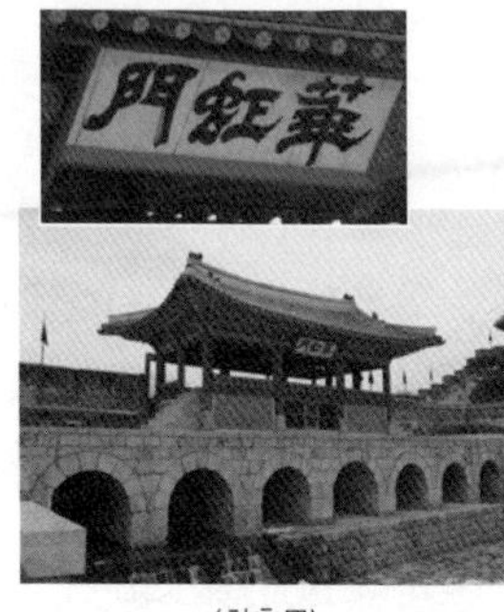

〈화홍문〉

· 華虹門 [華 **화** 꽃, 지명 虹 **홍** 무지개 門 **문** 문] 화성의[華] 홍예문[虹門].

적대 敵臺

적을[敵] 살필 수 있도록 설치한 대[臺]

敵 **적** 싸울 상대
臺 **대** 높고 평평한 곳

적대는 성문과 옹성에 접근하는 적을 쉽게 방어하기 위해 성문의 좌우에 설치한 시설물로 **치**雉의 일종입니다. 주변 성벽의 바닥보다 높게 만들어서 적군의 동태와 접근을 감시하였으며 바닥에 **현안**懸眼을 만들어 기어오르는 적을 공격할 수 있도록 했습니다.

화성이 만들어질 무렵은 전쟁에서 총과 포가 사용되던 때이기 때문에, 적대에 총포를 쏠 수 있도록 **총안**銃眼을 마련하였습니다.

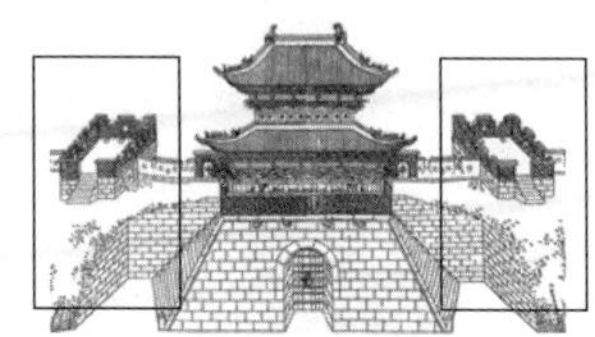

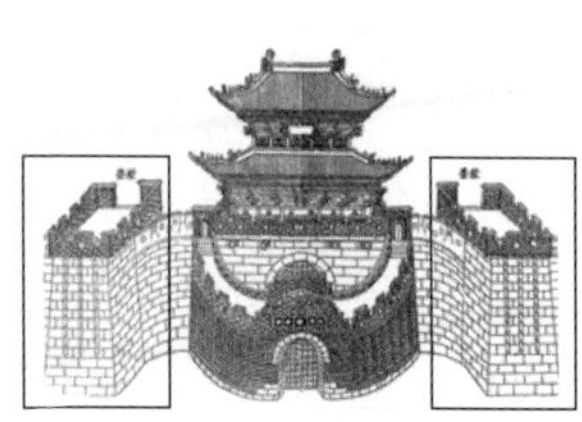
〈적대 (장안문)〉

· 雉 → 치성(p247) 참조.
· 懸眼 [懸 **현** 매달다 眼 **안** 눈] 적대(치)의 위쪽 바닥에 구멍을 두고 외벽 면을 수직으로 길게 뚫어, 성벽에 접근해 기어오르는 적에게 뜨거운 물 따위를 부어 물리칠 수 있게 한 구조물.
· 銃眼 [銃 **총** 총 眼 **안** 눈] 적을 총으로 쏘기 위해 성벽 등에 뚫

어놓은 구멍.

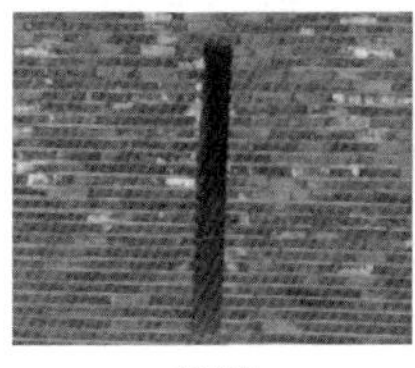
〈현안〉

〈총안〉

장대 將臺

장군이[將] 머무르는 대[臺]

將 **장** 장군
臺 **대** 높고 평평한 곳

장대는 성안의 총 지휘본부로, 성 주변을 살펴보면서 장병들을 지휘하는 곳입니다. 화성에는 서장대와 동장대가 있습니다. 동장대는 일명 **연무대** 鍊武臺라고도 부르며 군사 훈련을 주 목적으로 합니다. 서장대는 2006년 5월 방화로 완전히 탄 것을 다시 복원하였습니다.

〈서장대〉

〈동장대(연무대)〉

〈동장대 현판〉 〈서장대 현판〉

· 鍊武臺 [鍊 **련** 쇠를 불리다 武 **무** 군사 臺 **대** 높고 평평한 곳] '군사들의 훈련을 지휘하다' 라는 의미가 담긴 대臺.

노대 弩臺

쇠뇌를[弩] 쏘는 대[臺]

弩 **노** 쇠뇌
臺 **대** 높고 평평한 곳

노대는 **쇠뇌**를 쏘는 시설물이면서, 성 밖에 있는 적의 동향을 성 안에 알리는 진지입니다. 또한 성보다 한 단계 높게 쌓아 총이나 포로 공격하는 곳이라는 설명도 있습니다.

· 쇠뇌(弩) – 여러 개의 화살 · 돌을 잇달아 쏠 수 있는 큰 활.

〈동북노대〉

공심돈 空心墩

속이[心] 빈[空] 돈대[墩]

空 **공** 비다
心 **심** 마음, 한가운데
墩 **돈** 돈대

공심돈은 일종의 **망루**望樓로서 수비와 공격을 할 수 있고 포를 쏠 수 있으며, 다른 지역과 달리 속이 비어 있고 나선형 모습으로 되어 있어 일명 '소라각'이라고도 합니다.

· 望樓 [望 **망** 바라다, 바라보다 樓 **루** 다락집] 먼거리의 상황을 볼 수 있는 초소.

〈동북공심돈〉

봉돈 烽墩

봉화를[烽] 피우는 돈대[墩]

烽 **봉** 봉화
墩 **돈** 돈대

봉돈은 행궁과 주변을 정찰하며 낮에는 연기, 밤에는 불빛을 통신 신호로 이용하는 시설입니다. 다섯 개의 커다란 연기 구멍이 있는데, 평상시에는 하나만 사용하다가, 적이 나타나면 둘, 가까이 오면 셋, 왜적과 해상에서 싸우거나 북방 쪽의 적이 국경을 침범하면 넷, 왜적이 상륙하거나 북방 쪽의 적과 접전이 이루어지면 다섯 개 모두를 이용하였습니다.

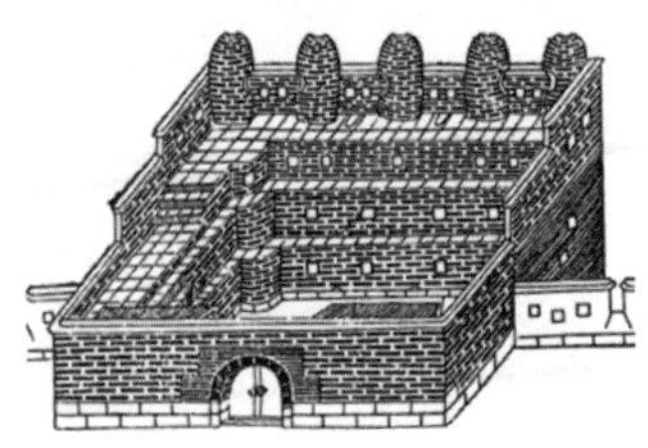

〈봉돈〉

대臺, 단壇, 진鎭, 보堡, 돈墩(돈대墩臺)

■ 臺 [臺 대 높고 평평한 곳] 흙이나 돌을 높이 쌓아 사방을 바라볼 수 있게 만든 곳. 예) 월대月臺, 풍기대風旗臺, 포대砲臺.

〈덕진진德津鎭 남장포대南障砲臺〉

■ 壇 [壇 단 높고 평평한 곳] 제사를 지내기 위해 흙이나 돌로 위가 평평하도록 쌓아 올린 것. 예) 사직단社稷壇, 참성단塹星壇.

■ 鎭 [鎭 진 누르다, 전략상의 요긴한 곳] 주로 해안 변방에 설치하여 오늘날 대대 규모의 병력으로 외적의 침입을 방어하던 군사주둔 지역. 예) 초지진草芝鎭(인천 강화군 길상면 초지리에 해안선을 지키기 위하여 설치한 진. 사적 제225호).

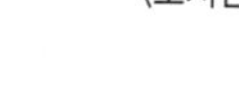

〈초지진〉

■ 堡 [堡 보 작은 성] 진鎭과 마찬가지로 해안 변방의 군사주둔 지역으로, 진보다 규모가 작은 오늘날 중대 규모의 병력이 머물던 곳. 예) 광성보廣城堡(인천 강화군 불은면 광성나루에 있던 보. 사적 제227호).

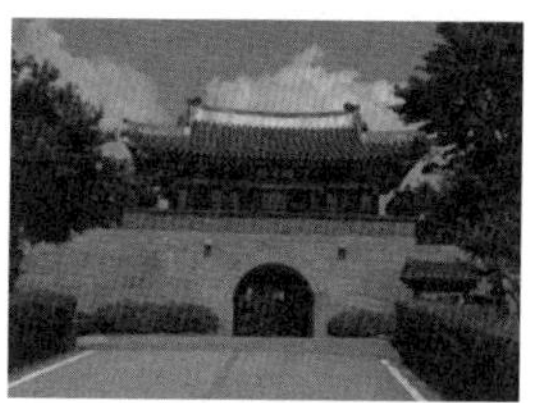

〈광성보의 성문인 안해루按海樓〉

■ 墩, 墩臺 [墩 돈 평지보다 조금 높게 쌓은 곳 臺 대 높고 평평한 곳] 흙이나 돌로 높이 쌓은 곳에 둔 군사시설물로, 오늘날 군대의 초소, 요새 같은 곳. 돈대와 돈은 보통 혼용해서 씀. 예) 공심돈空心墩, 봉돈烽墩, 갑곶돈대甲串墩臺(인천 강화군 갑곶리에 있는 돈대로 사적 제306호이며, 외적의 침입에 맞서 강화 해협을 지키던 중요한 요새였음).

〈광성보의 용두돈대〉

강화도는 외적의 침입을 막던 군사적 요충지였기 때문에 진鎭(5개), 보堡(7개), 돈대墩臺(53개)가 많으며, 해안가에서 적을 감시하기 위해 지었기 때문에 모두 경치가 좋은 곳에 자리를 잡았습니다.

각루 角樓

성의 모서리에 있는[角] 누각[樓]

角 각 뿔
樓 루 다락집

각루는 정찰, 군량 운반 통로 등 다양한 용도로 사용되었으며, 멀리 볼 수 있도록 성곽 모서리에 두었습니다. 특히 동북각루를 **방화수류정**訪花隨柳亭이라고 부르는데, 건물 형태가 불규칙하면서도 주변 경관과 잘 어울리는 건물입니다. 서남각루는 **화양루**華陽樓라고도 부릅니다

〈방화수류정〉

· **訪花隨柳亭** [**訪 방** 찾다 **花 화** 꽃 **隨 수** 따르다 **柳 류** 버드나무 **亭 정** 정자] '꽃을[花] 찾으려고[訪] 버들을[柳] 쫓는다[隨]'는 의미를 담고 있는 정자[亭]. 중국 북송 때의 유학자이자 시인인 정호程顥의 시 "운담풍경근오천雲淡風輕近午天 방화수류과전천訪花隨柳過前川(구름은 연하고 바람은 가벼운 한낮 가까운 때, 꽃 찾으려고 버드나무 좇아 앞 개울을 지나네)"에서 따온 것이라 전해옴.

· **華陽樓** [**華 화** 꽃, 지명 **陽 양** 햇볕 **樓 루** 다락집] 화성의[華] 남쪽에[陽] 있는 누각[樓]. '陽'은 산의 경우 남쪽, 물의 경우는 북쪽을 뜻하는데, 화성은 산에 있으므로 남쪽을 뜻함.

포루 砲樓

대포를[砲] 설치한 누각[樓]

砲 포 대포
樓 루 다락집

포루는 치성과 같이 성벽을 돌출시켜 검정 벽돌로 쌓았으며 나무 마루판을 이용하여 3층으로 구획하였습니다. 벽면에 **포혈**砲穴을 내어 화포를 두고 위에는 여장(담장)을 둘러 적을 위와 아래에서 공격할 수 있도록 만들었습니다.

〈북서포루〉

〈포혈〉

· **砲穴** [**砲 포** 대포 **穴 혈** 구멍] 포를 쏠 수 있도록 참호나 성에 뚫은 구멍.

포루 鋪樓

병사들이 노출되지 않도록 머물던[鋪] 누각[樓]

鋪 **포** 깔다, 군사가 주둔하다
樓 **루** 다락집

〈동북포루〉

'鋪'는 '도로에 돌이나 아스팔트 등을 포장鋪裝하다' 등에서처럼 '깔다'라는 뜻으로 쓰입니다. 그런데 여기서는 정확한 의미는 알 수 없지만, 鋪에는 **역말**을 갈아타던 '역참驛站'이란 뜻이 있어, 여기서는 '역참과 같은 기능을 갖고 있는 곳'이라는 의미로 풀었습니다.

포루는 성벽을 돌출시켜 만든 치성 위에 건물을 세워서 군사들이 적에게 노출되지 않게 하기 위한 초소나 대기소와 같은 곳입니다. 동북포루는 건물 모양이 춤추는 아이의 머리에 수건을 돌려 맨 모습과 같다 하여 일명 **각건대**角巾臺라 합니다.

이 외에 포루砲樓가 대포 같은 중화기 공격을 위해 있는 곳이라면, 포루鋪樓는 '작은 화기 공격을 위한 설치물'이라는 설명도 있습니다.

· 역驛말 [驛 **역** 정거장, 역참驛站] 중앙과 지방 사이의 소식이나 명령을 전달하기 위해 각 역참에서 공적인 용도로 쓰던 말.
· 角巾臺 [角 **각** 뿔 巾 **건** 수건 臺 **대** 높고 평평한 곳]

치 雉 = 치성 雉城

꿩처럼[雉] 밖을 잘 볼 수 있도록 만든 성[城]

雉 **치** 꿩
城 **성** 성

'雉'는 '꿩'이란 뜻으로, 본래 꿩은 제 몸을 숨기고 밖을 잘 엿보기 때문에 시설의 용도와 그 뜻이 통해서 치라고 한 것입니다.

치는 성곽의 요소 요소에 성벽을 돌출시켜서 전방과 좌우 방향에서 성벽에 접근하는 적병을 방어하기 위한 시설로 화성에는 10개소가 있습니다. 기본적으로 치성 위에는 누각이 없이 여장만 설치되어 있습니다.

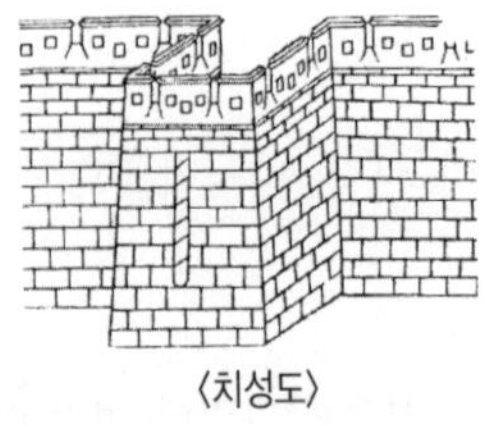
〈치성도〉

〈서1치〉

포사 鋪舍

신호를 전달하던[鋪] 집[舍]

鋪 **포** 깔다, 군사가 주둔하다
舍 **사** 집

포사는 공격 시설 없이 단지 군사가 머무르는 집으로, 성벽에 매복한 군사가 포를 쏘아 신호를 하면 성 안 포사에 있는 군사는 깃발이나 포로써 그 신호를 성 안 사람들에게 전달하였습니다.

〈내포사〉

〈중포사〉

행궁 行宮

왕이 밖에 행차할[行] 때 쉴 수 있도록 만든 궁[宮]

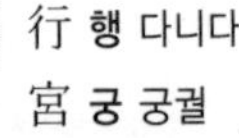
行 **행** 다니다
宮 **궁** 궁궐

행궁은 전란 때나, 왕이 지방의 왕릉을 참배할 때나, 휴양을 할 때 임시로 머물던 궁궐을 말합니다. 화성 행궁은 정조가 아버지인 사도세자의 무덤인 융릉隆陵의 참배 길에 묵던 곳입니다. 행궁에는 많은 건물이 있는데, 다 없어지고 왕의 집무실이었던 낙남헌洛南軒만 남아 있다가, 현재는 상당 부분을 복원하였습니다.

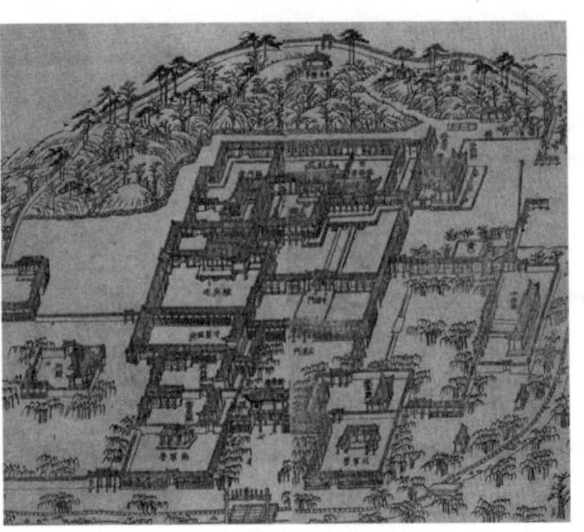
〈화성행궁전도〉

화령전 華寧殿

'화성에서[華] 부모에게 문안하다[寧]' 라는 의미가 담겨 있는 전각[殿]

華 **화** 꽃, 지명
寧 **녕** 편안하다, 문안하다
殿 **전** 큰 집

'寧' 은 『시경詩經 · 국풍國風 · 주남周南』「갈담葛覃」의 마지막 구절 '귀녕부모歸寧父母(돌아가 부모에게 문안하리라)' 에서 따왔습니다.

화령전은 조선 순조 원년(1801)에 정조의 덕을 받들기 위해서 건립한 건물이며, 그 안에 정조의 **어진御眞**을 모시고 해마다 제사를 드렸습니다. 사적 제115호로 행궁 옆에 있습니다.

· 御眞 [御 **어** 임금 眞 **진** 참, 초상] 임금의 사진.

〈화령전〉

| 해인사 장경판전 海印寺藏經板殿 |

해인사 장경판전 海印寺藏經板殿

해인사에[海印寺] 있는 고려대장경[藏經] 목판[板] 보관 건물[殿]

海印 명칭
〈海 **해** 바다 印 **인** 도장〉
寺 **사** 절
藏 **장** 감추다, 광주리
經 **경** 날실, 성인이 지은 책
板 **판** 널빤지
殿 **전** 큰 집

해인사의 장경판전은 팔만대장경판을 보관한 곳으로, 이곳은 보관 때문에도 유명하지만, 건물의 예술적 가치가 뛰어나다는 평가를 받고 있습니다. 국보 제52호입니다.

장경판전은 대장경의 부식을 방지하는 설계 구조로, 15세기경 건축된 건물 가운데 보존 과학의 예지를 잘 반영하여 유네스코에서 세계문화유산으로 지정하였습니다.

〈경판전〉

대장경 大藏經

광주리에[藏] 보관했던 큰[大] 경전[經]

大 **대** 크다, 존경 · 찬미하는 말
藏 **장** 감추다, 광주리
經 **경** 날실, 성인이 지은 책

불교 경전에는 **경장經藏 · 율장律藏 · 논장論藏** 세 가지 종류가 있습니다. 인도에서는 이 세 책을 나뭇잎에 새기고 광주리에 보관했었는데, 이 때문에 광주리의 뜻을 가진 '藏'을 써서 삼장三藏이라고 불렀습니다. 그리고 삼장三

藏을 총칭하여 대장경이라 했습니다.

· 經 [經 **경** 날실, 성인이 지은 책] 부처님께서 제자와 중생을 상대로 한 설법을 기록한 것.
· 律 [律 **률** 법] 제자들이 지켜야 할 사항과 공동 생활에 필요한 규범을 기록한 것.
· 論 [論 **론** 말하다, 의견] '經'과 '律'에 관하여 승려들이 읽기 쉽게 해설을 달아 논한 것.

초조대장경 初雕大藏經

처음[初] 새긴[雕] 대장경[大藏經]

初 **초** 처음
雕 **조** 새기다
大 **대** 크다, 존경 · 찬미하는 말
藏 **장** 감추다, 광주리
經 **경** 날실, 성인이 지은 책

초조대장경은 고려에서 처음으로 판각한 대장경이란 뜻에서 '초조'라 이름을 붙였습니다. 이 대장경은 고려 현종顯宗 때 거란의 침입을 물리치기 위하여 만든 것으로, 제작을 통해 부처님의 뜻을 받드는 온 백성의 의지를 모아 외세에 저항하려고 했습니다. 조판을 시작한 지 70여 년 만에 완성하였지만, 1232년 몽고 침입 때 불타 없어져 지금은 전해지지 않습니다.

속장경 續藏經

초조대장경에[藏經] 이어[續] 만든 것

續 **속** 잇다
藏 **장** 감추다, 광주리
經 **경** 날실, 성인이 지은 책

속장경은 고려 문종 때 승려 의천義天이 송宋 · 요遼 · 일본日本 등에서 고려대장경高麗大藏經을 모을 때 빠졌던 것을 모아 만든 불경입니다. 그러나 이 역시 1232년 몽고 침입 때 불타 없어져 지금은 전해지지 않습니다. 그래서 4년 뒤인 1236년에 대장도감大藏都監을 설치하여 다시 만들었는데, 이것이 바로 해인사의 팔만대장경입니다.

팔만대장경 八萬大藏經

경판의 숫자가 팔만여 개인[八萬] 대장경[大藏經]

八 **팔** 여덟
萬 **만** 만
大 **대** 크다, 존경 · 찬미하는 말
藏 **장** 감추다, 광주리
經 **경** 날실, 성인이 지은 책

팔만대장경은 몽고의 침입으로 초조대장경이 불타 없어지자, 1236년 고종 때 강화도의 선원사禪源寺에 대장도감을 설치한 뒤 15년 만에 완성한 대장경입니다. 팔만대장경이라 하는 이유는 경판의 매수가 81,258매에 달하고, 8만 4천 **법문**法門을 수록했기 때문입니다. 팔만대장경은 그 내용이 방대하면서도 조판이 정교한데다가 오자나 탈자가 거의 없어, 동양 제일의 대장경으로 꼽히고 있습니다. 지금은 해인사에 보관하고 있기 때문에 지금은 해인사에 보관하고 있기 때문에 '해인사 대장경' 이라고도 하며, 고려시대에 판각되었기 때문에 '고려대장경' 이라고도 합니다. 2007년에는 불교 경전 모두를 한자로 새긴 세계 유일의 목판본으로, 한자 문화권에서 불교의 지속적인 포교에 기여한 점이 인정되어 세계기록유산으로 등재되었습니다. 국보 제32호.

→고려대장경판 및 제경판(p300) 참조.

〈강화 선원사터〉

· 法門 [法 **법** 법 門 **문** 문] 불법에 들어가는 길.

| 창덕궁 昌德宮 |

창덕궁 昌德宮

'창성한[昌] 덕[德]' 이라는 의미를 담고 있는 궁궐[宮]

昌 **창** 번창하다
德 **덕** 덕
宮 **궁** 궁궐

'昌德' 은 '창성昌盛한 덕' 이라는 뜻으로, 여기서는 '덕의 근본을 밝혀 창성하게 되라' 는 의미입니다.

창덕궁은 서울 종로구 와룡동에 있는 궁궐로, 창경궁과 함께 동궐東闕이라 불렸습니다. 창덕궁은 조선 시대의 전통적인 건축으로, 자연 경관을 배경으로 한 건축과 조경이 고도의 조화를 이루어 예술적 가치가 뛰어납니다. 특히 후원은 한국의 대표적인 전통 정원으로 손꼽히며 조경 예술의 아름다운 특성을 원형대로 잘 보존하고 있습니다. 그래서 동아시아 궁전 건축사에서 비정형적非定形的 조형미를 간직한 대표적인 궁으로, 주변 자연 환경과의 완벽한 조화와 배치가 탁월하다는 평가를 받아 유네스코에 의해 세계문화유산으로 선정되었습니다. 사적 제122호.

〈창덕궁 후원(동궐도)〉

가. 주요 건물

돈화문 敦化門

'큰 덕은 교화를[化] 두텁게 한다[敦]' 는 의미를 담고 있는 문[門]

敦 **돈** 두텁다
化 **화** 되다, 교화敎化
門 **문** 문

'敦化' 의 뜻은 『중용中庸』의 '대덕돈화大德敦化' 에서 취했으며 '큰 덕은 백성을 가르치어

〈돈화문〉

감화시킴을 도탑게 한다' 는 뜻으로, '化' 는 '윗사람이 덕德으로 사람을 선도하여 훌륭한 풍속 · 습관을 만든다' 는 뜻입니다. 여기엔 '백성을 교화하는 데 엄격한 법률의 적용보다는 정성과 인정을 가지고서 애민하는 정치를 한다' 는 이념이 담겨 있습니다.

돈화문은 창덕궁의 정문으로 현존하는 궁궐 대문 가운데 가장 오래되었습니다. 백성을 교화하는 데 법보다는 돈후한 인정을 바탕으로 하겠다는 정치적 이념이 이름에 나타납니다. 보물 제383호.

창덕궁 문의 출입 자격

돈화문의 한가운데는 임금만 출입할 수 있었고, 그 좌우 문은 사헌부司憲府 대사헌大司憲을 비롯한 대관臺官들만 드나들 수 있었습니다. 창덕궁의 남서쪽에는 왕족과 그 친인척 그리고 상궁들의 전용 문인 **단봉문**丹鳳門이란 작은 문이 있습니다. 그리고 나머지 신하들은 **금호문**金虎門을 이용했습니다.

- 丹鳳門 [丹 **단** 붉다 鳳 **봉** 봉황 門 **문** 문] '丹鳳' 은 본래는 머리와 날개 끝이 붉은 봉황새를 뜻하는 말. '조서詔書' 를 전달하는 사자使者' 또는 '도성과 조정' 을 가리키는 말로도 쓰임.
- 金虎門 [金 **금** 쇠 虎 **호** 호랑이 門 **문** 문] 오행五行에서 '金' 은 '서쪽' 을 가리키고, 사신四神에서 '백호白虎' 역시 '서쪽' 을 의미함.

인정전 仁政殿

'어진[仁] 정치를 펼치다[政]' 라는 의미를 담고 있는 전각[殿]

仁 **인** 어질다
政 **정** 정치
殿 **전** 큰 집

궁궐 건물 이름에 '政' 이 들어가면 **정전**正殿이나 **편전**便殿임을 알 수 있습니다.

〈인정전〉

인정전은 '어진 정치(공자의 이상 정치)' 를 이상으로 하는 창덕궁의 정전正殿으로, 임금의 즉위식 · 군신의 조례 의식 · 외국 사신의 접견 의식 및 나라의 중대한 의식을 거행하던 장소입니다. 경복궁의 근정전勤政殿, 창경궁의 명정전明政殿과 함께 조선 왕조의 삼대 정전 가운데 하나입니다. 국보 제225호. 인정전의 정문은 인정문仁政門이며 보물 제813호입니다.

〈인정문〉

· 正殿 [正 **정** 바르다, 주되다 殿 **전** 큰 집] 임금이 조회 등의 행사를 거행하던 곳.

· 便殿 [便 **편** 편하다 殿 **전** 큰 집] 평상시 임금이 신하들과 국정을 의논하는 곳.

 **일월오악병**日月五嶽屏 **=일월오봉병**日月五峯屏

궁궐의 정전 안 어좌御座 뒤에는 모두 일월오봉병이 설치됩니다. 오악은 국토를 지키는 오악의 신을 상징하고, 일월은 음양의 조화를 의미합니다. 즉 국토와 모든 백성이 임금을 중심으로 다스려진다는 권위를 나타냅니다.

〈일월오악병〉

· 五嶽 [五 **오** 다섯 嶽 **악** 큰 산] 한국을 대표하는 5개의 산. 백두산白頭山(북쪽) · 금강산金剛山(동쪽) · 묘향산妙香山(서쪽) · 지리산智異山(남쪽) · 삼각산三角山(북한산 : 중앙).

금천교 錦川橋

비단 같은[錦] 냇물[川] 위에 있는 다리[橋]

錦 **금** 비단
川 **천** 내
橋 **교** 다리

금천교는 **진선문**進善門 밖에 있는 개울 위에 만들어진 돌다리입니다.

〈진선문〉

· 進善 [進 **진** 나아가다 善 **선** 착하다] 착한 사람을[善] 나아가게[進] 함.

〈금천교〉

궁궐의 다리

궁궐에는 대부분 명당수明堂水가 흐르도록 되어 있고, 정문에서 궁전으로 들어가려면 반드시 명당수 위에 설치된 돌다리를 통과하여야 합니다. 경복궁의 영제교永齊橋, 창경궁의 옥천교玉川橋도 이와 같은 원리입니다.

선정전 宣政殿

'정치를[政] 펼치다[宣]' 라는 의미를 담고 있는 전각[殿]

宣 선 널리 펴다
政 정 정치
殿 전 큰 집

'宣政' 은 '정치를 편다' 는 뜻으로, 여기서 펼친다는 것은 '생각을 말하다', '의사를 밝힌다' 는 의미입니다.

선정전은 임금이 평상시 신하들과 실질적인 국사를 논의하던 편전입니다. 궁궐에서 유일하게 청색 기와가 남아 있는 건물입니다. 보물 제814호.

〈선정전〉

희정당 熙政堂

'화락和樂한[熙] 정치[政]' 라는 의미를 담고 있는 전각[堂]

熙 희 빛나다
政 정 정치
堂 당 집

'熙政' 은 '정치를 잘하여 모든 일이 잘되고 모든 백성이 화락하게 됨' 이라는 의미입니다.

희정당은 본래 침전寢殿의 하나였지만, 순조 이후에는 편전으로 이용되었습니다. 보물 제815호.

〈희정당의 남행각南行閣〉

대조전 大造殿

'위대한[大] 창조[造]' 라는 의미를 담고 있는 전각[殿]

大 **대** 크다, 훌륭하다
造 **조** 만들다
殿 **전** 큰 집

'大造' 는 '큰 공功을 이룸' 또는 '위대한 창조' 란 뜻이며, '지혜롭고 현명한 왕자를 생산하여 왕실의 대를 잇는다' 는 의미를 담고 있습니다.

대조전은 왕과 왕비의 침전이며 왕과 가족들이 생활하던 중궁전中宮殿입니다. 이 건물에는 용으로 비유되는 왕이 상주하는 곳이기 때문에, 지붕에 용마루가 없습니다. 보물 제816호.

〈대조전〉

‖ 대조전 주변 건물 ‖

■ 함원전 含元殿 [含 **함** 머금다 元 **원** 으뜸 殿 **전** 큰 집] 대조전 뒤쪽에 동쪽으로 연결된 건물. '含元' 은 '원기를 머금다' 의 뜻.

■ 경훈각 景薰閣 [景 **경** 경치 薰 **훈** 향기 나는 풀 閣 **각** 집] 대조전 서북쪽에 있는 단층 건물. '景薰' 은 '경치가 훈훈함' 이란 뜻.

〈경훈각〉

■ 가정당 嘉靖堂 [嘉 **가** 아름답다 靖 **정** 편안하다 堂 **당** 집] 대조전 뒤 북쪽의 넓은 뜰에 있는 건물. '嘉靖' 은 '나라를 아름답고 편안하게 함' 이라는 뜻.

낙선재 樂善齋

'선을[善] 즐기다[樂]' 라는 의미를 담고 있는 집[齋]

樂 **락** 즐겁다
善 **선** 착하다
齋 **재** 깨끗이 하다, 집

'齋' 는 '연거燕居하는 곳' 이라는 뜻입니다. 연거는 '한

가히, 편히 머물다'로 풀이합니다.

〈낙선재〉

낙선재는 헌종 13년(1847) 후궁 김씨의 처소로 지은 것이며, 본래는 국상을 당한 왕후와 후궁들이 거처하기 위하여 세워진 건물입니다. 대문은 **장락문**長樂門이며, 서쪽부터 낙선재樂善齋 · **석복헌**錫福軒 · **수강재**壽康齋가 배치되고 전면과 측면에 행각이 둘러져 일곽을 이루고 있는데, 이를 모두 낙선재라고 부릅니다. 후원에는 **상량정**上凉亭 · **한정당**閒靜堂 · **취운정**翠雲亭이 주변 환경과 잘 어울려 배치되었습니다.

- 長樂門 [長 **장** 길다 樂 **락** 즐겁다 門 **문** 문] 연경당 중앙에 있는 문. '長樂'은 '무궁無窮한 즐거움', 또는 '오래 즐김'이란 뜻으로, 신선의 궁궐을 '장락궁長樂宮'이라 한 데서 따온 이름이라는 설이 있음. 연경당의 대문 이름도 장락문임.
- 錫福軒 [錫 **석** 주석, 주다 福 **복** 복 軒 **헌** 집] '錫福'은 '복을 주다(받다)'의 뜻.
- 壽康齋 [壽 **수** 목숨 康 **강** 편안하다 齋 **재** 깨끗이 하다, 집] '壽康'은 '오래 살고 건강하다'라는 뜻. 대왕대비가 장수하고 강녕하기를 바라는 말.
- 翠雲亭 [翠 **취** 비취색 雲 **운** 구름 亭 **정** 정자] '翠雲'은 '푸른 구름'이라는 뜻. 수강재의 후원에 있는 정자.
- 上凉亭 [上 **상** 위 凉 **량** 서늘하다 亭 **정** 정자] 낙선재의 후원에 있는 정자.
- 閒靜堂 [閒 **한** 한가하다 靜 **정** 고요하다 堂 **당** 집] '閒靜'은 '한가하고 고요하다'는 뜻. 석복헌의 후원에 있는 건물.

〈장락문〉

〈석복헌〉

〈만월문으로 보이는 상량정〉

〈한정당〉

〈취운정〉

‖ 낙선재 주변 건물 ‖

■ 만월문 滿月門 [滿 **만** 차다 月 **월** 달 門 **문** 문] 상량정上凉亭의 서쪽 담장에 있는 문으로, 다른 문과 달리 원형으로 되어 있음. '滿月' 은 보름달이란 뜻.

〈승화루〉

■ 승화루 承華樓 [承 **승** 잇다 華 **화** 꽃 樓 **루** 다락집] 상량정 서쪽에 있는 누각으로, 후원의 주합루와 비교하여 일명 소주합루小宙合樓라고도 함. '承華' 는 정화精華' 를 잇는다' 는 뜻.

〈삼삼와와 칠분서〉

■ 삼삼와 三三窩 [三 **삼** 셋 窩 **와** 움집] '여섯 모서리 움집' 이라는 뜻으로, 서적을 보관했던 것으로 추정하고 있음. 승화루 옆에 육각정六角亭의 형태로 있음.

■ 칠분서 七分序 [七 **칠** 일곱 分 **분** 나누다 序 **서** 차례, 집의 동서東西 끝에 있는 곁방] 현재 없어진 **중희당**重熙堂과 삼삼와를 연결하는 건물.

· 重熙 [重 **중** 무겁다, 거듭하다 熙 **희** 빛나다] '빛이 겹침, 광명을 거듭하다' 는 뜻.

성정각 誠正閣 → 내의원

> '뜻을 순수하게 집중하고[誠] 마음을 바르게 하다[正]' 라는 의미를 담고 있는 집[閣]

誠 **성** 정성
正 **정** 바르다
閣 **각** 집

'誠正' 은 『대학大學』의 '격물格物 치지致知 성의誠意 정심正心' 에서 따온 말로, 성의誠意란 '뜻을 순수하게 집중한다' 는 말이고, 정심正心은 '마음을 바르게 한다' 는 말입니다.

〈성정각〉

성정각은 본래 동궁東宮(왕세자)이 학자들에게 유교 경전을 배우던 곳으로, 문 이름도 '현인을 맞이한다' 는 뜻의 **'영현문迎賢門'** 입니다. 현재는 **내의원內醫院**으로 소개되고 있는데, 일제 시대 이후에 용도가 바뀐 것으로 추정하고 있습니다. 이곳의 누마루 정면에는 **'보춘정報春亭'**, 동쪽에는 **'희우루喜雨樓'** 라고 쓴 현판이 걸려 있으며 희정당의 동남쪽에 있습니다.

· 迎賢門 [迎 **영** 맞이하다　賢 **현** 어질다　門 **문** 문] 迎賢은 '현인도 어진이를 맞는다' 는 뜻.

· 內醫院 [內 **내** 안　醫 **의** 병을 고치다　院 **원** 집, 관청] 조선시대 궁중의 의약醫藥을 맡은 관청.

· 報春亭 [報 **보** 갚다, 알리다　春 **춘** 봄　亭 **정** 정자] '報春' 은 '봄을 알린다' 는 뜻.

· 喜雨樓 [喜 **희** 기쁘다　雨 **우** 비　樓 **루** 다락집] '喜雨' 는 '가뭄 뒤에 오는 반가운 비' 라는 뜻.

〈영현문〉

〈보춘정〉

관물헌 觀物軒

사물을[物] 바라보는[觀] 집[軒]

觀 **관** 보다
物 **물** 사물
軒 **헌** 집

'觀物' 이란 사물을 어떻게 바라보고 이해하는가에 대한 인식론에 해당하며, 성리학자들이 중요하게 여겼던 것입니다. 성정각 북쪽에 있으며, 갑신정변甲申政變의 주역들이 작전 본부로 삼았던 역사를 간직하고 있습니다.

‖ 선원전과 어차고 ‖

■ 구 선원전舊璿源殿 [舊 **구** 옛　璿 **선** 아름다운 옥　源 **원** 근원　殿 **전** 큰 집] '璿' 은 '아름다운 옥' 이란 뜻으로, '왕족' 을 의미하고, '源' 은 '물의 근원' 이란 뜻으로 '시조로부터 흘어온 유래' 를 뜻하는 말. 그래서 '璿源' 은 '왕족의 유구한 계보를 의미함. 덕망이 높은 선왕의 어진御眞(임금의 초상화)을 모시

〈선원전〉: 신선원전에 걸린 것임.

고 제사를 지내는 건물로 궁궐 밖의 종묘와 대비되는 곳. 인정전 서쪽에 있으며, 신 선원전이 건립되면서 현재는 창덕궁의 유물 보관 창고로 쓰고 있음. 한편 선원전에 모셨던 초상화는 6 · 25 전쟁 때 불에 타 없어짐. 보물 제817호.

■ 신 선원전 新璿源殿 [新 **신** 새롭다 璿 **선** 아름다운 옥 源 **원** 근원 殿 **전** 큰 집] 1927년 일제가 본래 선원전에 있던 어진을 새로 보관하기 위해 지은 건물로 후원 서북쪽에 있음.

■ 어차고 御車庫 [御 **어** 임금 車 **거/차** 수레 庫 **고** 창고] 고종과 순종이 사용하던 수레나 승용차 등이 전시되어 있는 건물로 인정전 남쪽에 있음.

나. 후원 後苑

後 **후** 뒤
苑 **원** 동산

후원은 조선 시대의 궁궐 뒤쪽에 자리잡은 정원으로 주로 왕가에서 휴식을 취하기 위해 만든 곳입니다. 창덕궁의 후원은 북원北苑, 금원禁苑으로도 불려졌는데, 1903년에 **비원秘苑**이라는 관장 기관이 생기면서 한동안 비원이라는 명칭을 쓰기도 했습니다. 다음은 후원에 있는 건물들입니다.

· 秘苑 [秘 **비** 숨기다 苑 **원** 동산] '비밀의 정원' 이란 뜻.

〈부용정〉

■ 부용정 芙蓉亭 [芙 **부** 연꽃 蓉 **용** 연꽃 亭 **정** 정자] '연꽃'의 의미를 담고 있는 부용지芙蓉池 변두리 물속에 세워져 있음. 부용지는 땅, 부용정은 인간, 인공 섬은 하늘을 상징하고, 이 셋(천天 · 지地 · 인人)의 합해진 힘이 우주를 상징하는 주합루에서 대합창을 한다는 설명도 있음. 실제 부용지는 네모난 연못이고, 연못 속 섬은 둥글어 천원지방天圓地方(하늘은 둥글고 땅은 네모나다) 사상에 의해 만들어졌음을 알 수 있음.

〈사정기 비각〉

■ 사정기 비각 四井記碑閣 [四 **사** 넷 井 **정** 우물 記 **기** 적다 碑 **비** 비석 閣 **각** 집] 네[四] 우물(마니摩尼, 파려玻瓈, 유리琉璃, 옥정玉井)에[井] 대한 기록을[記] 비석에[碑] 새기고 그것을 보관한 건물[閣].

■ 주합루 宙合樓 [宙 **주** 옛날부터 지금까지 合 **합** 합하다 樓 **루** 다락집] 1층은 서고書庫인 규장각奎章閣이고, 2층 누대는 동서고금의 서적을 보관하는 열람실. '宙' 는 '옛날부터 지금에 이르는 시간' 을 뜻하는 말로, 주합루는 '시간적으로 옛날과 지금을 합하는 우주의 영역' 이라는 의미를 담고 있는 건물.

〈어수문과 주합루〉

■ 어수문 魚水門 [魚 **어** 물고기 水 **수** 물 門 **문** 문] 주합루로 오르는 언덕 첫머리에 있는 문으로, 임금과 신하의 관계를 물고기와 물에 비유한 데서 그 이름이 유래함.

어수문과 용

부용정 아래 석축 모퉁이에는 물고기 한 마리가 물위로 뛰어오르는 모습이 새겨져 있고, 어수문의 문설주에는 용 조각이 새겨져 있습니다. 어수문이라는 문 이름 그리고 물고기와 용의 관계를 이해하기 위해서는 2개의 고사성어를 알아야 합니다.

1. 수어지교 水魚之交 [水 **수** 물 魚 **어** 물고기 之 **지** ~의 交 **교** 사귀다]

〈부용정 아래의 물고기 조각〉

삼국 시대 촉蜀 · 오吳 · 위魏가 정립하고 있을 때의 일입니다. 강동에는 손권孫權이, 강북에는 조조曹操가 이미 상당한 세력을 펴고 있었으나, 촉의 유비劉備는 아직 기반을 굳히지 못하고 있었습니다. 휘하에 관우, 장비, 조운 같은 맹장이 있긴 하나 지략을 쓰는 사람이 없었습니다. 이때 유비가 가장 적임자로 꼽은 이가 바로 제갈량이었습니다. 그래서 이른바 삼고초려三顧草廬를 하여 겨우 제갈량을 얻었습니다. 유비는 제갈량을 사부로 삼고 함께 생활하며 한漢나라 부흥을 위해 힘썼고, 제갈량도 군주인 유비에게 충성을 다했습니다. 그런데 관우와 장비는 제갈량에 대한 대우가 너무 지나치다는 불만을 터트렸습니다. 이에 유비는 "나에게 공명이 있는 것은 마치 물과 물고기의 사귐과 같은 것이다(水魚之交). 그러니 다시는 이를 논하지 말라" 하고 준엄하게 타이르니, 그 뒤로는 다시 불평하지 못하였습니다. 이처럼 수어지교는 유비가 제갈량과 자신의 사이를 물과 물고기에 비유함으로써 유래하였으니, 사람들은 '떼어내려 해도 떼어낼 수 없는 군주와 신하의 관계' 를 수어지교라 합니다.

2. 등용문 登龍門 [登 등 오르다 龍 룡 용 門 문 문]

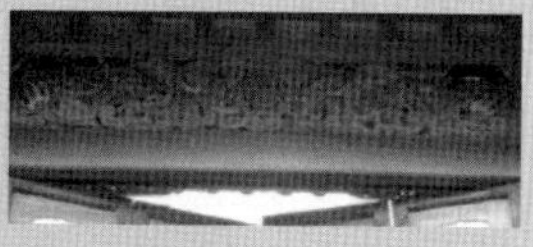

〈어수문의 용 조각〉

'龍門'은 중국 황하黃河 상류에 있는 협곡 이름입니다. 용문은 경사가 심하고 물살이 세서 산란기에 알을 낳으러 상류로 가려던 수천 수만의 물고기들이 거슬러 올라가지 못한다고 합니다. 하지만 일단 오르기만 하면 용이 되어 하늘로 올라간다는 전설이 있습니다. 이 전설로 인하여 용문은 '과거 따위의 시험에 합격하여 출세의 길에 오르는 관문'이라는 뜻을 갖게 되었습니다.

■ 영화당 暎花堂 [暎 영 비추다 花 화 꽃 堂 당 집] 꽃[花] 그림자가 춘당지에 비추듯[暎] 아름다운 공간[堂]. 부용정 옆에 있는 건물로, 정조 때부터 동쪽 앞마당에서 임금이 직접 참석하는 과거를 치렀음. '暎'은 '映[영 비추다]'의 속자俗字.

〈영화당〉

■ 서향각 書香閣 [書 서 책 香 향 향기 閣 각 집] '書香'은 '책의 향기'란 뜻으로, 책을 말리던 곳이었기 대문에 붙은 이름이라 함. 주합루 서편에 있으며, 본래 어진御眞을 모시던 전각이었음. 정조 1년(1777)에 왕후가 이곳에서 누에를 쳤기 때문에 '친잠권민親蠶勸民'이라 쓴 편액이 걸려 있음.

〈서향각〉

· 御眞 [御 어 임금 眞 진 참, 초상] 임금의 사진.
· 親蠶勸民 [親 친 친하다, 몸소 蠶 잠 누에 勸 권 권하다 民 민 백성] '親蠶'은 고례古禮로 '왕후王后가 친히 뽕을 따다가 누에를 치던 일'을 가리킴. '勸民'은 '왕후가 모범을 보여 백성들에게 권한다'는 의미임.

〈침잠권민〉

■ 희우정 喜雨亭 [喜 희 기쁘다 雨 우 비 亭 정 정자] '喜雨'는 '가뭄 뒤에 오는 반가운 비'라는 뜻. 본래 취향정醉香亭이라는 초당이 있었는데, 가뭄이 오래 지속되자 이곳에서 기우제를 지내니 그날 바로 비가 내렸다고 함. 그래서 이때 왕인 숙종은 이름을 지금의 희우정으로 바꿨다고 함. 임금의 휴식처로 서향각의 서편에 있음.

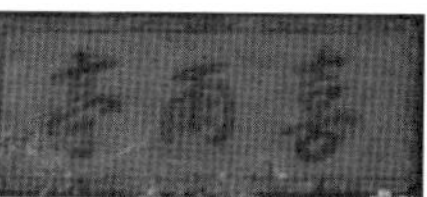

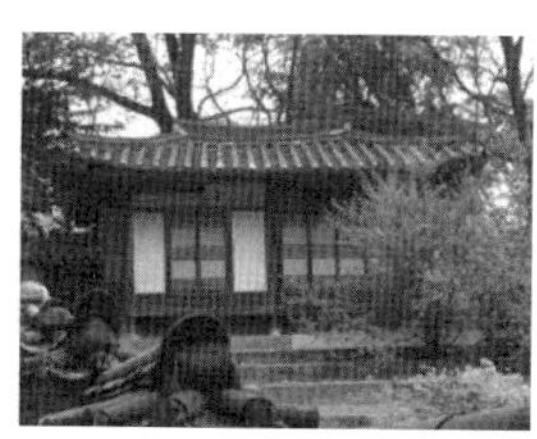

〈희우정〉

· 醉香亭 [醉 **취** 술에 취하다 香 **향** 향기 亭 **정** 정자] 향기에 [香] 취하는[醉] 정자[亭].

〈제월광풍관〉

■ 제월광풍관 霽月光風觀 [霽 **제** 개다 月 **월** 달 光 **광** 빛 風 **풍** 바람 觀 **관** 보다, 누각] 서향각의 뒤쪽 별당 건물. '霽月'은 '비가 갠 하늘의 밝은 달'이란 뜻이고, '光風'은 '비가 갠 뒤에 부는 맑은 바람'이란 뜻. 그래서 '霽月光風'은 '도량이 넓고 시원시원하거나, 또는 정대正大하여 마음에 거리낄 것이 없음'을 비유하여 이르는 말. '觀'은 '전망이 좋은 곳에 설치한 누각'을 뜻하는 말.

〈기오헌〉

■ 기오헌 寄傲軒 [寄 **기** 보내다, 의지하다 傲 **오** 뽐내다, 제멋대로 軒 **헌** 집] 헌종 때 익종翼宗으로 추존追尊된 순조의 왕세자인 효명세자孝明世子가 세자로서 대리청정을 하면서 옛 독서처 자리에 고쳐 지은 건물로 민가처럼 지어짐. '寄傲'는 도연명의 「귀거래사歸去來辭」의 "남창에 몸을 기대고 의기양양해하니, 무릎 하나 들일 만한 집 그 얼마나 편안한가(倚南牕以寄傲, 審容膝之易安)"에서 따온 말로, '거침없는 마음을[傲] 맡기다[寄](의기양양해하다)'는 뜻임. 당시에는 이 건물을 의두합倚斗閤 또는 이안재易安齋라고도 했음. 주합루 북쪽에 있으며, 영화당 동쪽의 넓은 마당을 지나 금마문金馬門 안에 있음.

· 倚斗閤 [倚 **의** 의지하다 斗 **두** 말(용량 단위), 별 이름 閤 **합** 집] 『동국여지비고東國輿地備考』에서는 "북두성에[斗] 의지해서[倚] 경화京華를 바라본다"는 뜻으로 풀이함. 여기서 북두는 효명세자의 할아버지인 정조를 가리킨다는 설이 있음. 즉 왕권 강화를 위해 노력했던 정조를 의지하고 따르겠다는 의미임.

· 易安齋 [易 **역** 바꾸다 / **이** 쉽다 安 **안** 편안하다 齋 **재** 깨끗이 하다, 집] 도연명의 위의 구절에서 따온 것임.

· 金馬門 [金 **금** 쇠, 금 馬 **마** 말 門 **문** 문] '金馬'의 뜻은 '금으로 만든 말'.

■ 운경거 韻磬居 [韻 **운** 운 磬 **경** 경쇠 居 **거** 살다] 기오헌 곁에 딸려 있는 정면 2칸 측면 1칸의 작은 건물로서, 이름으로 미루어볼 때 시詩[韻]와 음악을[磬] 즐기던 곳으로 추정됨.

〈운경거〉

■ 불로문 不老門 [不 **불** ~하지 않다 老 **로** 늙다 門 **문** 문] 금마문金馬門 옆 담장 중간을 끊은 곳에 ∩ 모양의 돌로 만든 문.

〈불로문〉

■ 애련정 愛蓮亭 [愛 **애** 사랑 蓮 **련** 연꽃 亭 **정** 정자] 불로문 북쪽 애련지愛蓮池 건너편에 있는 정자. 명칭은 숙종이 지은 「애련정기愛蓮亭記」를 통해 알 수 있음. '연꽃은 더러운 곳에 있으면서도 변하지 않고, 우뚝 서서 치우치지 아니하며, 지조가 굳으면서 맑고 깨끗하여 군자의 덕을 지녔기 때문에, 이러한 연꽃을[蓮] 사랑하여[愛] 새 정자의 이름을 애련정이라 지었다' 고 기록되어 있음.

〈애련정〉

■ 연경당 演慶堂 [演 **연** 연기하다, 널리 펴다 慶 **경** 축하하다, 경사 堂 **당** 집] '演慶' 은 '경사가 성대하다' 는 뜻임. 대부 집을 모방하여 궁궐 안에 지은 99칸짜리 집으로, 순조가 효명세자에게 대리청정을 시키고 쉬던 곳. 이 안에 장락문長樂門, 선향재善香齋, 농수정濃繡亭 등이 있고, 애련지 서쪽에 위치함.

· 長樂門 → 낙선재 장락문 (p258) 참조.
· 善香齋 [善 **선** 착하다, 좋다 香 **향** 향기 齋 **재** 깨끗이 하다, 집] '善香' 은 '좋은 향기가 서린 집' 이란 뜻. 서재書齋 겸 응접실로 쓰였던 곳.
· 濃繡亭 [濃 **농** 짙다 繡 **수** 수놓다 亭 **정** 정자] '濃繡' 는 '짙은 빛으로 수놓는다' 는 의미임. 후원에 있는 정자.

〈연경당〉

■ 반도지 半島池 [半 **반** 반 島 **도** 섬 池 **지** 못] 일제 때 일본인들이 만든 연못으로, 애련정 왼쪽을 끼고 작은 산을 넘어

〈반도지〉

북쪽에 있음.

〈관람정〉

■ 관람정 觀纜亭 [觀 **관** 보다 纜 **람** 닻줄 亭 **정** 정자] '觀纜'은 '닻줄을 보다'라는 뜻으로, '배를 띄어놓고 구경하다'라는 의미임. 반도지에 있으며, 부채 모양의 정자.

■ 승재정 勝在亭 [勝 **승** 이기다, 뛰어나다 在 **재** 있다 亭 **정** 정자] '승경勝景(뛰어난 경치)이[勝] 있는[在] 정자[亭]'라는 뜻. 관람정 남쪽 언덕 위에 있는 정자.

〈존덕정〉

■ 존덕정 尊德亭 [尊 **존** 높이다 德 **덕** 덕 亭 **정** 정자] '덕을[德] 높이는 [尊] 정자[亭]'라는 뜻. 반도지 남쪽에 있는 정자.

■ 폄우사 砭愚榭 [砭 **폄** 돌침 愚 **우** 어리석다 榭 **사** 정자] 존덕정 바로 옆에 있는 조그마한 집으로, 정조가 동궁 시절에 서재로 썼다고 함. '砭愚'는 '어리석은 사람에게 돌침을 놓는다'는 뜻. 즉 어리석은 사람을 경계할 때 쓰는 비유. '榭'는 본래 흙을 높이 쌓고, 그 위에 세운 지붕이 있는 정자를 가리킴.

〈청심정〉

■ 청심정 淸心亭 [淸 **청** 맑다 心 **심** 마음 亭 **정** 정자] 존덕정 골짜기와 연경당 뒤쪽 골짜기 사이의 언덕 위에 자리잡고 있는 정자. 현판은 없음.

‖ 옥류천 지역 정자들 ‖

〈취규정〉

■ 취규정 聚奎亭 [聚 **취** 모으다 奎 **규** 별 이름 亭 **정** 정자] 존덕정에서 옥류천으로 가는 고개에 있는 정자. 『송사宋史』 「태조기太祖紀」에, "다섯 별이 규수奎宿에 모여들었다(오성취규五星聚奎)" 했는데, 이는 '인재가 모여들어 천하가 태평해짐'을 의미함. 그래서 송나라 때 문운文運이 성대했다고 여

겼음. '奎'는 '별 이름'으로 문장을 주관하는 것으로 여겼음.

〈취한정〉

■ 취한정 翠寒亭 [翠 **취** 비취색 寒 **한** 차다 亭 **정** 정자] '翠寒'은 '푸르고 서늘하다'란 뜻으로, '푸른 숲으로 감싸여 서늘하다'는 의미임. 바람 쐬며 노닐던 왕이 어정御井의 약수를 마신 뒤 돌아가는 길에 잠깐 쉬어 가던 곳. 취규정에서 오솔길을 따라 내려오는 곳에 있음.

· 御井 [御 **어** 임금 井 **정** 우물] 옥류천 바로 뒤에 있는 약수터.

〈어정〉

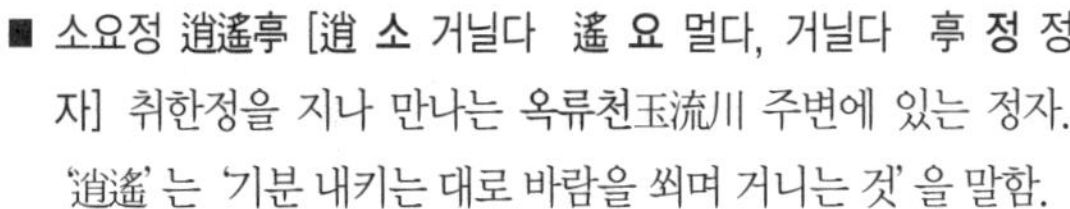

■ 소요정 逍遙亭 [逍 **소** 거닐다 遙 **요** 멀다, 거닐다 亭 **정** 정자] 취한정을 지나 만나는 옥류천玉流川 주변에 있는 정자. '逍遙'는 '기분 내키는 대로 바람을 쐬며 거니는 것'을 말함.

〈소요정〉

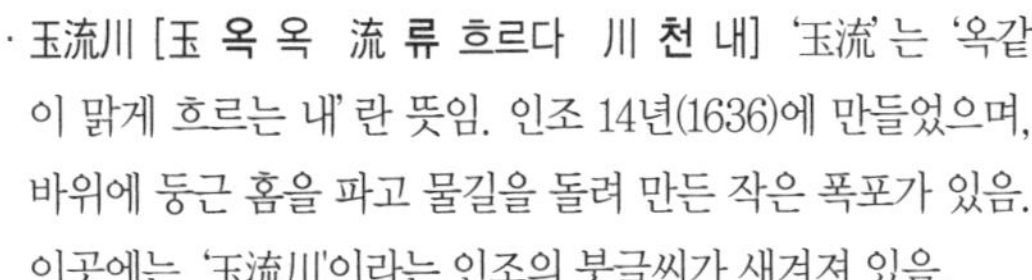

· 玉流川 [玉 **옥** 옥 流 **류** 흐르다 川 **천** 내] '玉流'는 '옥같이 맑게 흐르는 내'란 뜻임. 인조 14년(1636)에 만들었으며, 바위에 둥근 홈을 파고 물길을 돌려 만든 작은 폭포가 있음. 이곳에는 '玉流川'이라는 인조의 붓글씨가 새겨져 있음.

옥류천 바위에 새겨진 한시

'玉流川' 글씨는 인조의 어필이라 하며, 아래의 시는 숙종의 시라 전해집니다.

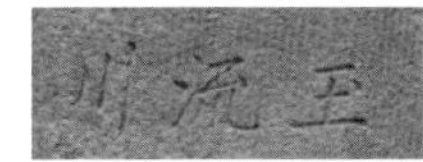

飛流三百尺 비 류 삼 백 척	날아 흐르는 삼백 척의 물줄기는
遙落九天來 요 락 구 천 래	저 멀리에서 떨어지는 것이 하늘에서 내려오는 듯하네
看是白虹起 간 시 백 홍 기	보고 있으니 흰 무지개가 생겼다가
飜成萬壑雷 번 성 만 학 뢰	온 골짜기에 우레소리로 가득 바뀌네

■ 청의정 淸漪亭 [淸 **청** 맑다 漪 **의** 잔물결, 어조사 亭 **정** 정자] 옥류천의 제일 구석진 작은 연못 속에 서 있는 정자. '漪'는 별 뜻이 없는 말이므로, '淸漪'는 '물이 맑다'라는 의미임.

〈청의정〉

■ 태극정 太極亭 [太 **태** 크다 極 **극** 끝, 근본 亭 **정** 정자] 청의정 뒤에 있는 정자. '太極'은 '태초의 혼돈한 원기元氣'를 뜻함.

〈태극정〉

■ 농산정 籠山亭 [籠 **롱** 바구니, 싸다 山 **산** 산 亭 **정** 정자] 소요정 동편에 있는 정자. '籠山'은 '온 산을 둘러싸다(포괄하다)'의 의미.

■ 능허정 凌虛亭 [凌 **릉** 업신여기다 虛 **허** 비다 亭 **정** 정자] 후원에서 가장 끝 높은 언덕 가까이에 자리잡고 있는 정자로, 신 선원전으로 가는 길가의 숲속 깊은 곳에 있음. '凌虛'는 '허공을 업신여기며 하늘을 날아오르다'라는 뜻으로, 높은 곳에 있기 때문에 붙여진 이름임.

| 고인돌 군群=지석묘 군 支石墓群 |

고인돌은 아래의 굄돌이 위의 얹는 돌을[石] 지탱하도록[支] 만든 무덤[墓]으로, 청동기 시대 우리나라 전역에서 발견되는 대표적 무덤입니다.

支 **지** 갈라져 나오다, 떠받치다
石 **석** 돌
墓 **묘** 무덤

가. 고창 고인돌 유적

전라북도 고창군 일대에는 447기가 있는데, 남방 · 북방식이 섞여 있고, 기원전 4~5세기경의 것으로 추정됩니다. 이 가운데 특히 아산면 운곡서원 뒷산에 있는 고인돌은 길이 7m, 높이 5m, 폭 5.5m, 무게 200t으로 국내에서 규모가 가장 큽니다.

▷고창 지석묘 군(사적 제391호)
▷도산리 지석묘(전라북도 기념물 제49호)

〈고창 고인돌 유적〉

나. 화순 고인돌 유적

전라남도 화순군 도곡면 일대에는 1천여 기의 고인돌 군이 좁은 지역에 밀집해 있으며, 바둑판 형태의 **기반식**碁盤式이나 받침돌이 보이지 않는 **무지석형**無支石形 등 다양한 형태로 남아 있습니다.

〈화순 고인돌 유적〉

· **碁盤式** [碁 **기** 바둑 盤 **반** 쟁반, 받침 式 **식** 법, 방식] 바둑판[碁盤] 모양으로 만드는 방식[式]. 땅 밑에 판돌(판석板石)

이나 깬돌(할석割石)로 널을 만들어 시신을 넣은 다음 땅 위에 받침돌(지석支石)을 놓고 그 위에 덮개돌(상석上石)을 얹는 방식이며, 남방식이라고도 함.

· 無支石形 [無 **무** 없다 支 **지** 갈라져 나오다, 떠받치다 石 **석** 돌 形 **형** 모양] 받치는[支] 돌이[石] 없는[無] 모양[形].

▷화순 효산리 및 대신리 지석묘 군(사적 제410호)

다. 강화 고인돌 유적

인천시 강화군에는 66기의 고인돌이 있는데, 북방식으로 **탁자식**卓子式과 **개석식**蓋石式이 주류입니다. 특히 강화 최북단 지역인 교산리 고인돌 군은 서북한 지역의 고인돌 문화가 강화에 전해진 것을 뒷받침하는 중요한 역사 자료로 평가되고 있습니다.

〈강화 고인돌 유적〉

· 卓子式 [卓 **탁** 뛰어나다, 탁자 子 **자** 아들, 접미사의 하나 式 **식** 법, 방식] 탁자[卓子] 모양으로 만드는 방식[式]. 땅 위에 판돌 돌방(석실石室)을 만들어 시신을 넣고 그 위에 넓고 큰 덮개돌을 오려놓는 방식이며, 북방식이라고도 함.
· 蓋石式 [蓋 **개** 덮다 石 **석** 돌 式 **식** 법, 방식] 뚜경[蓋] 돌만[石] 있는 방식[式]. 기반식과 비슷하지만 받침돌이 없음.

▷강화 지석묘(사적 제137호)
▷내가 지석묘(인천광역시 기념물 제16호)
▷강화 대산리 고인돌(인천광역시 기념물 제31호)
▷강화 부근리 점골 지석묘(인천광역시 기념물 제32호)

이러한 고인돌 유적은 선사 시대의 기술 및 사회 발전을 생생히 보여주고 있다는 평가를 받아 세계문화유산으로 등재되었습니다.

| 경주 역사유적 지구 慶州歷史遺蹟地區 |

경주 역사유적 지구는 신라 천 년(B.C.57~A.D.935)의 문화 업적과 불교 및 세속 건축의 발달을 보여주고 있다는 평가를 받아 세계문화유산으로 등재되었습니다. 현재 총 2,880㏊의 면적에 52개의 지정 문화재가 보존되어 있고, 유적의 성격에 따라 모두 5군데로 영역이 나뉘어져 있습니다. 다음은 다섯 영역과 그곳에 남아 있는 대표적인 유물들입니다.

慶州 지명
〈慶 경 축하하다 州 주 고을〉
歷 력 지내다
史 사 역사
遺 유 남기다
蹟 적 자취
地 지 땅
區 구 구역

가. 남산 지구 나. 월성 지구 다. 대릉원 지구
라. 황룡사 지구 마. 산성 지구

가. 남산南山 지구(사적 제311호)

〈경주 배리 석불입상〉

남산 지구는 경상북도 경주시 남산 지역의 불교 유물들로 불교 미술의 보고寶庫로 일컬어지는 곳입니다. 신라의 옛 도읍이던 서라벌 남쪽의 고위산高位山(494m), 금오산金鰲山(468m) 등 약 40여 개의 등성이와 골짜기, 180여 개의 봉우리를 통틀어 남산이라 부릅니다. 이곳엔 신라 건국 이야기가 전해지는 나정蘿井, 김유신과 천관녀의 사랑 이야기가 담긴 천관사지天官寺址, 김시습의 『금오신화金鰲新話』가 지어진 용장사지茸長寺址 등 신라 시대의 많은 유적들이 남아 있고, 이 밖에 수많은 절과 탑이 야외 박물관처럼 조성되어 있습니다.

▷경주 배리拜里 석불입상石佛立像(보물 제63호) = 배리拜里 삼존석불입상三尊石佛立像

경주시 배동 선방사곡禪房寺谷 입구에 있는 삼국 시대의 석제 삼존불상으로, 부드러운 미소를 띠고 있어 신라 조각의 정수를 보여주고 있습니다.

〈배리 삼릉〉

▷배리拜里 삼릉三陵(사적 제219호)

경주시 배동에 있는 3개의 왕릉으로, 여기에는 신라 박씨 왕인 8대 아달라왕阿達羅王(154~184), 53대 신덕왕神德王(912~917), 54대 경명왕景明王(917~924)이 한 곳에 있기 때문에 삼릉으로 불리고 있습니다.

▷삼릉계곡三陵溪谷(=삼릉골) 마애관음보살상磨崖觀音菩薩像(경상북도 유형 문화재 제19호)

경주시 배동 삼릉계곡에 있는 통

〈삼릉계곡 마애관음보살상〉

〈삼릉계곡 선각육존불〉

일신라 시대의 마애보살상입니다.

▷삼릉계곡三陵溪谷 선각육존불線刻六尊佛=마애선각육존불상(경상북도 유형 문화재 제21호)

경주시 배동의 삼릉계곡에 있는 통일신라 시대로 추정하는 마애석불로, 2개의 큰 바위 표면에 마애삼존상磨崖三尊像이 한 쌍씩 새겨져 있습니다.

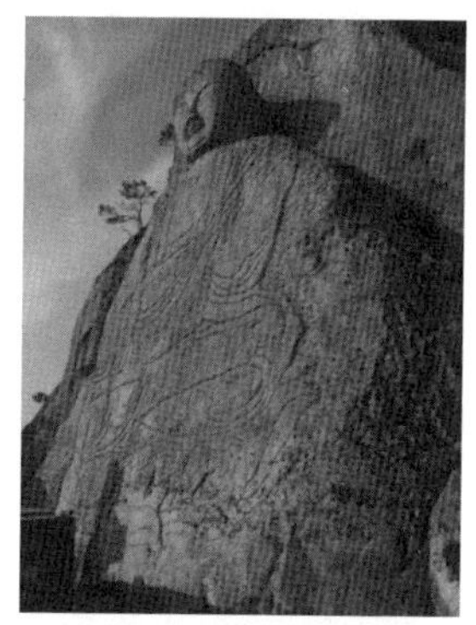
〈삼릉계곡 마애석가여래좌상〉

▷삼릉계곡三陵溪谷 마애석가여래좌상磨崖釋迦如來坐像=상선암上禪庵 마애석가여래대불大佛좌상(경상북도 유형 문화재 제158호)

경주시 배동 삼릉계곡에 있는 통일신라 시대의 불상입니다.

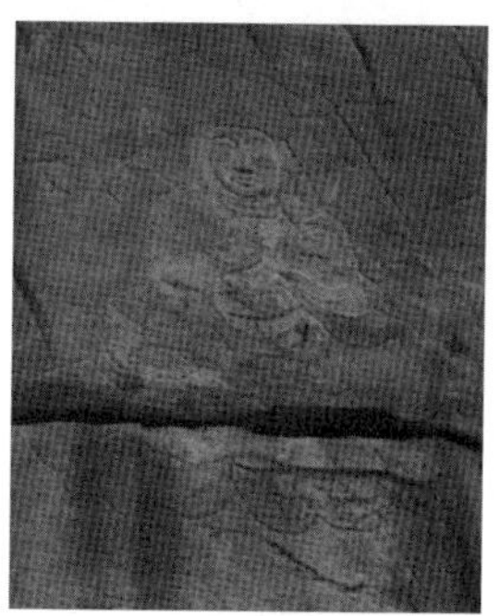
〈삼릉계곡 선각여래좌상〉

▷삼릉계곡三陵溪谷 선각여래좌상線刻如來坐像(경상북도 유형 문화재 제159호)

경주시 배동 삼릉계곡에 있는 고려 시대의 불상입니다. 몸은 선으로 바위에 새기고 얼굴은 돌출시켜 새긴 독특한 조각 수법을 엿볼 수 있습니다.

▷경주 삼릉계三陵溪 석불좌상石佛坐像(보물 제666호)

경주시 배동 삼릉계곡의 왼쪽 능선 위에 있는 통일신라 시대의 화강석제 석불좌상입니다.

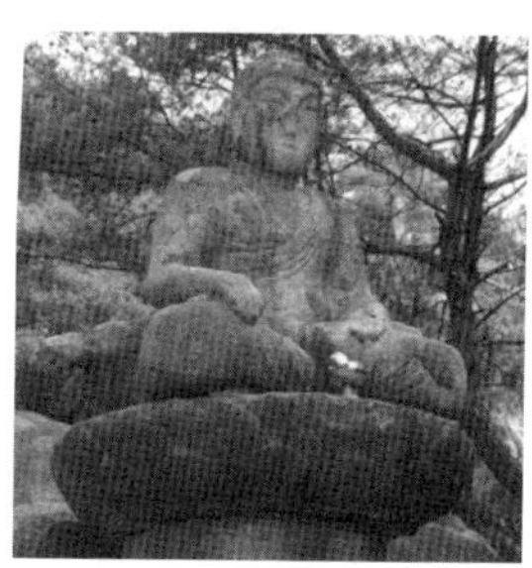
〈경주 삼릉계 석불좌상〉

▷경주 남산 입곡笠谷(=갓골) 석불두石佛頭(경상북도 유형 문화재 제94호)

경주시 배동 남산 입곡에 있는 신라 시대 석불상으로 머리 부분만 남아 있습니다.

〈경주 남산 입곡 석불두〉

▷경주 배리拜里 윤을곡潤乙谷 마애불좌상磨崖佛坐像(경상북도 유형 문화재 제195호)

경주시 배동 윤을곡에 있는 통일신라 시대의 마애삼존불입니다.

〈경주 배리 윤을곡 마애불좌상〉

▷경주 포석정지鮑石亭址(사적 제1호)

경주시 배동에 있는 신라 임금의 놀이터 용도의 별궁으로, 통일신라 시대에 만들어진 것으로 추정하며, 현재 건물은 없어졌고 전복 모양의 석조 구조물만 남아 있습니다. 여기서 임금들이 잔을 띄우고 시를 읊으며 놀았다고 전해집니다.

· 鮑石 [鮑 **포** 절인 고기, 전복 石 **석** 돌] '鮑'는 '포어鮑魚'로 본래는 '소금에 절인 생선'이지만 여기서는 '전복'을 가리킴.

〈경주 포석정지〉

▷경주 약수계곡藥水溪谷(=약수골) 마애입불상磨崖立佛像(=마애여래대불大佛입상) (경상북도 유형 문화재 제114호) 경주시 내남면 용장리에 있는 통일신라 시대의 마애불로, 남산에 있는 석불 가운데 가장 큰 불상이지만 현재는 머리 부분이 없어지고 어깨 이하의 부분만 남아 있습니다.

〈경주 약수계곡 마애입불상〉

▷경주 남산 용장사곡茸長寺谷 삼층석탑三層石塔 (보물 제186호) **=용장사터 삼층석탑**

경주시 내남면 용장리에 있는 통일신라 시대의 화강석제 석탑입니다.

〈경주 남산 용장사곡 삼층석탑〉

〈경주 남산 용장사곡 석불좌상〉

▷**경주 남산 용장사곡茸長寺谷 석불좌상石佛坐像**(보물 제187호)**=용장사터 석불좌상**

경주시 내남면 용장리에 있는 통일신라 시대의 화강석제 불상입니다.

〈용장사지 마애여래좌상〉

▷**용장사지茸長寺址(=용장사터) 마애여래좌상磨崖如來坐像**(보물 제913호)

경주시 내남면 용장리에 있는 통일신라 시대의 마애여래좌상입니다.

〈천룡사지 삼층석탑〉

▷**천룡사지天龍寺址(=천룡사터) 삼층석탑三層石塔**(보물 제1188호)

경주시 내남면 용장리에 있는 통일신라 시대의 석탑입니다.

▷**경주 침식곡寢息谷 석불좌상石佛坐像**(경상북도 유형 문화재 제112호)

경주시 내남면 노곡리에 있는 통일신라 시대의 석불로, 현재 머리 부분만 없습니다.

〈경주 침식곡 석불좌상〉

▷**경주 열암곡列岩谷(=열암골) 석불좌상石佛坐像**(경상북도 유형 문화재 제113호)

경주시 내남면 노곡리에 있는 통일신라 시대의 불상으로, 현재 불상 파편과 대좌만이 남아 있습니다.

▷**백운대白雲臺 마애불입상磨崖佛立像**(경상북도 유형 문화재 제206호)

경주군 내남면 명계리에 있는 통일신라 시대의 마애불입니다.

〈백운대 마애불입상〉

〈경주 열암곡 석불좌상〉

▷경주 남산 신선암神仙庵 마애보살반가상磨崖菩薩半跏像 = 마애보살상(보물 제199호)

경주시 남산동 칠불암七佛庵 뒤쪽 절벽에 새겨진 통일신라 시대의 화강석제 마애석불입니다.

〈경주 남산 신선암 마애보살반가상〉

▷경주 남산 칠불암七佛庵 마애석불磨崖石佛(보물 제200호)

경주시 남산동 칠불암 옆 바위와 돌기둥에 새겨진 통일신라 시대의 화강석제 마애석불입니다.

〈경주 남산 칠불암 마애석불〉

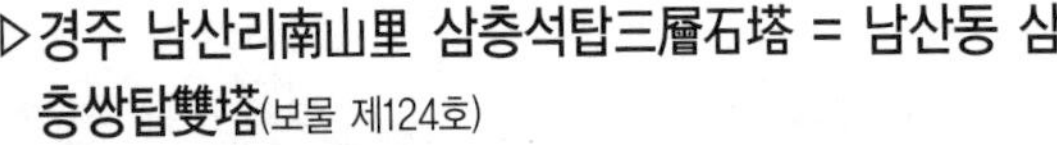

▷경주 남산리南山里 삼층석탑三層石塔 = 남산동 삼층쌍탑雙塔(보물 제124호)

경주시 남산동에 있는 통일신라 시대의 화강석제 석탑입니다.

▷서출지書出池(사적 제138호)

[書 **서** 책 出 **출** 나가다 池 **지** 못]

경주시 남산동에 있는 신라 때의 연못으로, 21대 소지왕炤知王(479~500, 소지 마립간)의 전설과 관계 있는 곳입니다.

〈서출지〉

〈경주 남산리 삼층석탑〉

사금갑설화 射琴匣說話

| 거문고[琴] 갑을[匣] 쏜[射] 이야기[說話] |

신라 소지왕이 왕위에 오른 지 10년 되던 해에 남산 기슭에 있던 천천정에 갔을 때, 쥐가 사람 소리로 까마귀를 따라가라 하여, 왕은 무사武士에게 뒤쫓게 하였다. 나중에 까마귀는 사라지고 어떤 못(서출지)에서 한 노인이 나와 봉투를 주었다. 봉투에는 '열어 보면 두 사람이 죽고, 열어 보지 않으면 한 사람이 죽는다' 고 씌어져 있었다. 왕은 한 사람이 죽는 게 낫다고 여겨 열어 보지 않으려 했으나, 일관日官이 열어 보도록 하였다. 봉투 안에는 '거문고 갑을 쏘아라' 하고 적혀 있었는데, 왕이 활로 거문고 갑을 쏘니 그 안에서 왕비와 승려가 정을 통하고 있어 이들을 모두 죽였다. 만약 쏘지 않았으면 나중에 왕은 이들에게 죽임을 당했을 것이다.

| 射 **사** 쏘다 琴 **금** 거문고 匣 **갑** 상자 說 **설** 말하다, 이야기 話 **화** 이야기 |

▷**경주 남산동南山洞 석조감실石造龕室**(경상북도 문화재 자료 제6호)

경주시 헌강왕릉 송림松林 화랑교육원에 있는 감실로, 신라 시대에 불상이 안치되었다고 전해집니다.

〈경주 남산동 석조감실〉

▷**경주 남산 미륵곡彌勒谷(=미륵골) 석불좌상石佛坐像**(보물 제136호)

경주시 배반동에 있는 통일신라 시대의 화강석제 불상입니다. 달리 보리사 석불좌상이라고도 부르는데, 보리사는 미륵골에 있는 절 이름입니다.

〈경주 남산 미륵곡 석불좌상〉

▷**보리사菩提寺(=보제사) 마애석불磨崖石佛**(경상북도 유형 문화재 제193호)

경주시 배반동 보리사의 남쪽 산등성이 암벽에 새겨진 통일신라 시대의 마애여래불입니다. 달리 보리사 마애여래좌상이라고도 합니다.

〈보리사 마애석불〉

▷**남산 탑곡塔谷(=탑골) 마애조상군磨崖彫像群**(보물 제201호)

경주시 배반동 남산 탑곡의 암석에 새겨진 통일신라 시대의 여러 조각상으로, 남면은 언덕이고 나머지 북·동·서 면에 불상이 새겨져 있습니다.

〈남산 탑곡 마애조상군〉

▷**경주 남산 불곡佛谷(=부처골) 석불좌상石佛坐像**(보물 제198호)

경주시 인왕동에 있는 삼국 시대의 화강석제 불상으로, 감실 안에 모셔져 있습니다. 부처골 감실 석불좌상이라고

〈경주 남산 불곡 석불좌상〉

도 부릅니다.

▷경주 나정蘿井(사적 제245호)

蘿 라 소나무겨우살이
井 정 우물

경주시 탑동에 있으며, 신라 시조 박혁거세가 태어난 전설을 간직하고 있는 유물입니다. 소나무겨우살이[蘿 라 소나무겨우살이]는 소나무에 붙어 기생하는 식물입니다. 나정 주변에 소나무 숲이 있어 붙여진 이름인 듯하나 정확한 것은 알 수 없습니다.

〈경주 나정〉

박혁거세 朴赫居世 전설

진한의 6부 촌장 가운데 고허 촌장이 기원전 69년에 나정蘿井 가에서 흰 말 한 마리가 무릎을 꿇고 울고 있는 것을 보았다. 그곳에는 붉은 빛이 나는 큰 알 하나가 있었는데, 이 알 속에서 사내아이가 태어났고, 13살이 되던 해에 6부 촌장이 모인 자리에서 추대되어 왕이 되었다. 왕이 박과 같은 곳에서 나왔다는 점과 '밝다'는 뜻에서 성을 박이라 하였고, 밝게 세상을 다스린다는 뜻에서 이름을 혁거세라 하였다.

| 朴 박 성씨 赫 혁 빛나다 居 거 살다 世 세 세상 |

〈남간사지 당간지주〉

▷남간사지南澗寺址 당간지주幢竿支柱(보물 제909호)

경주시 탑동 남간사터 남서쪽 약 500m 지점에 있는 통일신라 시대의 당간지주입니다.

〈남간사지 석정〉

▷남간사지南澗寺址 석정石井(경상북도 문화재 자료 제13호)

경주시 탑동 남간사터에 있는 신라 시대 우물입니다.

〈신라 일성왕릉〉

▷신라 일성왕릉逸聖王陵(사적 제173호)

경주시 탑동에 있는 신라 7대 일성왕(134~151, 일성 이

사금)의 무덤입니다.

▷신라 정강왕릉定康王陵(사적 제186호)

경주시 남산동에 있는 신라 50대 정강왕(886~887)의 무덤입니다.

〈신라 정강왕릉〉

▷신라 헌강왕릉憲康王陵(사적 제187호)

경주시 남산동에 있는 신라 49대 헌강왕(875~886)의 무덤입니다.

〈신라 헌강왕릉〉

▷신라 내물왕릉奈勿王陵(사적 제188호)

경주시 교동에 있는 신라 17대 내물왕(356~402, 내물 마립간)의 무덤입니다.

〈신라 내물왕릉〉

▷지마왕릉祇摩王陵(사적 제221호)

경주시 배동에 있는 신라 6대 지마왕(112~134, 지마 이사금)의 무덤입니다.

〈지마왕릉〉

▷경애왕릉景哀王陵(사적 제222호)

경주시 배동에 있는 신라 55대 경애왕(924~927)의 무덤입니다. 경애왕은 포석정에서 연회를 베풀다가 후백제 견훤의 습격을 받아 죽은 왕입니다.

▷경주 남산성南山城(사적 제22호)

경주시 남산에 있는 신라 왕도의 산성으로, 591년(진평왕 13)에 지어졌습니다.

〈경주 남산성〉

〈경애왕릉〉

나. 월성月城 지구

월성 지구는 신라 왕궁이 자리하고 있던 궁궐터입니다. 이곳에는 신라 김씨 왕조의 시조인 김알지가 태어난 계림鷄林, 동양 최고最古의 천문 시설인 첨성대瞻星臺 등이 있습니다.

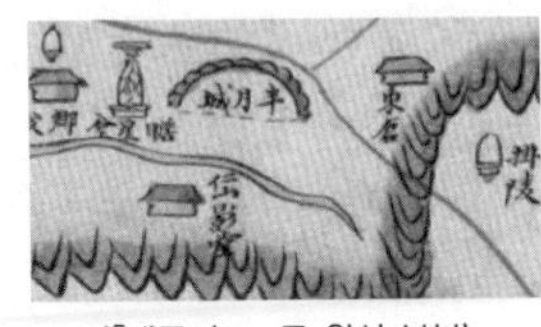

〈『해동지도』 중 월성 부분〉

▷경주 월성月城(사적 제16호)

경주시 인왕동에 있는 성으로, 101년에 만들었습니다. 성루를 반달 모양으로 둘러 세웠기 때문에 반월성半月城이라 부르기도 합니다.

▷경주 임해전지臨海殿址(사적 제18호)

경주시 인왕동에 있는 통일신라 왕궁의 별궁입니다. 이곳에서는 정사政事를 보기보다는 잔치나 국빈國賓을 대접했던 것으로 추정됩니다. 이곳 임해전과 안압지雁鴨池는 문무왕文武王이 삼국 통일을 기념하여 완성한 유적입니다.

〈경주 임해전지〉

▷경주 계림鷄林(사적 제19호)

경주시 교동에 있으며, 첨성대와 반월성 사이에 있는 숲을 가리킵니다. 신라 왕의 성姓 가운데 하나인 김씨의 시조 김알지金閼智의 탄생 전설이 있는 숲입니다.

〈경주 계림〉

鷄 **계** 닭
林 **림** 숲

김알지 탄생 전설

60년(탈해왕 4) 8월 4일 밤에 호공瓠公이라는 사람이 반월성 서쪽 마을을 지나가는데, 마을 옆 숲에서[林] 흰 닭이[鷄] 울고, 황금 궤에서 밝은 빛이 나오자 탈해왕에게 고하였다. 이에 왕은 숲으로 가서 궤를 열어 보니 사내아이가 있어 이름은 알지라 하였고, 성을 김金이라 했는데, 금궤에서 나왔기 때문이다.

경주 첨성대瞻星臺

별을[星] 보는[瞻] 대[臺]

瞻 **첨** 쳐다보다
星 **성** 별
臺 **대** 높고 평평한 곳

경주시 인왕동에 있으며, 동양에서 현존하는 가장 오래된 신라 시대의 천문대天文臺입니다. 국보 제31호.

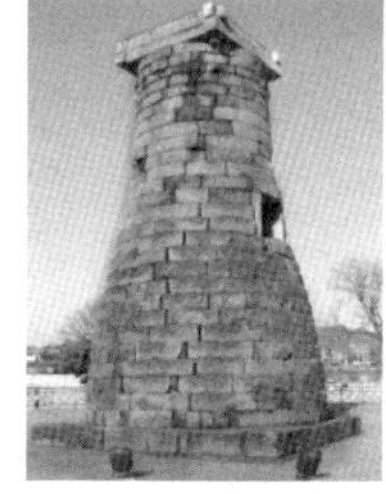

〈경주 첨성대〉

· 天文臺 [天 **천** 하늘 文 **문** 글, 무늬 臺 **대** 높고 평평한 곳] 천체의 모든 현상을 관찰하는 기관이나 시설. 예로부터 사람들은 인간 세상의 흥망성쇠를 주관하는 하늘의 뜻이 별들에게 나타난다고 믿었기 때문에 별을 관측하기 위한 건물을 따로 설치했음.

우리나라의 천문대

- 개성 첨성대 – 고려 시대에도 첨성대가 만들어졌는데, 현재 북한 개성시 만월대 서쪽 200m 지점에 있음.
- 창경궁 관천대觀天臺 [觀 **관** 보다 天 **천** 하늘 臺 **대** 높고 평평한 곳] 숙종 14년(1688)에 만들어짐. 보물 제851호.
- 관상감觀象監 관천대觀天臺 [觀 **관** 보다 象 **상** 코끼리, 모양 監 **감** 살피다, 기관] 관상감은 조선 세종 때 설치한 천문 · 지리 업무를 살피던 기관으로, 관천대는 현재 서울 종로구 계동에 있음. 창경궁 관천대와 구별하기 위해 관상감 관천대라고 부름. 사적 제296호.

〈창경궁 관천대〉

▷ 내물왕릉奈勿王陵, 계림鷄林, 월성月城 지대(사적 및 명승 제2호)

다. 대릉원大陵園 지구

대릉원 지구에는 신라 왕과 왕비, 귀족 등 높은 신분 계층의 무덤들이 모여 있는 곳입니다. 크게 황남리 고분군, 노동리 고분군, 노서리 고분군 등으로 나뉘며, 이곳에서도 신라 문화의 정수를 보여주는 각종 유물들이 출토되었습니다.

〈신라 미추왕릉〉

▷신라 미추왕릉味鄒王陵(사적 제175호)

경주시 황남동에 있는 신라 13대 미추왕(262~284)의 무덤입니다. 달리 죽현릉竹現陵 · 죽장릉竹長陵이라고도 하는데, 이 이름은 능에서 대나무 잎을 귀에 꽂은 죽엽군竹葉軍이 나와 외적을 막았다는 데서 유래했습니다.

〈경주 황남리 고분군〉

▷경주 황남리 고분군慶州皇南里古墳群(사적 제40호)

경주시 황남동 일대에 있는 신라의 고분군입니다. 여기에는 미추왕릉이라 전하는 고분 외에 1973년에 발굴된 155호분 천마총天馬塚 등을 비롯하여 약 250여 기의 고분이 있습니다.

· 天馬塚 [天 천 하늘 馬 마 말 塚 총 무덤] 경북 경주시 황남동 고분군에 속하는 고분으로, 하늘을 나는 말이 그려져 있음.

〈경주 노동리 고분군〉

▷경주 노동리 고분군慶州路東里古墳群(사적 제38호)

경주시 노동동에 있는 4기(125~127호)의 고분을 가리킵니다.

〈경주 노서리 고분군〉

▷경주 노서리 고분군慶州路西里古墳群(사적 제39호)

경주시 노서동에 있는 신라 시대 14기(128~141호)의 고분군을 가리킵니다. 잘 알려진 것으로는 1921년에 발굴된 금관총金冠塚, 1946년의 호우총壺杅塚 등이 있습니다.

▷신라 오릉五陵(사적 제172호)

경주시 탑동에 있는 5기의 무덤으로, 시조인 박혁거세朴赫居世와 알영부인閼英夫人, 제2대 남해왕南解王, 제3대 유리왕儒理王, 제5대 파사왕婆娑王의 분묘로 전해지고 있습니다.

달리 사릉蛇陵이라고도 부릅니다. 박혁거세가 죽은 후 7일 만에 그 시체가 다섯 개로 분리되었는데, 다시 합하려고 하자 큰 뱀이 나와 방해하는 바람에 그대로 다섯 군데에 묻었다는 이야기가 『삼국유사』에 기록되어 있습니다.

· 蛇陵 [蛇 **사** 뱀 陵 **릉** 큰 언덕, 무덤]

〈금관총에서 출토된 금관〉

〈신라 오릉〉

▷경주 동부 사적 지대慶州東部史蹟地帶(사적 제161호)

경주시 황남동에 있는 삼국 시대의 사적 지대로, 전체 지역은 동서로는 안압지雁鴨池에서 교동校洞까지, 남북으로는 반월성半月城 남쪽의 남천南川에서 고분공원 앞 첨성로瞻星路에 이릅니다. 과거 신라 왕도王都의 중심부였습니다.

· 雁鴨池 [雁 **안** 기러기 鴨 **압** 오리 池 **지** 못] 경상북도 경주시 인왕동에 있는 통일신라 시대의 연못. 본래는 궁궐에 만들어졌던 화려한 연못인데, 조선 시대에 원래 모습이 사라진 연못가에[池] 무성한 갈대와 부평초 사이를 기러기들[雁]과 오리들이[鴨] 날아다니자 당시 시인들이 붙인 이름이라는 설이 있음.

▷재매정財買井(사적 제246호)

경주시 교동에 있는, 신라 시대의 김유신金庾信이 살았다는 집터의 우물입니다.

〈재매정 비각〉

財 **재** 재물
買 **매** 사다
井 **정** 우물

財買井碑閣

재매정 이야기

'財買'의 의미나 유래는 정확히 알 수 없습니다. 『삼국유사』에는 김유신의 부인이 재매부인이고, 조종祖宗 집이 재매정택財買井宅이라는 기록이 있는데, 재매정이 재매부인의 이름을 따서 지어진 이름인지, 거꾸로 재매정택의 이름 때문에 부인이 재매부인이 되었는지 정확한 것은 알 수 없습니다. 또한 『신증동국여지승람』에는 재매부인이 김유신의 종녀宗女(맏딸)라고도 나옵니다.

재매정에는 다음과 같은 유명한 일화가 전해져옵니다.

김유신은 백제와의 전쟁이 잦을 무렵 싸움터에서 돌아오자마자 곧장 다른 싸움터로 보내지는 일이 자주 있었다. 645년 3월에도 귀환하자마자 다시 출정하게 되었는데, 집안에 들어가지도 못하고 문 앞을 그냥 지나게 되었다. 김유신은 50걸음쯤 가다가 갑자기 멈춰서 자기 집 우물에서 물을 떠오라고 시켰다. 물을 마신 뒤 "우리집 물맛이 예전 그대로구나" 한 뒤 전쟁터로 향했다.

라. 황룡사皇龍寺 지구

황룡사 지구에는 신라 불교의 정수라 일컬어지는 황룡사지皇龍寺址와 분황사芬皇寺가 있습니다.

▷황룡사지皇龍寺址(사적 제6호)

경주시 구황동에 있는 사찰 터로, 엄청난 규모를 자랑하는 곳이었지만, 1238년(고종 25) 몽골군의 침입으로 탑은 물론 모든 건물이 불타 없어졌습니다.

〈황룡사지〉

▷ **분황사 석탑芬皇寺石塔**(국보 제30호)

경주시 구황동에 있는 신라 말기의 석탑으로, 현존하는 신라 석탑 가운데 가장 오래된 것으로 알려져 있습니다.

→ 분황사 석탑(p40) 참조.

〈분황사 석탑〉

마. 산성山城 지구

산성 지구에는 수도 방어 시설의 핵심인 명활산성이 있는 곳입니다.

▷ **명활산성明活山城**(사적 제47호)

경주시 천군동千軍洞과 보문동普門洞에 걸친 명활산에 있는 신라 시대 석축 산성으로, A.D. 400년 이전에 왜의 침략에 대비할 목적으로 쌓은 것으로 추정됩니다. 지금은 대부분 허물어져, 몇 군데서만 흔적을 볼 수 있습니다.

제3부 세계기록유산과 세계무형유산

1. 세계기록유산

유네스코 세계기록유산(Memory of the World)이란?

도서관 및 고문서 보관소 등에 보관된 위험에 처한 인류의 기록물을 보존하고, 신기술 응용을 통하여 값진 소장 문서를 보존 · 공유하기 위하여 유네스코에서 1992년부터 추진하고 있는 국제목록작성사업입니다.

우리나라의 세계기록유산

제3차 회의(1997) – 훈민정음(국보 제70호), 조선왕조실록(국보 제151호)

제5차 회의(2001) – 승정원일기(국보 제303호)와 직지심체요절(목판본–보물 제1132호)

제8차 회의(2007) – 조선왕조 의궤, 고려대장경판(국보 제32호) 및 제경판(국보 제206호 외)

| 훈민정음訓民正音 |

訓 훈 가르치다
民 민 백성
正 정 바르다
音 음 소리

훈민정음訓民正音

백성을[民] 가르치는[訓] 바른[正] 소리[音]

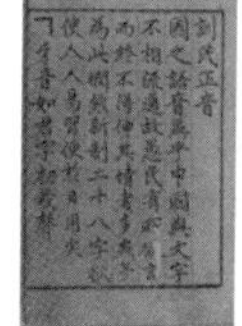
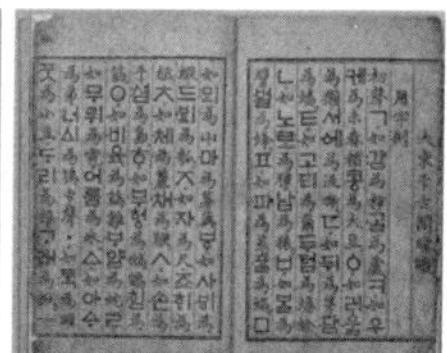
〈훈민정음 해례본〉

훈민정음은 '백성을 가르치는 바른 소리' 란 말입니다. 문자로서의 훈민정음은 우리말 표기에 맞도록 1443년(세종 25)에 문자 체계를 완성하고, 이를 '훈민정음' 이라 불렀습니다. 책으로서의 훈민정음은 1446년(세종 28)에 만들어진 글자의 해설서로,

『훈민정음 해례본訓民正音解例本』이라 부르며, 현재 간송미술관에 보관중입니다. 훈민정음과 같이 일정한 시기에 특정한 사람이 독창적으로 새 문자를 만들고 한 국가의 공용 문자로 사용하게 한 일은 세계적으로 유례가 없는 일이었습니다. 또한 새 문자에 대한 해설을 책으로 출판한 일은 유례가 없었는데, 이러한 이유 때문에 1997년 10월에 세계기록유산으로 인정되었습니다. 국보 제70호. 『훈민정음 **언해본**訓民正音諺解本』은 해례본 가운데 예의例義 부분을 언해한 책으로, 1459년(세조 5) 간행된 『월인석보月印釋譜』에 실려 있습니다.

〈월인석보〉

· 諺解本 [諺 **언** 상스러운 말 解 **해** 풀다 本 **본** 근본, 책] 한문을 속된 글로 풀이한 책. 당시는 한글을 속된 글이라 여겼음.

『훈민정음 해례본』 체제

1. 예의例義

가. **어지**御旨 : 훈민정음 창제 동기와 취지를 밝힌 글로, 세종이 씀.

나. 자모의 **음가**音價 및 운용 등.

· 例義 [例 **례** 본보기 義 **의** 옳다, 뜻] 용례와 취지.

· 御旨 [御 **어** 임금 旨 **지** 뜻] 임금의 뜻.

· 音價 [音 **음** 소리 價 **가** 값] 낱자가 지니고 있는 소리.

2. 해례解例 : 해설 부분

가. 제자해制字解 : 글자를[字] 만든[制] 원리 설명.

나. 초성해初聲解 : 초성에 대한 설명.

다. 중성해中聲解 : 중성에 대한 설명.

라. 종성해終聲解 : 종성에 대한 설명.

마. 합자해合字解 : 초 · 중 · 종성이 합해야 완전한 글자가 된다는 설명.

바. 용자례用字例 : 초 · 중 · 종성의 순서에 맞는 글자의 예 소개.

· 解例 [解 **해** 풀다 例 **례** 본보기] 보기를 들어가며 풀어감.

3. 정인지鄭麟趾(1396~1478) 서문 : 창제 취지 · 경위 · 의의 등을 서술.

조선왕조실록 朝鮮王朝實錄

조선시대[朝鮮] 왕[王]과 조정에[朝] 있었던 사건을 사실[實] 그대로 적은[錄] 책.

朝鮮 국명
〈朝 **조** 아침 鮮 **선** 산뜻하다〉
王 **왕** 임금
朝 **조** 아침, 조정
實 **실** 열매, 실제
錄 **록** 적다

'王朝'는 '왕과 조정'이고 '實錄'은 '사실을 있는 그대로 적은 역사'란 뜻으로, '왕조실록'은 한 임금의 재위 기간에 일어났던 역사적인 사건들을 기록한 것을 말합니다.

『조선왕조실록』은 태조太祖로부터 철종哲宗까지 25대 472년간(1392~1863)의 역사를 편년체(연월일 순서에 따라)로 기록한 책입니다. 『조선왕조실록』은 여러 가치를 담고 있습니다. 첫째는 신빙성과 진실성입니다. 실록을 기록하는 사관史官은 국가의 모든 회의에 빠짐없이 참석했으며, 기록된 내용은 사관 이외에는 아무도 볼 수가 없었으며, 왕도 보지 못했습니다. 둘째는 장구성長久性입니다. 472년 동안 왕조의 역사적 기록은 세계에서 가장 깁니다. 셋째는 풍부성입니다. 정족산 본 1,181책, 태백산 본 848책, 오대산 본 27책, 기타 산엽본 21책을 포함해서 총 2,077책이 전해져 내려오는데, 여기에는 정치·외교·군사·풍속·미술·종교 등 모든 방면의 역사적 사실을 망라했습니다. 넷째는 인쇄 및 보관 상태가 양호하다는 것입니다. 고려 시대의 인쇄 전통을 이어받아 왕조의 역사를

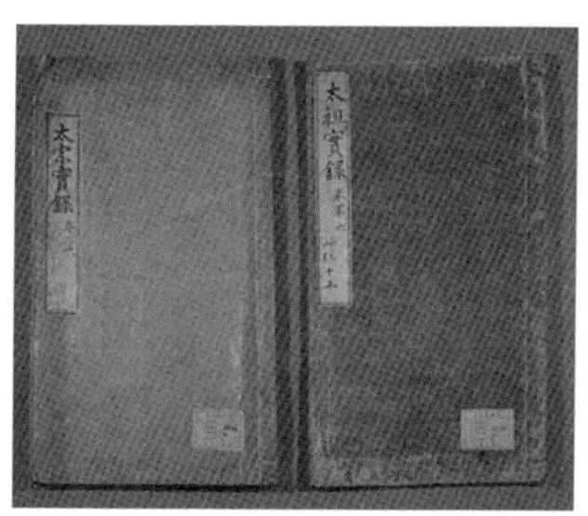

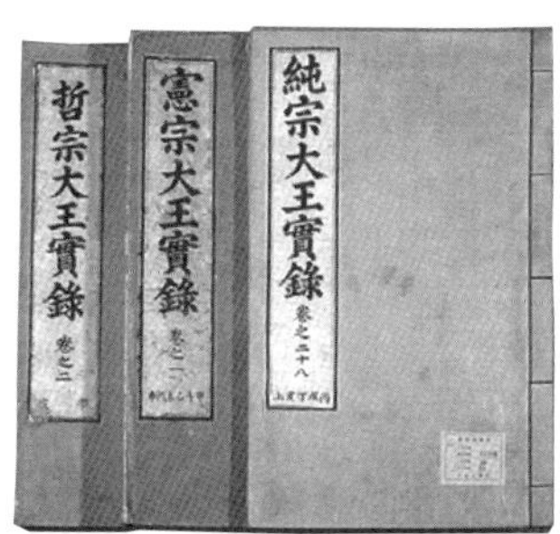

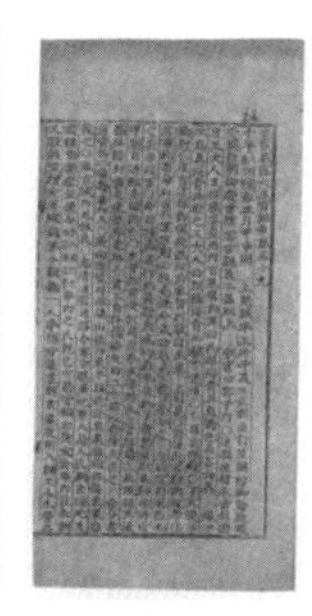

기록하고, 이를 **활자**活字로 인쇄 간행하여 당시 인쇄 문화의 높은 의식 수준을 볼 수 있습니다. 또한 실록을 5부 작성하여 원본은 서울, 나머지는 정족산 · 태백산 · 적상산 · 오대산 등 다섯 곳에 보관했기 때문에 지금까지 전해올 수 있었습니다. 이런 여러 이유 등으로 1997년 10월에 세계기록유산으로 인정되었습니다. 국보 제151호이며, 현재 서울대학교 규장각, 국가기록원 부산기록센터, 김일성종합대학에 보관중입니다.

· **活字** [活 **활** 살다 字 **자** 글자] 살아 있는[活] 글자[字]. 즉 판이나 종이에 고정되어 있지 않고, 필요에 따라 위치를 바꿀 수 있는 글자. 글자를 한 자 한 자 만들어 두었다가, 필요한 글자만 틀 안에 배치하기 때문에 '활자'라 함.

〈오대산 사고史庫(김홍도)〉

〈태백산 사고(옛모습)〉

〈정족산 사고(해동지도)〉

〈적상산 사고(무주부지도)〉

직지심체요절 直指心體要節

직지심체의[直指心體] 중요한[要] 부분만[節] 모은 책

直 **직** 곧다, 바로
指 **지** 손가락, 가리키다
心 **심** 마음
體 **체** 몸
要 **요** 구하다, 중요하다
節 **절** 마디

'直指心體' 는 '교리나 수련을 통하지 아니하고, 직접[直] 사람의 마음[心]과 몸을[體] 지도하여[指] 깨달음에 이르게 하는 일' 이고, '要節' 은 '글의 중요한 부분만 모았다' 는 뜻입니다. '直指心體' 는 본래 불교의 오성론悟性論의 '직지인심直指人心 견성성불見性成佛' 이라는 명구에서 뽑은 말입니다. 직지인심直指人心은 교리敎理나 계행戒行을 통하지 않고 '직접[直] 사람의[人] 마음을[心] 지도하여[指] 깨달음을 얻는 것' 이고, 견성성불見性成佛은 '자기의 본성을[性] 투철하게 깨달을[見] 수 있으면 그 사람은 이미 부처와[佛] 같은 깨달음을 얻은 사람[成]' 이라 할 수 있다는 말입니다.

〈직지심체요절〉

『직지심체요절』은 1372년(공민왕 21)에 경한景閑이 부처와 **조사**祖師의 **게송**偈頌 · **법어**法語 · 문답問答 등에서 선禪의 **요체**要諦를 깨닫는 데 필요한 내용을 뽑아 엮은 책으로, 상 · 하 2권의 금속 활자로 찍은 책입니다. 본래 이름은 『백운**화상초록불조**직지심체요절白雲和尙抄錄佛祖直指心體要節』인데 줄여서 『불조직지심체요절佛祖直指心體要節』 혹은 『직지심경直指心經』이라 부릅니다. '白雲和尙' 에서 '백운' 은 그의 호이며, 경한景閑은 **법명**法名입니다.

이 책은 경한이 입적한 3년 뒤인 1377년 충청북도 충주 흥덕사興德寺(우왕 3)에서 금속 활자로 찍었습니다. 상하 2권 가운데 지금까지 전해지고 있는 것은 하권뿐이며 프랑스 국립도서관에 소장되어 있습니다. 이것은 1903년까지 서울 주재 프랑스 공사로 있었던 플랑시가 밀반출한 것입니다. 관청이 아닌 지방의 사찰에서 찍었기 때문에 인쇄

상태가 조잡하지만, 현존하는 세계 최고最古의 금속 활자본으로 인정받아 2001년 9월에 유네스코에서 세계기록유산으로 선정되었습니다. 목판본은 보물 제1132호로 지정되었습니다.

· 祖師 [祖 **조** 조상, 개조開祖 師 **사** 스승, 사람] 한 종파를 세운 사람.
· 偈頌 [偈 **게** 불경 글귀 頌 **송** 기리다, 문체의 하나] 부처의 공덕을 찬양하는 노래. '偈' 는 인도의 문학이나 불경佛經의 성가聖歌나 운문韻文. '頌' 은 성덕成德을 칭송하는 글.
· 法語 [法 **법** 법, 부처의 가르침 語 **어** 말씀] 불법을 설명한 말. '法' 은 범어 '달마達磨(Dharma)' 의 의역으로, '달마' 는 '진리 · 본체' 등의 뜻을 갖고 있음.
· 要諦 [要 **요** 구하다, 중요하다 諦 **체** 깨닫다] 중요한 깨달음. 가장 중요한 점.
· 和尙 [和 **화** 사이가 좋다 尙 **상** 높이다] 승려의 존칭.
· 抄錄 [抄 **초** 뽑다 錄 **록** 적다] 뽑아 기록함.
· 佛祖 [佛 **불** 부처 祖 **조** 조상, 개조開祖] 불교의 개조開祖인 석가모니.
· 法名 [法 **법** 법, 부처의 가르침 名 **명** 이름] 승려가 되면서 붙여주는 이름, 또는 승려가 죽으면 붙여주는 이름.

우리나라의 인쇄술

■ 무구정광대다라니경 無垢淨光大陀羅尼經 [無 **무** 없다 垢 **구** 때 淨 **정** 깨끗하다 光 **광** 빛 大 **대** 크다, 존경 · 찬미하는 말 〈陀 **타→다** 비탈지다 羅 **라** 벌이다 尼 **니** 여승〉 범어 經 **경** 날실, 성인이 지은 책] 번뇌의 때가[垢] 묻지 않고[無] 깨끗한[淨] 빛이 나는[光] 큰[大] 다라니[陀羅尼] 경전[經]. 『무구정광대다라니경』은 751년 무렵에 신라에서 간행된 우리나라 최초의 목판

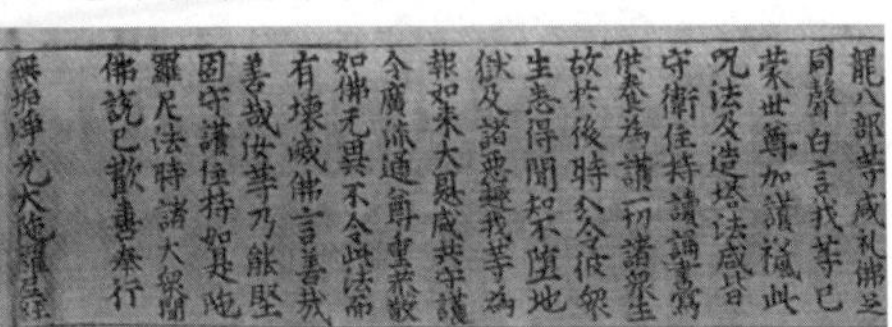

〈무구정광대다라니경〉

인쇄물로, 1966년 10월 경주 불국사 삼층석탑(석가탑)을 보수하기 위해 해체하였을 때 발견되어 국보 제126-6호로 지정되었습니다. 이는 신라 시대 목판 인쇄술의 발달 정도를 보여주는 것으로 현존하는 것 가운데 세계에서 가장 오래된 목판 인쇄물입니다. 현재 국립중앙박물관에 보관되어 있습니다.

■ 상정고금예문 詳定古今禮文 [詳 **상** 자세하다 定 **정** 정하다 古 **고** 옛 今 **금** 지금 禮 **례** 예절 文 **문** 글] 고금의[古今] 예에[禮] 관한 문건을[文] 상세하게[詳] 정리한[定] 책. 『상정고금예문』은 고려 인종仁宗(재위 1122~1146)이 최윤의崔允儀 등에게 명하여 법이나 도덕 규범을 모아 정리한 책입니다. 이 책은 금속 활자로 인쇄하였는데, 당시 쇠붙이에 붙기 어려운 먹물을 발명한 것으로 보아 인쇄술이 매우 발달했던 것을 알 수 있으며, 이는 서양보다 200여 년이나 앞선 것이지만, 현재 전해지지 않습니다.

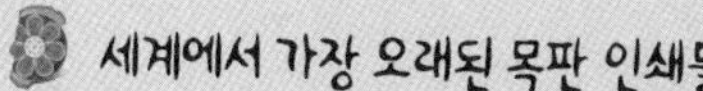

세계에서 가장 오래된 목판 인쇄물

그동안 종이·화약·나침반·인쇄술의 4대 발명국으로 세계에 자랑을 해왔던 중국은 세계 최초 목판 인쇄술 발명국의 명예를 빼앗기지 않으려고, 무구정광대다라니경의 간행 연대를 부정하고 있습니다. 그러나 과학적 분석 결과 신라 시대인 706~751년 사이에 간행된 것으로 밝혀져 일본이 자랑하는 백만탑다라니경百萬塔陀羅尼經(770)보다 앞서는 세계 최고의 목판 인쇄물임이 입증되었습니다.

■ 계미자 癸未字 [〈癸 **계** 열째 천간 未 **미** 아직 ~않다, 여덟째 지지〉 연도 명칭 字 **자** 글자] 계미년에[癸未] 완성된 활자[字]. 계미자는 1403년(태종 3)에 만든 조선 시대 최초의 구리 활자입니다. 억불숭유抑佛崇儒를 기본으로 삼았던 조선 왕조가 초기에 유생들에게 학문을 보급하기 위해 책의 간행과 보급이 필요해졌습니다. 하지만 이전에 베껴 쓰던 방식이나 목판으로는 이를 감당하지 못하자, 새로 만들어진 활자입니다.

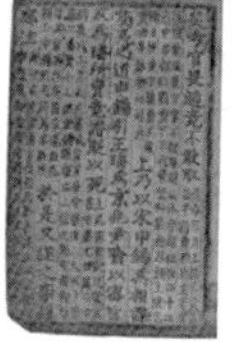
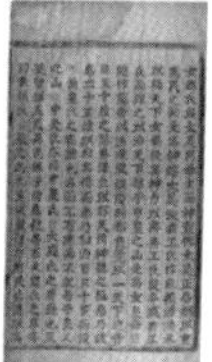

〈계미자를 사용한 『십칠사찬고금통요十七史纂古今通要』(좌)와 『통감속편通鑑續編』(우)〉

· 抑佛崇儒 [抑 **억** 억누르다 佛 **불** 부처 崇 **숭** 높이다 儒 **유** 선비, 유학] 불교를[佛] 억누르고[抑] 유교를[儒] 숭상함[崇].

■ 갑인자 甲寅字 [〈甲 **갑** 첫째 천간 寅 **인** 셋째 지지〉 연도 명칭 字 **자** 글자] 갑인년에[甲寅] 완

성된 활자[字]. 갑인자는 1434년(세종 16)에 만든 구리 활자로, 이전에 만든 경자자庚子字가 가늘고 빽빽하여 보기 힘들자 세종이 명하여 만든 것입니다. 이 활자는 한글 창제 후 만들어져 『석보상절釋譜詳節』 『월인천강지곡月印千江之曲』 등을 찍을 수 있었습니다.

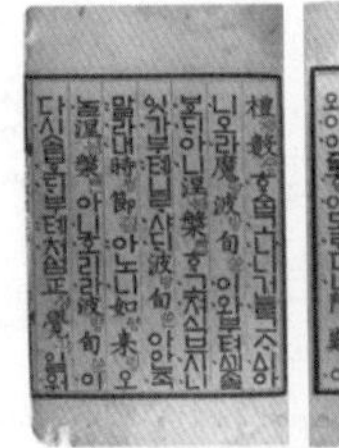
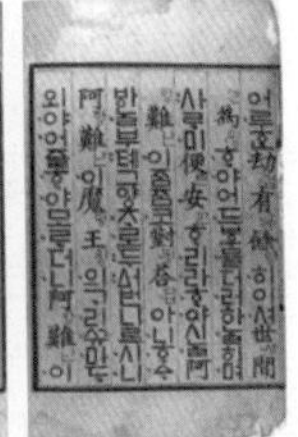

〈갑인자를 사용한 『석보상절』〉

간지干支

干支 [干 간 천간天干 支 지 갈라져 나오다, 지지地支] : 역법曆法에 쓰는 이름.

干	갑甲	을乙	병丙	정丁	무戊	기己	경庚	신辛	임壬	계癸		
支	자子	축丑	인寅	묘卯	진辰	사巳	오午	미未	신申	유酉	술戌	해亥

년 · 월 · 일 · 시를 지금은 아라비아숫자로 표기하지만 예전에는 10간과 12지의 한자를 하나씩 짝을 맺어 표기했습니다. 예를 들어 갑자甲子, 을축乙丑 … 계유癸酉, 갑술甲戌, 을해乙亥, 병자丙子 …, 이렇게 계속 짝을 맞추다 보면 60번 만에 다시 갑자로 돌아옵니다. 이를 육갑, 육십갑자라고 부릅니다. 그래서 출발할 때 간지가 다시 돌아오는 것을 환갑이라고 하는데, 그 이유는 '還'은 '돌아오다'이고 '甲'은 干支를 상징하는 한자이기 때문입니다. 예전에는 이때(환갑)까지 살아 있기가 힘들어서 환갑이 되면 큰 잔치를 벌였습니다(10과 12의 최소공배수를 구하면 60이 됩니다). 흔히 '병신 육갑하고 있네'라고 하면 '병신이 어찌 육십갑자의 원리를 안다고 함부로 말하고 행동하느냐'의 뜻입니다.

년 · 월 · 일 · 시를 사주四柱(네 기둥)라 하는데, 각각에 간지를 붙이면 모두 합쳐 8자가 되어, 이를 팔자八字라고 합니다. 그래서 사주팔자는 타고난 운명을 뜻하는 말로도 쓰입니다.

옛날 시간의 표기는 12지로 했습니다. 지금의 24시간을 두 시간에 1지씩 나누어 자시子時(밤 11시~새벽 1시) · 축시丑時(새벽 1시~3시)…의 방식을 썼습니다. 그래서 자시子時의 정 가운데인 밤 12시를 자정子正, 오시午時의 정 가운데인 낮 12시를 '정오正午'라고 합니다.

태어난 해를 육십갑자의 12지지와 동물을 연결하여 '띠'라고 합니다. 子(쥐) · 丑(소) · 寅(호랑이) · 卯(토끼) · 辰(용) · 巳(뱀) · 午(말) · 未(양) · 申(원숭이) · 酉(닭) · 戌(개) · 亥(돼지).

〈김유신 묘의 12지신상 탁본 : 좌측부터 쥐, 소, 호랑이, 토끼, 용, 뱀, 말, 양, 원숭이, 닭, 개, 돼지〉

교과서에 나오는 인쇄기술 관련 지문

"고려 시대에 발명되어 사용된 금속 활자는 조선 초기에 이르러 더욱 개량되었다. 태종 때에는 **주자소鑄字所**를 설치하고 구리로 계미자를 주조하였다."

"세종 때에는 인쇄기술이 더욱 발전하였다. 종전에는 **밀랍蜜蠟**으로 활자를 고정시키는 방법을 사용하였으나 이제는 밀랍 대신 **식자판植字版**을 조립하는 방법을 창안하여 종전보다 두 배 정도의 인쇄 능률을 올리게 되었다."

"세종 때에는 종이를 전문적으로 생산하는 관청으로 **조지서造紙署**를 설치하고 다양한 종이를 대량으로 생산하였다."

· 鑄字所 [鑄 **주** 쇠를 부어 만들다 字 **자** 글자 所 **소** 곳] 조선 시대에 활자를 만들던 곳으로, 조선 최초의 금속 활자인 계미자癸未字를 만든 곳.

· 蜜蠟 [蜜 **밀** 꿀 蠟 **랍** 밀(꿀벌의 집을 끓여서 짜낸 기름)] 벌집을 가열 · 압착하여 얻어지는 물질을 햇볕을 쬐는 등의 처리를 하여 얻어지는 것으로, 화장품 · 색연필 · 양초 등의 원료로 쓰임. =beeswax.

· 植字版 [植 **식** 심다 字 **자** 글자 版 **판** 널빤지] 활자를 짜 맞춘 인쇄판.

· 造紙署 [造 **조** 만들다 紙 **지** 종이 署 **서** 관청] 조선 시대에 종이를 만들던 관청.

| 승정원일기承政院日記 |

승정원일기承政院日記

왕의 명령을[政] 받드는[承] 기관에서[院] 기록한 일기[日記]

承 **승** 잇다
政 **정** 정치
院 **원** 집, 관청
日 **일** 날
記 **기** 적다

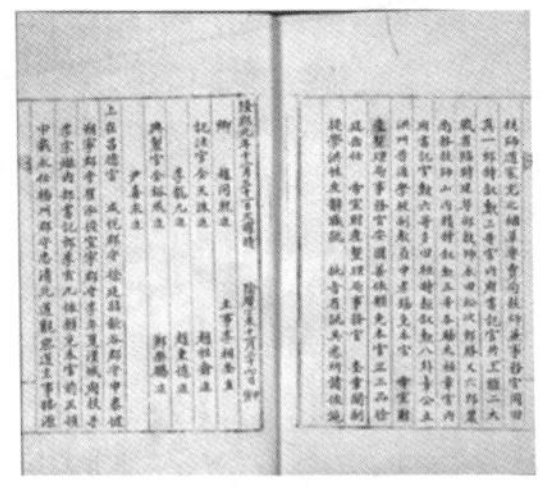

〈승정원일기〉

승정원은 왕명의 출납, 즉 왕의 명령을 신하에게 전하고, 신하들의 의견을 왕에게 올리는 중간 역할을 맡은 기관으로, 왕의 비서 기관이라 할 수 있습니다.

『승정원일기』는 승정원에서 매일 취급한 문서와 사건을 기록한 일기로, **필사본**筆寫本이며, 원본 3,243권이 현재 서울대학교 규장각에 보관되어 있습니다. 본래는 개국 처음부터 일기가 존재했으나 임진왜란을 거치면서 없어지고, 새로 만들었던 것들도 궁궐의 화재로 다시 없어지기를 반복하다가 현재 1623년(인조 1)~1894년(고종 31)까지의 일기만 남아 있습니다.

『승정원일기』의 가치 역시 여러 가지가 있습니다. 첫째, 『조선왕조실록』을 편찬할 때의 기본 자료로 실록보다 더욱 가치가 높다는 평가를 받고 있습니다. 둘째, 국정 전반에 걸친 광범위한 문서와 사건을 다루고 있습니다. 중국의 『중국 25사』는 3,386책에 약 4,000만 자이고, 『조선왕조실록』은 888책, 5,400만 자인데, 이에 비해 『승정원일기』는, 총 3,243책에 2억4천250만 자라는 세계 최대의 방대한 역사 기록물입니다. 셋째, 17세기부터 20세기초까지 300년간의 국문학의 변천 과정을 확인할 수 있습니다. 넷째, 『조선왕조실록』의 날짜는 60갑자로만 표기되어 있지만, 『승정원일기』는 60갑자에 수시력법(1년을 365.2425

일로 계산하는 방식인 중국 원나라 때의 역법)의 날짜를 동시에 표기하고 있어 정확한 연도 판단을 할 수 있는 자료입니다.

이러한 여러 이유 등으로 2001년 9월 세계기록유산으로 인정되었습니다. 국보 제303호.

· 筆寫本 [筆 **필** 붓 寫 **사** 베끼다 本 **본** 근본, 책] 붓으로[筆] 베껴[寫] 쓴 책[本].

『조선왕조실록』과 『승정원일기』의 차이

『조선왕조실록』은 임금이 죽은 뒤에 사관들에 의해 편집된 2차 자료.

『승정원일기』는 정치 · 경제 · 사회 · 문화 · 국방 등 당시의 역사를 그대로 기록한 1차 자료.

조선왕조 의궤 朝鮮王朝儀軌

조선[朝鮮] 왕조[王朝] 의식의[儀] 규범과 법도[軌]

朝鮮 국명
〈**朝 조** 아침 **鮮 선** 산뜻하다〉
王 **왕** 임금
朝 **조** 아침, 조정
儀 **의** 예의, 법
軌 **궤** 길, 법

'王朝'는 '왕과 조정'이고, '儀軌'는 '의식儀式과 궤범軌範(어떤 일이나 행동의 본보기가 되는 규범이나 법도)'을 합한 말로, '의식의 규범이 되는 책'을 가리킵니다. 즉 나라에 큰 행사가 있을 때, 그 내용을 자세히 기록한 책자를 말합니다.

'조선왕조 의궤'는 조선 시대 왕실의 오례五禮와 주요 의식에 대한 행동 규범과 의례를 글이나 그림으로 정리한 책입니다. 여기엔 행사의 진행 과정이 날짜순으로 자세하게 적혀 있고, 행사에 참여한 사람들의 명단, 들인 비용이나 재료까지 세밀하게 기록되어 있습니다. 뿐만 아니라 의식儀式에 쓰인 주요 행사 장면과 도구를 그림으로 그려놓기도 했습니다.

이렇게 '조선왕조 의궤'는 유교 문화권의 다른 나라에서 찾아보기 힘든 기록물이란 점이 높이 평가되어 세계기록유산으로 등재되었습니다. 등재 목록은 서울대 규장각奎章閣에 보관된 546종 2,940책과 한국학중앙연구원 장서각藏書閣에 보관된 287종 490책이며, 등재되지 않은 의궤가 프랑스나 일본 등에도 다수 있습니다.

대표적인 의궤로는 **가례도감의궤, 국장도감의궤, 종묘의궤, 화성성역의궤** 등이 있습니다.

· **嘉禮都監儀軌** [**嘉 가** 경사 **禮 례** 예의 **都 도** 도읍, 도맡다 **監 감** 살피다, 기관] '都監'은 고려·조선 시대에 국가적 중대사重大事를 총괄하여 관리할 목적으로, 임시로 설치한 관청. 왕이나 세자의 혼례를 위해 임시로 설치한 가례도감의 모든 관리 과정과 의식의 절차 등을 적은 책.

· 國葬都監儀軌 [國 **국** 나라 葬 **장** 장사지내다 都 **도** 도읍, 도맡다 監 **감** 살피다, 기관] '國葬'은 '왕실의 장례'란 뜻이고, 국장도감은 국장國葬에 관한 일을 맡아보던 임시 관청. 왕과 왕비의 국장을 위해 임시로 설치한 국장도감의 모든 관리 과정과 의식의 절차 등을 적은 책.

· 宗廟儀軌 [宗 **종** 근본, 사당 廟 **묘** 사당] 종묘의 제도 및 제례 의식에 관한 전반적인 사항을 적은 책.

· 華城城役儀軌 [〈華 **화** 꽃, 지명 城 **성** 성〉 지명 城 **성** 성 役 **역** 일하다] 1794년(정조 18)부터 1796년(정조 20)에 걸쳐 완성된 화성 성곽 축조에 관한 과정과 제도, 의식 등을 상세하게 기록한 책.

오례

■ 오례五禮 [五 **오** 다섯 禮 **례** 예의] 나라에서 지내는 다섯 가지[五] 예식禮式[禮].

· 길례吉禮 [吉 **길** 길하다] 국가의 각종 제사祭祀에 관한 예식.

· 흉례凶禮 [凶 **흉** 흉하다] 국가 장례葬禮에 관한 예식.

· 가례嘉禮 [嘉 **가** 경사] 왕실의 각종 경사慶事에 관한 예식과 중국에 대한 사대事大의 예식.

· 빈례賓禮 [賓 **빈** 손님] 외국의 사신을 접대하는 예식.

· 군례軍禮 [軍 **군** 군사] 군대 의식에 관한 예식.

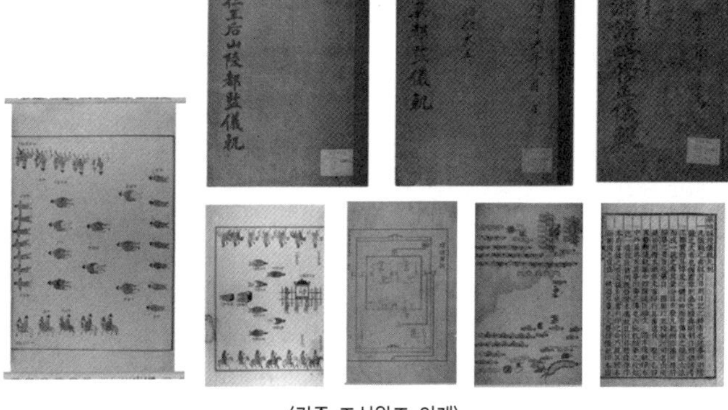

〈각종 조선왕조 의궤〉

| 고려대장경판高麗大藏經板 및 제경판諸經板 |

고려대장경판高麗大藏經板 및 제경판諸經板

고려[高麗] 대장경[大藏經] 목판[板] 및 고려대장경 외에 같은 장소에 보관된 나머지 모든[諸] 경판[經板].

高麗 국명
〈高 **고** 높다 麗 **려** 아름답다〉
大 **대** 크다, 존경 · 찬미하는 말
藏 **장** 감추다, 광주리
經 **경** 날실, 성인이 지은 책
板 **판** 널빤지
諸 **제** 모든

〈고려대장경판〉

고려대장경판은 불교 경전 모두를 한자로 새긴 세계 유일의 목판본으로, 한자 문화권에서 불교의 지속적인 포교에 기여한 점이 인정되어 세계기록유산으로 등재되었습니다. 국보 제32호.

제경판은 해인사의 동 · 서 **사간판전**寺刊板殿에 보관된 고려대장경 외의 목판들입니다. 판의 숫자는 5천 점 이상으로, 팔만대장경에는 못 미치지만 이 역시 엄청난 양입니다. 여기에는 불경佛經의 경판뿐만 아니라 유명한 박문수의 아버지와 삼촌의 문집 등 조선 시대 문집 목판도 포함되어 있습니다. 이 안에는 '**고려각판**高麗刻板'이라는 이름의 28종, 2,725장의 경판이 있는데 국보 제206호이며, 나머지 26종 110장은 보물 734호로 등록되어 있습니다.

· 寺刊板殿 [寺 **사** 절 刊 **간** 책을 펴내다 板 **판** 널빤지 殿 **전** 큰 집] 제경판諸經板을 보관한 곳으로, '寺刊' 은 '절에서 간행하다' 라는 뜻이며, 달리 '私刊' 이라 하여 '개인이[私 **사** 개인] 시주로 간행하다' 라는 뜻으로도 씀. 이곳은 고려대장경을 보관하고 있는 수다라장脩多羅藏(앞쪽 건물)과 법보전法寶殿(뒤쪽 건물)의 사이에 있으며, ㄷ 자 모양의 작은 건물임.

· 高麗刻板 [刻 **각** 새기다 板 **판** 널빤지] 고승高僧의 저술, 시문집詩文集 등이 새겨진 목판. 이 목판은 국가기관인 대장도

감大藏都監에서 새긴 고려대장경판과 달리, 지방관청이나 절에서 새긴 것.

→ 팔만대장경(p252) 참조.

〈고려대장경판〉

〈해인사 고려각판〉

2. 세계무형유산

유네스코 세계무형유산은 본래 '인류 구전 및 무형 유산 걸작(Masterpieces of the Oral and Intangible Heritage of Humanity)'을 줄여서 표현한 말입니다. 유네스코는 세계무형유산을 보호하기 위해 2001년부터 매 2년마다 탁월한 가치를 지니며 인류 공동으로 보호해야 할 구전 및 무형 유산을 지정해오고 있습니다.

우리나라의 세계무형유산

· 종묘 제례(중요무형문화재 제56호)와 종묘 제례악(중요무형문화재 제1호) : 2001년 제1차 인류 구전 및 무형 유산 걸작 심사
· 판소리(중요무형문화재 제5호) : 2003년 제2차 인류 구전 및 무형 유산 걸작 심사
· 강릉 단오제(중요무형문화재 제13호) : 2005년 제3차 인류 구전 및 무형 유산 걸작 심사

종묘 제례 宗廟祭禮 · 종묘 제례악 宗廟祭禮樂

(Royal Ancestral Rite and Ritual Music in Jongmyo Shrine)

宗 **종** 근본, 사당
廟 **묘** 사당
祭 **제** 제사
禮 **례** 예절
樂 **락** 즐겁다 / **악** 음악

종묘 제례(중요무형문화재 제56호)는 조선 시대의 모든 제례 가운데 가장 격식이 높은 의식입니다. 그래서 왕이 직접 제사에 임했습니다. 원래 조선조 종묘의 제향祭享은 춘하추동 사계절과 12월 **납일**臘日에 봉행하였던 것을 해방 뒤부터 현재까지는 전주 이씨全州李氏의 모임인 대동종약원大同宗約院이 주관하여 매년 5월 첫째 일요일에 행

하고 있습니다. 비록 왕이 직접 치르지는 않지만 그 정신은 지금까지 계승되고 있는 것입니다.

종묘 제례악(중요무형문화재 제1호)은 종묘 제례에 연주되는 음악과 춤으로, 음악은 〈보태평保太平〉〈정대업定大業〉이 연주되고, 무용은 **팔일무**八佾舞가 펼쳐집니다. 음악과 무용은 현재 국립국악원의 악사樂士와 무인舞人들이 대신하고 있습니다.

〈종묘제례〉

· 납일臘日 [臘 **랍** 납향(납일에 지내는 제사) 日 **일** 날] 동지 뒤의 셋째 술일戌日.

· 팔일무八佾舞 [八 **팔** 여덟 佾 **일** 춤 舞 **무** 춤추다] 팔일무는 무인舞人(춤추는 사람)을 여러 줄로 벌여 추게 하는 춤의 한 가지. 佾은 춤을 출 때 늘어선 줄을 의미하며, 1佾에 여덟 사람이라는 설을 따르면 팔일무(8×8)는 64명이 추는 춤. 이는 황제 앞에서 출 수 있는 숫자이며, 아래 계급으로 갈수록 수가 줄어듦(천자–8佾, 제후–6佾, 대부大夫–4佾, 사士–2佾).

판소리 [판 + 소리]

'판'의 의미에 대해서는 다양한 설이 제기되고 있으며, 여기서는 가장 설득력을 가지고 있는 두 가지 설을 소개하겠습니다. 첫번째는 '판'을 '여러 사람이 모인 곳'으로 보아 '많은 사람이 모인 놀이판에서 부르는 노래'라고 풀이하는 경우입니다. 두번째는 '판'을 '악조樂調'라는 의미로 보아, '변화 있는 악조로 구성된 노래'라고 하는 경우입니다.

현재 판소리는 광대 한 사람이 고수鼓手(북 치는 사람)의 북 장단에 맞추어 서사적인 사설辭說을 노래와 말과 몸

짓을 섞어 창극조로 부르는 것을 말합니다. 1964년 12월 24일 중요무형문화재 제5호로 지정되었습니다.

강릉 단오제 江陵端午祭

강릉에서[江陵] 첫[端] 오의[午] 날에 올리는 제사[祭]

江陵 지명
〈江 강 강 陵 릉 큰 언덕〉
端 단 바르다, 처음
午 오 일곱째 지지, 다섯
祭 제 제사

'端'은 '첫 번째'를 뜻하고, '午'는 '五[오 다섯]'와 통용되는 글자입니다. 그래서 端午는 '초오일初五日(초닷새)'라는 뜻이 됩니다. 우리 조상들은 음력으로 날과 달이 동시에 홀수인 날을 중요하게 생각하였습니다. 홀수인 날은 양기陽氣가 성한 날로 여겼기 때문입니다. 그래서 3월 3일은 '삼짇날', 5월 5일은 '단오', 7월 7일은 '칠석七夕', 9월 9일은 '중양절重陽節'이란 이름으로 명절을 지냈습니다. 이 가운데 단오는 1년 가운데 가장 양기가 왕성한 날로, 5월 5일이라는 숫자와 관련된 '端午'로 그날의 이름을 삼았습니다. 단오는 본래 '수릿날'이라 불렸는데, 수릿날은 1년 가운데 최고로 '높은 날', '신을 모시는 날'이란 의미라고 합니다.

명절은 주로 농경 사회에서 파종播種(씨뿌리기)이나 수확 뒤 휴식 기간에 지냈습니다. 추석秋夕이 수확한 뒤에 지내는 명절이라면 단오는 파종 뒤에 지내는 명절로 보면 됩니다. 이때 마음껏 축제를 즐기면서 많은 풍습이 만들어지고 전래됩니다.

이 가운데 강릉에서 지내는 단오제는 언제부터 시작되었는지는 정확히 알 수 없으나, 마을의 태평과 농사의 번영을 바라는 제사의 형식으로 오래 전부터 행해져 왔습니다. 단오제는 대관령 국사 성황사大關嶺國師城隍祠에서 서낭신(범일국사)을 모셔와 강릉 시내의 여서낭신(강릉 정씨 처녀)과 함께 드리는 제사를 주축으로 하고, 이 기간 여러 민속놀이와 가면극놀이 등이 동시에 행해지면서, 단순한 제사가 아닌

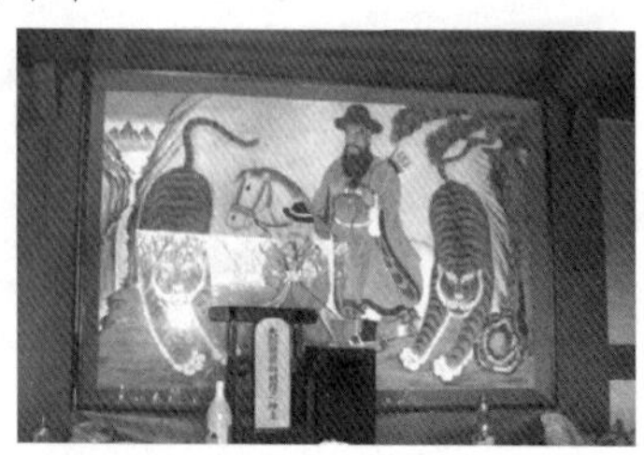
〈대관령 국사 성황사 내부의 범일국사 영정〉

향토 축제의 장으로 펼쳐집니다.

· 서낭 – 마을을 지키는 신. 본래 말은 성황城隍으로, '城隍'은 '성의[城] 해자垓子(적이 침범하기 어렵도록 성의 둘레에 물을 담아 설치한 못)[隍]'란 뜻인데, 우리나라에서는 '서낭신에 붙어 있다는 나무'란 의미로 씀. 중요무형문화재 제13호.

강릉 단오제 설화

옛날 한 마을의 대갓집 처녀가 절 앞 샘물에서 물을 뜰 때, 바가지 물속에 해가 떠 있었다. 처녀는 여러 차례 물을 버리고 다시 떴으나 해가 그대로 있자 그 물을 마셨다. 그 뒤 처녀는 임신하여 사내아이를 낳았고, 처녀의 집안에서는 아비 없는 자식이라 하여 학바위라는 곳에 몰래 버렸다. 그런데 학들이 아이를 보호해주었고 처녀는 이에 데려와 길렀다. 아이는 열심히 공부하여 '범일'이라는 국사國師가 되었고, 죽어서 대관령의 성황신이 되었다.

이때 강릉의 정씨 집안에 처녀가 있었는데, 꿈에 대관령 성황신이 나타나 장가를 들겠다고 했으나 거절했다. 어느 날 성황신은 호랑이를 보내 처녀를 업어와 아내로 삼았고, 처녀의 부모가 성황사로 가보니 딸이 선 채로 죽어 땅에 붙어 있었다. 부모는 딸의 결혼을 허락한다고 하며, 화가에게 딸의 그림을 그리게 하고 이를 붙이자 몸이 떨어졌다.

찾아보기

ㄱ

ㄴ

ㄷ

ㄹ

ㅁ

ㅂ

ㅅ

ㅇ

ㅈ

ㅊ

ㅌ

ㅍ

ㅎ